그리스 로마 신화
인물사전

신화는 **상상력**이 풍부한 사람에게
거침없이 그 속살을 보여준다

그리스 로마 신화
인물사전 9ㅌㅍ

박규호 · 성현숙 · 이민수 · 김형민 지음

한국인문고전연구소

차례

일러두기

1. 본문의 인명 및 지명은 그리스어와 라틴어를 혼용하여 쓰고 있으나 원전을 살리되, 통용되는 명칭은 그대로 사용하였다.
2. 본문의 서명書名은 『 』, 음악 미술 등의 작품명은 〈 〉로 표기한다.
3. 본문의 그림 설명은 작품 제목, 종류, 작가 이름, 제작 시기, 보관처출처, 기타 설명 순이다.

그 리 스 로 마 신 화 인 물 사 전

Greek Roman mythology Dictionary

타르타로스 **Tartarus**

요약

타르타로스에 대한 이야기는 두 가지가 있다.

먼저 타르타로스는 하늘의 신 아이테르와 대지의 신 가이아 사이에서 태어난 신이다. 혹은 카오스에서 형성된 신으로 어머니인 가이아와 사이에서 티탄족 티폰과 에키드나를 낳았다. 한편 타르타로스는 공간의 개념도 갖는다. 세상의 가장 깊은 곳 하데스보다 더 아래에 있는 곳으로 공포스런 처벌의 공간이다. 타르타로스는 한번 갇히면 결코 빠져 나올 수 없는 음침하고 우울한 지하세계이다. 제우스 신에게 반항하거나 그의 노여움을 산 신들이 이곳에 유폐되었다. 또한 신에게 반기를 들거나 모욕한 인간들도 이곳에 갇혔다.

기본정보

구분	1) 태초의 신, 2) 하계(공간의 개념)
상징	어둠과 심연, 지하 감옥
외국어 표기	그리스어: Τάρταρος
관련 신화	티타노마키아, 기간토마키아

인물관계

신화이야기

헤시오도스의 신들의 탄생

신들의 거처	청동모루 9일간의 낙하거리
인간의 거처	
죽은 자들의 거처 하데스	청동모루 9일간의 낙하거리
타르타로스	

헤시오도스의 『신들의 계보』를 보면 지표면과 타르타로스까지의 거리는 하늘과 땅 사이의 거리와 일치한다. 대장장이의 신 헤파이스토스가 그의 작업장에서 청동 모루를 떨어뜨리면 9일 밤낮을 계속 떨어지다가 10일째 되는 날 지표면에 닿는다. 지표면 즉, 땅에서 다시 청동모루를 떨어뜨리면 모루가 타르타로스에 도달할 때까지 9일 낮밤이 꼬박 걸린다. 타르타로스가 얼마나 깊고 깊은 곳에 위치해 있는지 짐작할 수 있는 대목이다.

타르타로스 주위에는 청동 문이 둘러싸고 있고 그 주위에는 어둠이 세 겹 펼쳐져 있으며 그 위에는 땅과 결실 없는 바다의 뿌리가 있다. 곰팡내가 나고 안개 낀 그곳에는 제우스의 뜻에 따라 제우스와 전쟁을 한 티탄족이 갇혀있다. 신들조차도 몸서리치는 역겨운 이곳에서 티탄족이 빠져 나올 수 없도록 포세이돈은 청동 문을 달고 주변에 성벽을 둘렀다. 한번 갇히면 결코 빠져나올 수 없는 음침한 지하세계가 이렇게 형성되었다. 이 감옥을 지키는 문지기는 우라노스에 의해 키클로페스 삼형제와 함께 이곳에 갇혔던 헤카톤케이레스 삼형제(기게스, 코토스, 브리아레오스)이다.

제우스는 제왕으로 등극하기까지 세 번의 전쟁을 치렀다. 신들의 제왕이라 불리는 제우스는 사실 세 번째 제왕이다. 그리스 신들의 족보를 보면 그 이전에 우라노스와 크로노스가 있었다. 제우스는 세 번의 전쟁을 치르게 되는 데 이 전쟁을 마케이아라고 한다.

티타노마키아

제우스 즉, 올림포스 신족과 티탄족(하늘의 우라노스와 대지의 신 가이아 사이에서 태어난 자식들)과의 10년에 걸친 전쟁이 티타노마키아이다.

우라노스는 가이아와의 사이에서 낳은 자식 키클로페스 삼형제와 헤카톤케이레스 삼형제의 추한 모습이 보기 싫다고 저승 타르타로스에 감금했다. 아무리 몰골이 흉해도 자기 자식을 누구나 두려워하는 감옥에 가두는데 분노하지 않을 어머니가 어디 있겠는가? 분을 삭이지 못한 가이아는 크로노스를 부추겨 우라노스에게 복수를 했다. 크로노스는 어머니의 뜻대로 아버지 우라노스를 거세하고 권좌에 오르지만 약속과는 달리 보기 싫은 형제들을 지하세계 타르타로스에서 풀어주지 않음은 물론, 한술 더 떠서 더 많은 형제들을 가두어버렸다.

티탄 신들의 추락(티타노마키아)
코르넬리스 판 하를럼(Cornelis van Haarlem), 1588년경
코펜하겐 국립미술관

격분한 대지의 여신 가이아는 크로노스에게 자식에게 권좌를 뺏길 것이라고 저주하였다. 크로노스는 가이아의 저주가 이루어질지도 모른다는 두려움 때문에 자식이 태어날 때마다 삼켜버렸다. 사태가 이 지경에 이르자 크로노

스의 아내 레아는 여섯째 자식인 제우스만은 살리고자 했다. 레아는 가이아 여신의 충고대로 제우스 대신 돌을 강보에 싸서 크로노스에게 건네주었다. 레아는 이렇게 제우스를 지켰고 그를 크레타 섬에 숨겨 키웠다.

장성한 제우스는 메티스의 도움을 받아 아버지 크로노스에게 약을 먹여 올림포스 신들의 시대를 여는 다섯 형제 헤스티아, 데메테르, 헤라, 하데스, 포세이돈을 토해내게 하였다.

신들과 티탄의 전쟁
요하임 브테바엘(Joachim Wtewael), 1600년
시카고 미술관

구출된 제우스의 형제자매들은 제우스와 힘을 합쳐 크로노스를 포함한 티탄 신들과 전쟁을 벌였는데 이것이 올림포스 신족과 티탄족의 전쟁 티타노마키아이다.

이 전쟁은 9년 만에 제우스의 승리로 끝남으로써 올림포스 신들의 시대가 시작되었다. 전쟁에서 진 크로노스를 포함한 티탄들은 땅 속 깊은 타르타로스에 갇혔다. 그러나 티탄 가운데 아틀라스는 제우스로부터 영원히 하늘을 떠받치고 있어야 하는 벌을 받았다.

기간토마키아

티타노마키아에서 승리한 제우스 역시 아버지 크로노스 편에 가담한 거신족 티탄들을 타르타로스에 감금했다. 또다시 자식들이 깊고 깊은 지하 감옥에 갇히는 불행을 겪은 대지의 여신 가이아는 우라노스의 피로 태어난 기간테스에게 제우스에 반기를 들게 하였는데 이것이 제2차 신들의 전쟁 기간토마키아이다.

이들의 치열한 전쟁은 오랫동안 계속되었다. 올림포스 신들은 그들의 힘만으로는 기간테스와의 전쟁에서 이길 수 없었다. 인간의 도움이 있어야만 전쟁을 이길 수 있다는 신탁이 있었던 것이다. 이에 헤라클레스가 이 전쟁에 개입함으로써 결국 전쟁은 올림포스 신들의 승리로 끝났다.

티폰과의 전쟁

　제우스가 기간테스까지 물리치자 가이아는 자신의 뱃속 깊숙한 곳에 있는 타르타로스와 관계해서 티폰을 낳았다. 상반신은 인간이고 하반신은 뱀인 티폰의 힘을 당할 자는 없었다. 일어서면 머리가 별에 부딪히고 손을 뻗으면 하늘의 동쪽 끝에서 서쪽 끝까지 닿을 만큼 키가 컸고 손가락에는 뱀이 백 마리나 달려 있고 허리 아래로는 독사들이 감겨 있었다. 게다가 날개가 있어 날 수도 있었다. 하지만 제우스는 무시무시한 티폰의 공격까지 막아냈다. 이제 그의 권좌를 위협할 자는 더 이상 없었고 우주에도 질서가 잡혔다.

올림포스 신들과 기간테스들의 전쟁
프란치스코 바이외이 수비아스(Francisco Bayeuy Subias), 1764년, 프라도 미술관

타미리스 Thamyris

요약

뛰어난 재능을 가진 트라케의 음악가 혹은 음유시인이다.

자신의 뛰어난 재능을 믿고 무사이 여신들에게 도전했다가 장님이 되고 음악적 재능을 빼앗겼다.

기본정보

구분	음유시인
상징	신들에게 도전한 천재 음악가
외국어 표기	그리스어: Θάμυρις
관련 신화	히아킨토스
관련 물건	부서진 리라

인물관계

타미리스는 음악가 필라몬과 님페 아르기오페의 아들이다. 필라몬의 아버지는 아폴론이다. 필라몬의 어머니에 대해서는 여러 가지 이야기가 있는데, 가장 일반적인 이야기에 의하면 다이달리온의 딸 키오네라고 한다. 그러나 다른 이야기에 의하면 데이온의 딸 필로니스라고 한다.

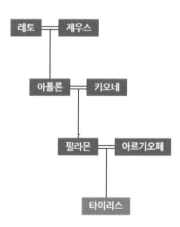

신화이야기

개요

타미리스는 트라케의 전설적 음악가로 노래도 잘하고 리라 연주도 뛰어났으며 외모도 수려했다. 그러나 자신의 재능을 믿고 무사이 여신들보다 노래를 더 잘 할 수 있다고 자랑하고 다녔고, 결국에는 무사이 여신들과 실력을 겨루는 시합을 했다. 『비블리오테케』에 의하면 그 시합의 조건은 타미리스가 이길 경우 무사이 여신들 모두와 차례로 동침을 하고, 타미리스가 질 경우 무사이 여신들이 그에게서 원하는 것을 빼앗을 수 있다는 것이었다.

인간에게 예술적 재능을 부여하는 존재는 신이기 때문에 신은 인간에게 경쟁의 상대가 될 수 없는 일이다. 그런데 신

타미리스
고대 그리스 도기 그림

들에게 특히 무사이 여신들에게 도전한 인간들이 있었는데 그 대표적인 예가 바로 타미리스였다. 무사이 여신들은 경쟁에서 이기자 타미리스를 장님으로 만들고, 그의 목소리와 음악적 재능을 모두 빼앗았다. 호메로스는 『일리아스』에서 이에 대해 다음과 같이 전하고 있다.

"(그래서) 여신들은 화가 나서 그를 장님이 되게 하고, 신이 부르는 것과 같은 노래를 빼앗고 리라를 연주하는 재주를 기억하게 못하게 만들었다"

벌핀치에 의하면 타미리스는 모든 것을 잃은 후에 이제는 아무 소

용이 없어진 리라를 발리라 강물에 던져버렸다고 한다. 발리라는 '리라'와 '던지다'의 의미를 포함하고 있다.

남자를 사랑한 최초의 남자

『비블리오테케』에 의하면 타미리스는 "남자를 사랑한 최초의 남자"로 미소년 히아킨토스를 사랑했다고 전해진다. 그런데 아폴론이 히아킨토스를 사랑하게 되면서 타미리스가 시기하게 되었고, 이에 아폴론이 무사이 여신들에게 타미리스가 그들보다 노래를 더 잘 부를 수 있다고 뽐낸 것을 고자질했다고 한다.

타미리스의 아버지 필라몬

타미리스의 아버지 필라몬은 아폴론의 아들 중 하나이다. 필라몬은 외모가 대단히 아름다웠다고 한다. 그는 님페 아르기오페의 사랑을 받아 그녀와의 사이에 타미리스를 낳았다. 신화의 세계에서 일어나는 일은 무궁무진하고 한계가 없다. 알고 보니 연적인 타미리스와 아폴론은 할아버지와 손주의 사이였다.

타미리스의 스승

타미리스의 스승은 아폴론의 또 다른 아들 리노스이다. 타미리스, 오르페우스, 헤라클레스 등이 리노스의 제자들로 알려져 있다. 리노스는 어린 헤라클레스에게 음악을 가르쳤는데 불세출의 영웅 헤라클레스는 음악에는 소질이 없었는지 스승에게 끊임없이 꾸중을 들었다. 이에 리노스는 화가 난 헤라클레스가 던진 악기에 맞아 죽었다고 한다.

그런데 『비블리오테케』는 리노스의 출생에 대해 다른 내용을 전하고 있다. 리노스는 아폴론의 아들이 아니라 오이아그로스와 무사 여신 칼리오페 사이에 태어난 아들이라고 한다. 이 설에 의하면 리노스와 그리스 신화에서 최고의 가수라 할 수 있는 오르페우스는 형제 사이가 된다.

타우마스 Thaumas

요약

  그리스 신화 제2세대 신으로 '바다의 신'이다.

  바다의 신 폰토스와 대지의 신 가이아 사이에서 태어났다. 대양의 신 오케아노스의 딸 엘렉트라와 결혼하여 무지개의 여신 이리스, 2~4명으로 기록된 하르피이아이를 낳았다.

기본정보

구분	바다의 신
외국어 표기	그리스어: Θαύμας, 라틴어: Thaumas
어원	경이로움, 기적
관련 신화	이리스, 하르피이아이
가족관계	가이아의 아들, 폰토스의 아들, 엘렉트라의 남편, 이리스의 아버지

인물관계

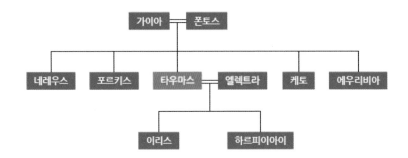

신화이야기

출생과 그의 형제자매

그리스 신화 제2세대 신으로 '바다의 경이로움'이 의인화된 '바다의 신'이다. 그의 이름은 '경이로움, 기적'이란 뜻의 그리스어 thaumatos에서 유래된다. 타우마스의 아버지는 그리스 신화의 제1세대 신에 속하는 바다의 신 폰토스이고, 어머니는 그리스 신화의 태초의 신에 속하는 대지의 신 가이아이다. 아버지 폰토스는 어머니 가이아가 사랑의 결실 없이 홀로 낳은 아들이다.

남자 형제로는 솔직하고 온화한 성격을 지니고 있어 '바다의 노인'으로 불린 네레우스와 바다의 신 포르키스가 있다. 여자 형제로는 남매지간인 포르키스와 정을 통해 포르키데스와 고르고네스 등과 같은 괴물을 낳은 케토 그리고 티탄 신족에 속하는 크레이오스와 결혼하여 아스트라이오스, 팔라스, 페르세스를 낳은 에우리비아가 있다.

자녀에 관한 이견들

가이아와 폰토스의 자식인 타우마스는 가이아와 우라노스의 자식으로 티탄 신족에 속하며 대양(大洋)의 신인 오케아노스가 낳은 딸 엘렉트라와 결혼했다. 타우마스와 엘렉트라 사이에서 무지개의 여신 이리스와 전승문헌에 따라 2~4명으로 기록된 여성의 얼굴을 한 새들 하르피이아이가 태어났다.

『비블리오테케』에 수록된 프톨레미 헤파이스티온의 『새 역사』 제5권에 따르면 타우마스는 이리스와 하르피이아이 이외에 아르케라는 이름의 딸이 한 명 더 있다. 그녀는 이리스와 하르피이아이와 마찬가지로 날개를 가지고 있었다.

아르케는 올림포스 신들과 티탄 신족과의 전쟁에서 티탄의 편에 서서 싸웠는데, 전쟁이 올림포스 신들의 승리로 끝난 후 제우스는 아르케의 날개를 빼앗고 그녀를 타르타로스에 가두었다.

아르케가 타우마스와 엘렉트라 사이에서 태어난 딸인지에 대한 기록은 전해지지 않는다.

그리스 서사 시인 논노스의 총 48편으로 구성된 장편서사시『디오니소스 이야기』의 26편에 따르면, 타우마스와 엘렉트라 사이에서 태어난 아들이 한 명 있다. 그는 물에서 바람처럼 날랜 강의 신 히다스페스이다.

한편 타우마스는 그리스 신화의 제3세대 신에 속하는 포세이돈에게 밀려나 후에 바다의 신의 위치를 넘겨주어야만 했다.

타이게테 **Taygete**

요약

  그리스 신화에 등장하는 님페 플레이아데스 자매 중 한 명이다.

  제우스에게 겁탈당하여 스파르타의 시조 라케다이몬을 낳았다. 아르테미스 여신은 순결을 지켜주기 위해 타이게테를 암사슴으로 변신시켰지만 소용이 없었다. 헤라클레스가 12과업의 하나로 에우리스테우스 왕에게 갖다 바친 케리네이아의 암사슴은 그녀가 변신한 것이라고 한다.

  타이게테는 다른 플레이아데스 자매들과 함께 하늘의 별자리(플레이아데스 성단)가 되었다.

기본정보

구분	님페
외국어 표기	그리스어: Μερόπη
어원	목이 긴
별자리	플레이아데스 성단(황소자리)
관련 상징	사슴
관련 신화	헤라클레스의 12과업
가족관계	아틀라스의 딸, 플레이오네의 딸, 라케다이몬의 어머니

인물관계

  타이게테는 아틀라스와 플레이오네 사이에서 태어난 플레이아데스 자매 중 하나로 제우스와 사이에서 스파르타인들의 시조 라케다이몬을 낳았다. 플레이아데스 자매는 알키오네, 메로페, 켈라이노, 엘렉트라, 스테로페, 타이게테, 마이아 일곱 명인데 시시포스와 결혼한 메로페 한 명을 제외하고는 모두 신들과 결혼하여 자식을 낳았다.('플레이아데스' 참조)

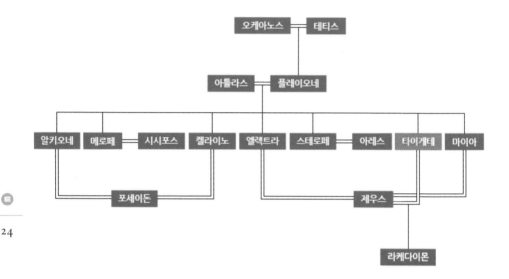

신화이야기

암사슴으로 변신한 타이게테

타이게테는 아르테미스 여신을 따르는 님페로 동정을 지키기로 맹세한 몸이었지만 아미클라이오스 산에서 제우스에게 겁탈당하여 스파르타의 시조 라케다이몬을 낳았다.

아르테미스는 제우스가 아름다운 타이게테에게 눈독을 들이고 있음을 눈치 채고 그녀를 제우스의 유혹에서 지켜주기 위해 암사슴으로 변신시켰지만 소용이 없었다. 타이게테는 제우스에게 겁탈당한 뒤 수치심 때문에 아미클라이오스 산에 숨어버렸는데, 그때부터 이 산의

이름이 타이게테 산으로 바
뀌었다.

헤라클레스의 12과업 중
하나로 미케네의 왕 에우리
스테우스에게 갖다 바친 황
금뿔을 지닌 케리네이아의
암사슴이 바로 타이게테가
변신한 사슴이었다고 한다.
또 다른 설에 따르면 케리네
이아의 암사슴은 타이게테

헤라클레스와 케리네이아의 사슴
아테네 흑색상 도기, 기원전 6세기, 영국 박물관

가 다시 님페로 변신한 뒤 아르테미스 여신에게 감사의 선물로 바친
사슴이었다고도 한다. 또 신화학자 카를 케레니는 아르테미스 여신이
순결을 지키지 못한(혹은 제우스와 사랑에 빠진) 타이게테를 벌하여 암
사슴으로 변신시켰다고 했다.

하늘의 별자리가 된 플레이아데스

타이게테를 비롯한 플레이아데스 자매는 모두 나중에 하늘의 별자리
(플레이아데스 성단)가 되었는데, 이에 대해서도 몇 가지 이야기가 있다.

먼저 플레이아데스는 모두 아르테미스의 시중을 드는 님페였는데,
거인 오리온이 보이오티아에서 이들을 보고 반해서 7년이나 구애하
며 쫓아다녔다고 한다. 플레이아데스가 오리온을 피해 도망치다 지쳐
도움을 청하자 아르테미스는 아버지 제우스에게 부탁하여 플레이아
데스를 하늘의 별자리로 만들어주었다.

그 뒤 아르테미스는 플레이아데스가 더 이상 자신의 곁에 머물지 못
하게 된 것에 화가 나서 남동생 아폴론에게 부탁하여(혹은 자신이 직
접) 오리온을 활로 쏘아 죽였다. 제우스는 오리온도 하늘의 별로 만들
어주었는데 밤하늘에서는 지금도 오리온이 플레이아데스 자매를 쫓

고 있는 듯 오리온자리가 플레이아데스 성단을 뒤쫓으며 이동하는 것을 볼 수 있다.

　플레이아데스 성단과 관련해서는 플레이아데스가 동생 히아스의 죽음을 슬퍼한 나머지 배다른 자매인 히아데스와 함께 모두 자살하여 하늘의 별자리가 되었다는 이야기도 있다.

　또 다른 이야기에 따르면 오리온이 겁탈하려고 뒤쫓은 여인은 플레이아데스의 어머니 플레이오네였다고 한다. 플레이오네는 오케아노스와 테티스 사이에서 태어난 오케아니데스의 하나로 매우 아름다운 님페였는데, 딸들을 데리고 보이오티아를 방문했다가 오리온에게 쫓기는 신세가 되고 말았다. 플레이오네는 7년 동안 도망을 다니다가 딸들과 함께 하늘의 별자리가 되었다.

일곱 명의 플레이아데스
엘리후 베더(Elihu Vedder), 1885년, 메트로폴리탄 미술관

탄탈로스 Tantalus

요약

그리스 신화에 나오는 리디아(혹은 프리기아)의 왕이다.

그리스 비극에 자주 등장하는 저주받은 탄탈로스 가문의 시조이다. 신들의 총애를 받았으나 오만에 빠져 함부로 천기를 누설하고 신들을 시험하다 저승 타르타로스에서 영원한 형벌을 받게 된다. 이후 탄탈로스 가문에서는 5대에 걸쳐 피비린내 나는 골육상쟁이 벌어졌다.

기본정보

구분	리디아의 왕
상징	오만, 저주받은 가문, 영원한 형벌
외국어 표기	그리스어: Τάνταλος
관련 신화	탄탈로스 가문의 저주
가족관계	제우스의 아들, 플루토의 아들, 디오네의 남편, 니오베의 아버지

인물관계

탄탈로스는 제우스가 오케아노스와 테티스 사이에서 난 님페 플루토를 취하여 낳은 아들로, 아틀라스의 딸 디오네와의 사이에서 펠롭스, 니오베, 브로테아스를 낳았다.

탄탈로스에게는 강의 신 팍트로스의 딸 에우리아나사라는 아내도 있었다고 하고, 암피다마스의 딸 크리티아 혹은 아틀라스의 또 다른 딸인 스테로페가 그의 아내로 언급되기도 한다.

신화이야기

탄탈로스의 악행

탄탈로스는 오케아노스와 테티스 사이에서 난 님페 플루토와 제우스 사이에서 태어난 아들로 리디아의 시필로스 산 부근을 다스리는 아주 부유한 왕이었다. 아이스킬로스에 따르면 그의 영지는 돌아보는 데만 꼬박 12일이 걸릴 만큼 넓었다고 한다.

원래 탄탈로스는 신들의 각별한 총애를 받아 신들의 식탁에 초대되곤 했지만, 신들의 음식인 암브로시아와 넥타르를 훔쳐서 인간 친구들에게 주고 신들의 대화에서 들은 비밀을 그들에게 누설하여 신들을 노하게 했다.

또 한 번은 판다레오스가 제우스의 신전에서 황금 개를 훔쳐서 탄탈로스에게 맡기며 키워 달라고 한 적이 있었는데, 제우스가 이 사실을 알고 헤르메스를 보내 돌려줄 것을 요구

탄탈로스
헨드릭 홀치우스(Hendrik Goltzius), 1588년
오클랜드 미술관

했지만 탄탈로스는 그 개에 대해 아는 바가 없으며 전혀 본 적도 없다고 시치미를 뗐다.

더욱 결정적으로 신들을 분노케 한 사건은 신들이 탄탈로스의 초대에 응해서 그의 집에서 식사를 하게 되었을 때였다. 신들이 인간의 식탁에 함께 앉은 것은 그리스 신화를 통틀어 카드모스와 하르모니아의 결혼식 때를 빼고는 이때가 유일하다. 탄탈로스는 신들이 정말로 그렇게 전능한 존재인지를 시험해보려는 오만한 마음에서 자기 막내아들 펠롭스를 죽여서 그 고기로 국을 끓여 신들에게 대접했다. 신들은 모두 탄탈로스의 끔찍한 짓을 금방 알아차렸지만, 데메테르 여신만이 딸 페르세포네를 잃은 슬픔에 정신이 팔려 고깃국을 그냥 먹고말았다.

신들은 국그릇에 담긴 펠롭스의 고깃덩이들을 모두 다시 솥에 담아서 운명의 여신 클로토에게 주었고, 클로토는 제우스의 명에 따라 그 고깃덩이들을 다시 아름다운 소년 펠롭스의 모습으로 되살려냈다. 하지만 데메테르 여신이 먹어 버린 어깨 부위만은 되살릴 수가 없어서 신들이 상아로 어깨를 만들어 펠롭스에게 붙여주었다.

　신들은 탄탈로스의 악행을 더 이상 두고 보지 않고 그를 하계 타르타로스로 추방하여 그곳에서 영원히 고통받게 하였다. 호메로스는 『오디세이아』에서 탄탈로스가 타르타로스에서 받고 있는 형벌을 이렇게 묘사하였다.

　"나는 또 탄탈로스가 심한 고통을 당하고 있는 것도 보았소.
　그는 못 안에 서 있는데 물이 그의 턱 밑까지 닿았소.
　그는 복이 말라 물을 마시려 했으나 물을 떠 마실 수가 없었소.
　노인이 마시기를 열망하며 허리를 구부릴 때마다 물이 뒤로 물러
　나며 사라지고 그의 두 발 주위에는 검은 땅바닥이 드러났으니
　어떤 신께서 물을 말려 버리셨기 때문이지요.
　그리고 그의 머리 위에는 배나무, 석류나무, 탐스러운 열매가 달린
　사과나무, 달콤한 무화과나무, 한창 꽃이 피어 있는 올리브나무 같
　은 키 큰 나무들에 열매가
　주렁주렁 매달려 있었소.
　하나 노인이 그것들을 잡
　으려고 손을 내밀 때마다
　바람이 그것들을 그늘 지
　어주는 구름 위로 쳐 올리
　는 것이었소."

　과일과 물은 입에 닿을 듯 가까이 있었지만 탄탈로스는 결코 그것들을 먹고 마실 수 없었다. '애타게 만든다'는 뜻의 영어 단어 'tantalize'

탄탈로스
지아치노 아세레토(Gioacchino Assereto)
1630년경, 오클랜드 미술관

는 이러한 탄탈로스의 형벌에서 유래하였다.

탄탈로스 가문의 저주

신들의 벌은 여기서 그치지 않
았다. 신들은 탄탈로스와 그의
일족에게 가문의 핏줄이 이어지
는 한 절대로 그치지 않는 저주
를 내렸다. 탄탈로스의 후손들은
모두 누군가 가문의 일원을 살
해하게 될 뿐만 아니라 그로 인
한 처벌도 고스란히 자신의 몫으
로 짊어져야 한다는 것이다.

이후 탄탈로스 가문에는 5대
에 걸쳐 형제가 형제를 죽이고
부모와 자식이 서로 죽이고 죽

탄탈로스
베르나르 피카르(Bernard Picart), 1733년경

는 피비린내 나는 골육상쟁이 벌어졌다. 끔찍하고 잔인한 이 저주의
긴 사슬은 아버지 아가멤논의 원수를 갚기 위해 어머니 클리타임네
스트라를 제 손으로 죽여야 했던 탄탈로스 가문의 마지막 후손 오레
스테스에 이르러서야 비로소 풀렸다.

티에스테스의 아들 탄탈로스

그리스 신화에서는 또 한 명의 탄탈로스가 언급된다. 티에스테스의
아들로 클리타임네스트라의 첫 번째 남편이었던 탄탈로스이다. 가문
의 시조인 제우스의 아들 탄탈로스에게는 증손자가 된다.

일설에 따르면 아트레우스의 아들 아가멤논은 자신과 사촌지간인
이 탄탈로스와 그의 어린 아들을 클리타임네스트라가 지켜보는 가운
데 살해하고 그 피범벅 위에서 그녀를 강제로 범했다고 한다.

탈라사 Thalassa

요약

  그리스 신화에 등장하는 바다의 여신이다.

  아이테르(대기)와 헤메라(낮)의 결합으로 생겨난 태초의 신으로 폰토스와 짝을 이루는 여신이다.

기본정보

구분	바다의 신
상징	바다, 지중해
외국어 표기	그리스어: Θάλασσα, Θάλαττα
어원	바다
관련 지명	로도스 섬
가족관계	아이테르의 딸, 헤메라의 딸, 아프로디테의 어머니

인물관계

  탈라사는 바다의 신 폰토스와 결합하여 할리아, 텔키네스, 아이가이온 등을 낳았다. 탈라사의 딸 할리아는 포세이돈과 사이에서 로도스 섬의 시조가 되는 로데를 낳았다.

  미의 여신 아프로디테는 바다의 여신 탈라사가 하늘의 신 우라노스의 잘린 성기에서 흘러나온 피를 받아 낳은 딸이라고도 한다.

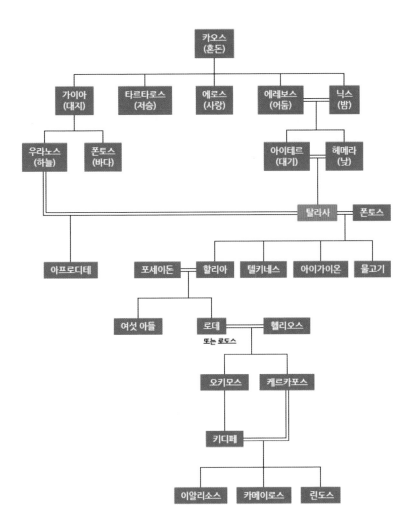

신화이야기

탈라사의 가계

탈라사는 대기의 신 아이테르와 낮의 여신 헤메라 사이에서 태어난 딸로 바다 자체가 의인화된 신이다. 폰토스가 먼 바다를 뜻하고 오케아노스가 세상을 둘러싸고 흐르는 대양이라면, 탈라사는 지중해에 해당한다.

탈라사
약학서 『빈 디오스쿠리데스(Wiener Dioskurides)』에 수록된 삽화, 512년 이전

탈라사는 또 다른 바다의 여신인 테티스나 암피트리테와 달리 신화에서 좀처럼 언급되지 않는다. 탈라스의 가계에 관해서는 여러 가지 이설들이 있다.

탈라사는 폰토스와 결합하여 바닷속의 각종 물고기들을 낳았다고 한다. 또 기원전 4세기경의 서사 시인 논노스에 따르면 탈라사는 크로노스가 낫으로 우라노스의 성기를 잘랐을 때 흘러나온 피를 받아 아프로디테를 낳았다고도 한다. 100개의 팔과 50개의 머리를 지닌 헤카톤케이레스 형제 중 하나인 아이가이온도 그녀가 낳은 아들이라고 한다. 또 역사학자 디오도로스에 따르면 바다의 마법사인 텔키네스 형제들과 할리아도 탈라사와 폰토스의 자식이다.

바다의 마법사 또는 요괴로 알려진 텔키네스 형제는 로도스 섬에 최초로 정착한 자들이다. 텔키네스는 탈라사와 폰토스의 자식들답게 하체가 물고기나 뱀의 형상이거나, 발에 물갈퀴가 있거나, 발 대신 지느러미가 달려서 물과 뭍에서 모두 살 수 있는 모습으로 묘사되었다.

텔키네스는 레아 여신이 남편 크로노스 몰래 빼돌려서 로도스 섬으로 데려온 어린 포세이돈을 양육한 것으로도 유명하다. 크로노스는 자식에 의해 신들의 왕위에서 쫓겨나리란 신탁이 두려워 자식들을 낳는 족족 삼켜버렸다가 나중에 제우스에 의해 모두 다시 토해내게 된다.

탈라사의 딸 할리아는 로도스 섬에서 포세이돈과 결합하여 여섯 명의 아들과 딸 로데(혹은 로도스)를 낳았는데 로도스 섬이라는 이름은 바로 할리아의 딸 로데에게서 유래하였다. 로데는 다시 태양신 헬리오스와 결혼하여 일곱 명의 아들을 낳았는데, 그 중 장남인 오키모스는 로도스의 통치자가 되었다. 오키모스가 죽자 그의 동생 케르카포스가 뒤를 이어 왕위에 오른 뒤 오키모스의 딸 키디페와 결혼하여 세 아들 이알리소스, 카메이로스, 린도스를 낳았다. 케르카포스의 세 아들은 나중에 로도스 섬에 각기 자신의 이름을 딴 도시를 건립하였다.

탈로스 Talos

요약

그리스 신화에 등장하는 청동 거인이다.

크레타 섬을 수호하는 역할을 하다가 아르고호 원정대를 따라 크레타 섬에 온 마녀 메데이아에 의해 목숨을 잃었다. 메데이아는 그의 유일한 약점인 발뒤꿈치의 못을 뽑아 몸 속을 흐르는 신의 피 '이코르'를 모두 밖으로 흘러나오게 하여 그를 죽였다.

기본정보

구분	괴물
상징	크레타 섬의 수호자
외국어 표기	그리스어: Τάλως
관련 신화	에우로페의 납치, 아르고호 원정대
가족관계	크레스의 아들, 헤파이스토스의 아들, 레우코스의 아버지, 다이달로스의 아들

인물관계

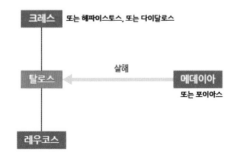

탈로스는 청동 종족의 마지막 후손이라고도 하고, 크레타 섬의 시조인 크레스 왕의 아들이라고도 하고, 헤파이스토스(혹은 다이달로스)가 제작한 인조인간이라고도 한다. 탈로스에게는 레우코스라는 아들도 있었다고 한다.

신화이야기

기원

탈로스는 청동으로 된 인간으로 엄청난 거인이었다. 그는 에우로페가 크레타 섬으로 가서 제우스와 정을 통한 뒤 세 자식을 낳았을 때 제우스가 헤파이스토스를 시켜서 제작하여 그녀에게 주었다고도 하고('에우로페' 참조), 헤파이스토스(혹은 다이달로스)가 크레타의 왕 미노스를 위해서 만들었다고도 한다.

또 다른 이야기에 의하면 그는 지상에 남은 마지막 '청동 종족'이라고도 한다.('헤시오도스의『일과 날』참조)

돌을 던지는 탈로스
크레타 섬의 파이스토스 유적지에서 출토된 은화,
기원전 300년경

크레타 섬의 수호자

탈로스는 크레타 섬을 수호하는 거인이다. 그는 매일 무장을 하고 크레타 섬 해안을 세 번씩 순시하면서 침입자를 쫓아내거나 도망자의 탈주를 막았다. 다이달로스가 크레타 섬에서 도망칠 때 날개를 만들어 달고 날아오른 것도 탈로스 때문이었다는 말이 있다.

침입자가 섬에 접근하면 탈로스는 커다란 돌을 던져 상륙을 막았고, 뭍으로 올라온 침략자가 있으면 청동으로 된 몸을 불로 빨갛게 달군 뒤 두 팔로 침입자를 끌어안아 태워 죽였다.

탈로스의 죽음

탈로스는 청동으로 된 불사의 몸이었지만 발뒤꿈치에 박힌 못이 유일한 약점이었다. 탈로스의 몸에는 신의 피 '이코르'가 흐르고 있었는데 발뒤꿈치에 박힌 못을 뽑아내면 그리로 이코르가 모두 흘러나와 죽게 되기 때문이었다.

탈로스는 아르고호 원정대가 크레타 섬에 도착했을 때 마녀 메데이아에 의해 최후를 맞았다. 메데이아는 그를 완전히 불사신으로 만들어주겠다고 속여 잠들게 한 다음 발뒤꿈치의 못을 뽑아 죽였다. 하지만 또 다른 이야기에 따르면 아르고호 원정대의 일원이었던 필록테테스의 아버지 포이아스가 탈로스의 발뒤꿈치를 활로 쏘아 맞혀 죽였다고도 한다.

탈로스의 죽음
기원전 4세기 크레타 화병 그림, 야타 국립고고학박물관
©Forzaruvo94@Wikimedia(CC BY-SA)

탈리아 Thalia, Thaleia

요약

그리스 신화에 나오는 예술의 여신 무사이(뮤즈) 중 한 명으로 희극
과 발랄한 전원시, 목가 등을 관장한다.

우스꽝스러운 가면과 목자의 지팡이를 손에 들고 넝쿨로 된 관을
쓰고 있는 모습으로 등장한다.

기본정보

구분	무사이
상징	희극, 오락, 환희
외국어 표기	그리스어: Θαλία, Θάλεια
어원	번영, 번창
관련 상징	연극 가면, 넝쿨 화관, 목자의 지팡이
가족관계	제우스의 딸, 아폴론의 아내, 므네모시네의 딸

인물관계

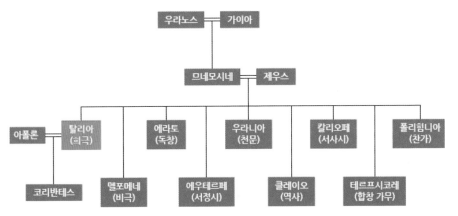

탈리아는 우라노스와 가이아의 딸인 티탄 신족 므네모시네가 제우스와 결합하여 낳은 아홉 명의 무사이 자매 중 한 명이다. 아폴론과 사이에서 키벨레의 시종들인 코리반테스를 낳았다.

신화이야기

무사이 자매

탈리아는 아홉 명의 무사이 자매 중 하나다. '무사이'는 '무사(뮤즈)'의 복수형으로 아홉 자매를 통칭할 때 쓰이는 표현이다. 무사이는 기억의 여신 므네모시네와 제우스 사이에서 난 딸들인데 므네모시네는 올림포스 산 동쪽 피에리아에서 제우스와 9일 밤낮을 관계를 맺어 이들을 낳았다고 한다.

아홉 명의 무사이는 음악, 미술, 문학, 철학, 역사 등 광범위한 지적 활동을 관장하는 여신들로 시인, 음악가, 미술가 등에게 영감을 불어넣는 역할을 했다.

뮤즈들의 석관
150년경, 루브르 박물관 소장. 왼쪽부터 대개는 나팔과 물시계를 들고 다니는데 여기서는 책을 들고 있는 역사 담당의 클레이오, 웃는 가면을 들고 있는 희극 담당의 탈리아, 연가를 담당하는 에라토, 플루트를 들고 있는 서정시의 여신 에우테르페, 골똘히 생각에 잠겨 있는 찬가와 무언극의 여신 폴리힘니아, 월계관과 책을 들고 있는 서사시의 여신 칼리오페, 리라를 들고 있는 가무의 여신 테르프시코레, 지구의 및 나침반과 함께 있는 천문의 여신 우라니아, 슬픈 가면을 쓰고 있는 비극의 무사 멜포메네이다.

처음에 무사이는 멜레테(수행), 므네메(기억), 아오이데(노래) 세 명이었는데, 헤시오도스가 이들을 아홉 명으로 언급한 뒤로 이들 자매의 수는 아홉 명으로 굳어졌다. 후대로 가면서 이들 아홉 자매가 관장하는 영역도 구체적으로 지정되었다.

예를 들어 탈리아는 희극과 가벼운 전원시 등을 관장하는 여신으로서 나중에는 연극의 수호신으로 숭배되었다. 나머지 무사이를 열거하자면, 칼리오페는 서사시, 클레이오는 역사, 에우테르페는 서정시, 멜포메네는 비극, 테르프시코레는 합창가무, 에라토는 독창, 폴리힘니아는 찬가, 우라니아는 천문을 담당하였다.

무사이는 음악과 예언의 신으로서 그녀들의 지도자 격인 아폴론 신과 자주 함께 묘사되었고, 올림포스에서 열리는 신들의 연회에서 우미의 세 여신 카리테스, 계절의 여신 호라이 등과 함께 춤을 추기도 하였다.

키벨레를 모시는 코리반테스

탈리아는 아폴론과 결합하여 대지의 여신 키벨레를 모시는 시종들인 코리반테스를 낳았다. 코리반테스는 키벨레 여신을 따라다니며 열광적인 군무(群舞)를 추는 대지의 정령들이다. 나중에 그리스 지방에서는 키벨레 여신의 사제들도 코리반테스라고 불렀다. 이들은 요란한 음악에 맞추어 검무를 추고 떠들썩하고 방탕한 술판을 벌이며 키벨레 여신을 찬양했다. 코리반테스의 군무는 특히 스파르타의 짐노페디(Gymnopaedie) 축제에서 즐겨 행해졌다고 한다.

아르고호 원정대가 키지코스 왕이 다스리는 섬에 들렀을 때 실수로 왕을 죽인 적이 있었다. 원정대는

스파르타의 짐토페디 축제에서 추던 코리반테스의 춤
윌리엄 스미스(William Smith)의 『고대 그리스로마 사전』에 수록된 삽화

왕의 죽음을 슬퍼하며 성대한 장례식도 치러 주었지만 계속되는 거센 풍랑 때문에 도무지 섬을 떠날 수가 없었다. 원정대가 신탁에 그 이유를 묻자 대지의 여신 키벨레가 키지코스 왕의 허망한 죽음으로 진노하여 그렇다는 대답이 돌아왔다. 이에 원정대는 키벨레 여신께 제물을 바치고 키벨레의 시종들인 코리반테스를 흉내내어 미친 듯이 춤까지 추고 나서야 겨우 섬을 떠날 수 있었다.

카리테스 자매 중 하나인 탈리아

탈리아라는 이름은 제우스와 에우리노메의 딸들인 카리테스 자매 중에도 있다. 카리테스 자매들은 풍부한 자연의 은혜가 가져오는 기쁨을 상징하여 식물의 성장시키고 인간과 신들에게 기쁨을 주는 존재로 묘사된다. 그들은 음악의 신 아폴론을 수행하며 무사(뮤즈)들과 함께 올림포스에서 합창을 하기도 하고, 미의 여신 아프로디테의 시중을 들며 그녀의 화려한 몸치장을 돕기도 한다.

탈리아
장 마르크 나티에(Jean-Marc Nattier), 1739년
샌프란시스코 미술관

테네스 Tenes

요약

그리스 신화에 나오는 테네도스 섬의 통치자이다.

콜로나이 왕 키크노스의 아들인데 계모 필로노메의 모함으로 테네
도스 섬으로 쫓겨나 그곳의 왕이 되었다. 트로이 원정길에 섬에 들른
영웅 아킬레우스에게 살해당했다.

기본정보

구분	테네도스의 왕
외국어 표기	그리스어: Τέννης
관련 신화	아킬레우스의 죽음
가족관계	아폴론의 아들, 헤미테아의 남매, 키크노스의 아들

인물관계

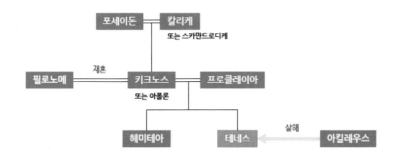

테네스는 포세이돈의 아들인 콜로나이의 왕 키크노스가 라오메돈의 딸 프로클레이아와 결혼하여 낳은 아들이다. 둘 사이에서는 딸 헤미테아도 태어났다. 하지만 테네스는 아폴론의 아들이라는 설도 있다.

신화이야기

쫓겨난 왕자

콜로나이의 왕 키크노스는 아내 프로클레이아가 죽자 트라가소스의 딸 필로노메와 재혼하였는데, 필로노메는 전부인의 소생인 테네스를 사랑하게 되었다. 필로노메는 의붓아들 테네스를 유혹하였지만 테네스는 이를 단호히 거절하였다. 그러자 필로노메는 남편 키크노스에게 오히려 테네스가 자신을 유혹하였다고 모함하였고, 이를 곧이곧대로 믿은 키크노스는 테네스와 헤미테아를 궤짝에 넣어 바다에 던져버렸다. 하지만 궤짝은 포세이돈의 도움으로 무사히 인근의 레우코프리스 섬에 당도하였다. 그 후 테네스는 이 섬나라의 왕이 되었고 섬의 이름도 테네도스라고 불리게 되었다.

한편 뒤늦게 진실을 알게 된 키크노스는 아들과 화해를 시도했지만 테네스는 이에 응하지 않았다. 테네스는 키크노스가 아들을 만나기 위해 타고 온 배의 밧줄을 도끼로 끊어 아버지를 돌려보냈다.

테네스의 죽음

트로이 전쟁이 터지자 이웃나라인 테네도스 섬도 그리스인들의 공격을 받았다. 아킬레우스가 트로이로 가는 길에 섬을 공격하였는데, 아킬레우스의 어머니인 바다의 여신 테티스는 아들에게 테네스를 죽인 자는 아폴론의 손에 죽게 될 테니 절대로 테네스를 죽이지 말라고 경고하였다.(이 이야기는 테네스가 아폴론의 아들이라는 이야기를 뒷받침하고 있다) 하지만 테네스는 결국 아킬레우스의 칼에 가슴을 찔려 죽고 말았다. 아킬레우스가 누이 헤미테아를 겁탈하려 하자 그를 공격하다가 화를 당한 것이다.

그리스 신화에서 테네스의 죽음은 영웅 아킬레우스를 죽음에 이르게 하는 운명의 실타래의 한 가닥으로 여겨진다. 아킬레우스는 트로이에서 파리스의 화살을 맞고 죽었는데, 테네스의 죽음으로 분노한 아폴론이 화살을 그의 유일한 약점인 발뒷꿈치(아킬레스건)로 이끌었다고 한다.

테네스가 죽은 뒤 테네도스 섬에는 그를 기리는 신전이 세워졌다. 그의 제사에서는 아킬레우스의 이름을 입에 올리는 것이 금기시되었다. 또 피리 연주자가 신전으로 들어가는 것도 금지되었는데, 이는 필로노메의 수하에 있던 에우몰포스라는 피리 연주자가 거짓증언을 하는 바람에 키크노스가 계모의 모함을 믿고 테네스를 추방하게 되었기 때문이라고 한다. 키크노스는 에우몰포스를 돌로 쳐 죽이고 필로노메는 산 채로 매장하였다.

테라스 Theras

요약

그리스 신화에 등장하는 테라의 왕이다.

어린 조카를 대신하여 섭정이 되어 스파르타를 다스리다 조카가 성년이 되자 스파르타를 떠나 칼리스테 섬에 식민지를 건설하고 왕이 되었다. 그 후 칼리스테 섬은 그의 이름을 따서 테라 섬으로 불리었다.

기본정보

구분	테라의 왕
외국어 표기	그리스어: Θήρας
관련 신화	헤라클레이다이의 펠로폰네소스 침공
가족관계	아우테시온의 아들, 아르게이아의 남매

인물관계

테라스는 카드모스와 오이디푸스의 후손인 테바이의 왕 아우테시온의 아들로 아르게이아와 남매지간이다. 아르게이아는 헤라클레이다이의 한 명인 아리스토데모스와 결혼하여 프로클레스와 에우리스테네스를 낳았다.

그의 아버지인 테바이의 왕 아우테시온은 테바이 왕위를 버리고 펠로폰네소스로 떠나 스파르타에 정착하였다.

신화이야기

테바이를 떠난 오이디푸스의 후손

테라스는 테바이 왕 아우테시온의 아들로 카드모스 일족에 속하며 오이디푸스의 5대손이다. 그의 아버지 아우테시온은 신탁의 명에 따라 자식들을 데리고 테바이를 떠나 펠로폰네소스 정복에 나선 헤라클레이다이와 합류하였다. 그가 테바이 왕위를 버리고 펠로폰네소스로 떠난 것은 선조 오이디푸스와 그의 아들 폴리네이케스로부터 이어지는 가문의 저주를 피하기 위한 것이었다고 한다.

헤라클레이다이의 펠로폰네소스 정복

그 후 아우테시온은 스파르타에 정착하였고, 이곳에서 그의 딸, 즉 테라스의 누이인 아르게이아는 아리스토데모스와 결혼하여 두 아들 프로클레스와 에우리스테네스를 낳았다. 아리스토데모스는 헤라클레이다이의 펠로폰네소스 침공을 승리로 끝맺은 아리스토마코스의 세 아들 중 한 명이다.

아리스토마코스의 세 아들 테메노스, 크레스폰테스, 아리스토데모스는 펠로폰네소스 반도를 점령한 뒤 제비뽑기로 영토를 나누어가졌는데 아리스토데모스의 몫으로는 스파르타가 있는 라코니아가 주어졌다. 하지만 아리스토데모스는 원정 준비 과정에서 아폴론의 분노를 사 그의 화살에 죽었기 때문에 아리스토데모스의 몫은 아르게이아가 낳은 두 아들에게로 돌아갔다.('헤라클레이다이' 참조) 테라스는 이때 아직 성년이 되지 않은 두 조카를 대신하여 섭정으로서 스파르타를 다스리게 된다.

칼리스테 섬에 새로운 식민지를 건설한 테라스

조카들이 성장하여 나라를 다스릴 수 있게 되자 테라스는 그들에게 스파르타의 권력을 돌려주고 라코니아에 거주하고 있던 아르고나우타이(아르고호 원정대)의 후예들인 미니아이족을 이끌고 매우 아름답다는 뜻을 지닌 칼리스테 섬에 정착하였다. 그가 이 섬을 새로운 식민지로 선택한 이유는 카드모스의 친족들인 페니키아인들이 이미 오래 전에 그곳에 터전을 일구고 살고 있었기 때문이었다.

섬의 주민들은 이주자들을 환대하고 테라스를 왕으로 추대하였다. 칼리스테 섬은 그 뒤 테라 섬으로 이름이 바뀌었다.

일설에 의하면 칼리스테 섬은 아르고호 원정대의 일원인 에우페모스가 트리토니스 호수의 신 트리톤에게서 받은 흙을 귀국 도중 바다에 떨어뜨려 생겨난 섬이라고 한다. 테라스와 함께 칼리스테 섬으로 온 미니아이족 중에는 에우페모스의 후손인 바토스도 있었는데, 그는 나중에 섬의 주민들 일부를 이끌고 리비아의 키레네로 가서 다시 식민지를 건설하였다고 한다.

테레우스 Tereus

요약

그리스 신화에 등장하는 트라키아의 왕이다.

아테네의 왕 판디온의 딸 프로크네와 결혼하였으나 처제 필로멜라에게 반해 겁탈하고 이를 감추기 위해 그녀의 혀를 잘랐다. 프로크네는 테레우스와 사이에서 낳은 아들 이티스를 죽여 동생 필로멜라의 원수를 갚았다. 아들의 죽음을 안 테레우스는 두 자매를 죽이려고 도끼를 들고 뒤쫓았고, 결국 세 사람 모두 신들에 의해 새로 변하였다.

기본정보

구분	트라키아의 왕
외국어 표기	그리스어: Τηρεύς
관련 동물	오디새, 매
가족관계	아레스의 아들, 프로크네의 남편, 이티스의 아버지

인물관계

테레우스는 트라키아의 왕으로 아레스의 아들이라고 한다. 판디온의 딸 프로크네와 결혼하여 아들 이티스를 낳았다.

신화이야기

필로멜라를 겁탈한 테레우스

테레우스는 아테네의 왕 판디온이 테바이의 왕 라브다코스와 국경 문제로 전쟁을 벌였을 때 판디온을 도왔다. 결국 전쟁은 아테네의 승리로 끝났고, 판디온은 테레우스에게 감사하기 위해 딸 프로크네를 아내로 주었다. 두 사람 사이에서는 곧 아들 이티스도 태어났다.

결혼한 지 5년쯤 지났을 때 프로크네는 동생 필로멜라가 보고 싶으니 아테네로 보내달라고 남편 테레우스에게 청했다. 테레우스는 아내를 보내는 대신 자신이 아테네로 가서 처제 필로멜라를 데려오기로 했다.

아테네의 판디온 궁에 도착한 테레우스는 빼어나게 아름다운 필로멜라를 보고는 첫눈에 반하고 말았다. 하지만 그는 속마음을 감춘 채 언니 프로크네가 동생을 간절히 보고 싶어 하니 필로멜라를 트라키아

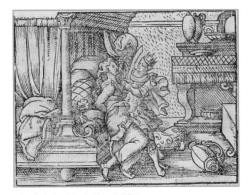

필로멜라의 혀를 자르는 테레우스
비르길 졸리스(Virgil Solis), 16세기
오비디우스의 『변신이야기』에 실린 삽화

로 데려가게 해달라고 판디온 왕에게 허락을 구하였다. 왕의 허락이 떨어지자 테레우스는 곧 필로멜라를 데리고 트라키아로 떠났다.

트라키아에 도착한 테레우스는 필로멜라를 숲 속에 있는 성채로 데려가 욕정을 채운 뒤 그녀가 아무에게도 사실을 말할 수 없도록 혀를 잘라버렸다. 그리고 필로멜라를 그곳에 감금해두고는 프로크네에게는 그녀가 여행 중에 죽었다고 거짓말을 했다.

프로크네와 필로멜라의 복수

그러던 어느 날 테레우스는 아들 이티스가 친척의 손에 살해당할 거라는 신탁을 듣게 되었다. 이에 테레우스는 동생 드리아스를 의심하여 그를 죽였다. 하지만 신탁은 다른 방식으로 실현되었다.

숲 속의 성채에 1년이 넘게 갇혀서 지내며 자신의 불행을 한탄하던 필로멜라는 그곳을 빠져나가기로 작정하고 옷감에 수를 놓아서 하인을 시켜 그것을 궁전에 있는 언니에게 보냈다. 프로크네는 동생이 수놓은 옷감을 보고 모든 사실을 알아차릴 수 있었다. 디오니소스 제전이 다가오자 프로크네는 신도로 변장하고 숲으로 가서 필로멜라가 갇혀 있는 성채를 찾아냈다. 동생과 만나 남편의 만행을 낱낱이 알게 된 프로크네는 미칠 듯한 분노에 치를 떨며 복수를 다짐했다.

그녀는 동생도 디오니소스 신도로 변장시켜서 궁으로 데려온 다음 테레우스를 꼭 닮은 아들 이티스를 죽여서 그의 후사를 없앴다. 두 자매는 이티스의 시체를 잘라 요리를 해서 테레우스의 식탁에 내놓았다. 식사가 끝나자 필로멜라는 이티스의 머리를 테레우스 앞에 내밀었다. 사태를 파악한 테레우스는 도끼를 들고 두 자매를 추격하였다. 포키스의 다울리스에 이르러 테레우스에게 붙잡힐 지경이 되자 다급해진 자매는 신들에게 도움을 청했고, 신들은 이를 측은히 여겨 세 사람을 모두 새로 만들었다. 그리하여 프로크네는 나이팅게일로, 필로멜라는 제비로, 테레우스는 오디새(혹은 매)로 변하였다. 프로크네가 변한 나이팅게일의 울음소리는 마치 구슬픈 목소리로 '이티스, 이티스' 하고 부르는 것 같았다.

후대의 로마 시인들은 신화에서 필로멜라와 프로크네의 역할을 바꾸어 묘사하였는데, 이는 '음악을 사랑하는 여인'이라는 뜻을 지닌 필로멜라의 이름에 제비보다 나이팅게일이 더 잘 어울리기 때문이었다고 한다.

아들 이티스의 머리를 마주한 테레우스
페테르 파울 루벤스(Peter Paul Rubens), 1636~1638년, 프라도 미술관

테르산드로스 Thersandrus, Thersander

요약

그리스 신화에 나오는 테바이의 왕으로, 폴리네이케스의 아들이다. '테바이 공략 7장군'의 후손들인 '에피고노이'를 이끌고 두 번째로 테바이 원정에 나서서 전쟁에 승리하고 테바이의 왕이 되었다.

기본정보

구분	테바이의 왕
상징	자손, 모방자, 아류
외국어 표기	그리스어: Θέρσανδρος
관련 신화	에피고노이의 제2차 테바이 원정
가족관계	폴리네이케스의 아들, 아르게이아의 아들, 데모나사의 남편, 티사메노스의 아버지

인물관계

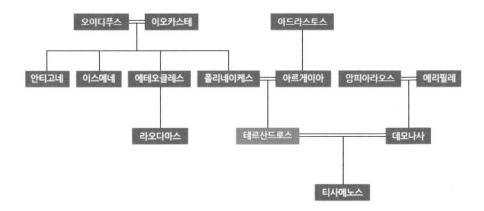

테르산드로스는 오이디푸스의 아들 폴리네이케스가 아드라스토스 왕의 딸 아르게이아와 결혼하여 낳은 아들이다. 테르산드로스는 암피아라오스와 에리필레의 딸 데모나사와 결혼하여 아들 티사메노스를 낳았다.

신화이야기

에피고노이의 2차 테바이 원정

오이디푸스의 아들 폴리네이케스는 쌍둥이 형제 에테오클레스에 의해 테바이에서 추방된 뒤 아르고스의 아드라스토스 왕과 함께 7장군을 이끌고 테바이 공략에 나섰지만 실패했다.('테바이 공략 7장군' 참조) 7장군은 아드라스토스 한 명만을 제외하고 모두 전쟁에서 목숨을 잃었다. 그로부터 10년 뒤 이번에는 7장군의 자식들이 다시 테바이 원정에 나섰다. 2차 테바이 원정을 이끈 7장군의 자식들을 '에피고노이'(나중에 태어난 자들)이라고 부르는데, 이들을 규합한 사람이 바로 폴리네이케스의 아들 테르산드로스였다.

에리필레와 하르모니아의 결혼예복

테르산드로스는 암피아라오스의 아들 알크마이온을 전쟁에 끌어들이면 승리할 수 있다는 델포이의 신탁에 따라 알크마이온을 가담시키기 위해 다시 그의 어머니 에리필레를 뇌물로 매수하였다.(에리필레는 1차 테바이 원정 때도 폴리네이케스로부터 하르모니아의 목걸이를 뇌물로 받고 남편 암피아라오스를 참전시킨 바 있다. 암피아라오스는 전쟁에서 죽었다. '에리필레', '암피아라오스' 참조) 테르산드로스가 에리필레에게 건넨 뇌물은 하르모니아의 결혼예복이었다.

에피고노이의 2차 테바이 원정은 성공하였고, 테르산드로스는 에테
오클레스의 아들 라오다마스를 쫓아내고 테바이의 왕위에 올랐다. 하
지만 테바이는 두 차례에 걸친 전쟁으로 크게 파괴되었다. 테르산드
로스는 약해진 왕국을 재건하기 위해 성이 포위되었을 때 달아났던
테바이 주민들을 다시 불러 모으고 도시를 재정비하였다.

테바이 재건이 어느
정도 마무리되자 그는
트로이 원정에 참여하
였다. 하지만 그가 참
여한 원정대는 길을 잘
못 들어 미시아에 상
륙하고는 이곳을 트로
이로 여기고 공격하였
다. 이 싸움에서 테르
산드로스는 헤라클레
스의 아들 텔레포스에게 죽임을 당했다.

테르산드로스의 죽음
페르가몬 제단 부조, 기원전 2세기, 베를린 페르가몬 박물관
©Miguel Hermoso Cuesta@wikimedia(CC BY-SA 4.0)

테르산드로스가 죽은 뒤 테바이의 왕위는 그의 아들 티사메노스에
게로 돌아갔다.

코린토스의 왕 시시포스와 플레이아데스의 하나인 메로페 사이에서
태어난 4명의 아들 중에도 테르산드로스가 있다. 테르산드로스에게
는 할리아르토스와 코로노스라는 두 아들이 있었는데, 보이오티아의
도시 할리아르토스와 코로네이아는 이들의 이름에서 유래하였다.

테르프시코레 Terpsichore

요약

그리스 신화에 나오는 무사이(뮤즈) 중 한 명으로 합창과 춤을 관장하는 여신이다.

'테르프시코레'는 그리스어로 '춤추는 즐거움'이라는 뜻이다. 머리에 화관을 쓰고 리라를 연주하며 흥에 겨워 즐거워하는 모습으로 묘사된다. 무희나 합창대가 주변에서 그녀의 음악에 맞추어 윤무를 추고 노래를 부르기도 한다.

테르프시코레
로마 시대 대리석상, 2세기
바티칸 박물관

기본정보

구분	무사이
상징	합창과 춤
외국어 표기	그리스어: Τερψιχόρη
어원	춤추는 즐거움, 윤무의 기쁨
관련 상징	화관, 리라
가족관계	제우스의 딸, 므네모시네의 딸, 세이레네스의 어머니, 아켈로오스의 아내

인물관계

```
                    우라노스 ─── 가이아
                         │
                    므네모시네 ─── 제우스
                         │
  ┌────────┬────────┬────────┬────────┬────────┐
아켈로오스─테르프시코레  에라토    탈리아   칼리오페   폴리힘니아
         (합창 가무)  (독창)    (희극)   (서사시)   (찬가)
    │
 세이레네스      멜포메네   에우테르페  클레이오   우라니아
              (비극)    (서정시)   (역사)    (천문)
```

테르프시코레는 우라노스와 가이아의 딸인 티탄 신족 므네모시네가 제우스와 결합하여 낳은 아홉 명의 무사이 자매 중 한 명이다. 강의 신 아켈로오스와 사이에서 세이레네스를 낳았다고 한다.

신화이야기

춤과 합창의 여신

테르프시코레는 '기쁘다'. '즐겁다'는 뜻의 그리스어 '테르포(terpo)'와 '춤', '윤무'를 뜻하는 '코로스(choros)'가 합쳐진 말로 춤을 추는 즐거움을 뜻한다. 여기서 유래한 현대 영어의 '텁시코리언(terpsichorean)'은 무용수를 뜻하는 말이다.

테르프시코레는 춤과 음악을 관장하는 여신답게 대부분 악기를 손에 들고 앉아서 흥겹게 연주하는 모습으로 표현되며, 주위에는 그녀의 연주에 맞추어 춤을 추는 무희들이 있다.

세이레네스

세이레네스는 바닷가 외딴 섬에 살면서 매혹적인 노래를 불러 근처를 지나는 배들을 좌초시켰다는, 반은 여자 반은 새인 바다의 마녀로 테르프시코레가 강의 신 아켈로오스와 사이에 낳은 딸들이라고 한다. 뱃사람들은 세이레네스의 아름다운 노래에 정신이 팔려 배가 암초에 부딪쳐 물에 빠져 죽거나 그녀들에게 잡아먹혔다. 세이레네스는 트로이 전쟁을 끝내고 귀향하는 오디세우스를 유혹하는 데 실패한 뒤 분을 이기지 못하고 바다에 뛰어들어 스스로 목숨을 끊었다고 한다.

테르프시코레
코즈메 투라(Cosme Tura), 1450년경
밀라노 폴디 페졸리 미술관

무사이 여신

테르프시코레는 아홉 명의 무사이 자매 중 한 명이다. '무사이'는 '무사(뮤즈)'의 복수형으로 아홉 자매를 통칭할 때 쓰이는 표현이다. 무사이는 기억의 여신 므네모시네와 제우스 사이에서 난 딸들인데, 므네모시네는 올림포스 산 동쪽 피에리아에서 제우스와 9일 밤낮을 관계를 맺어 이들을 낳았다고 한다. 아홉 명의 무사이는 음악, 미술, 문학, 철학, 역사 등 광범위한 지적 활동을 관장하는 여

테르프시코레
사무엘 반 호흐스트라텐(Samuel van Hoogstraten), 1678년
네덜란드 네이메헌 도서관

신들로 시인, 음악가, 미술가 등에게 영감을 불어넣는 역할을 했다.

처음에 무사이는 멜레테(수행), 므네메(기억), 아오이데(노래) 세 명이었는데, 헤시오도스가 이들을 아홉 명으로 언급한 뒤로 이들 자매의 수는 아홉 명으로 굳어졌다. 후대로 가면서 이들 아홉 자매가 관장하는 영역도 구체적으로 지정되었다.

우라니아는 천문, 칼리오페는 서사시, 클레이오는 역사, 에우테르페는 서정시, 멜포메네는 비극, 테르프시코레는 합창가무, 에라토는 독창, 폴리힘니아는 찬가, 탈리아는 연극을 관장한다.

무사이는 음악과 예언의 신으로서 그녀들의 지도자 격인 아폴론 신과 함께 묘사될 때가 많으며, 올림포스에서 열리는 신들의 연회에서 우미의 세 여신 카리테스, 계절의 여신 호라이 등과 함께 춤을 추기도 한다.

테르프시코레
장 마르크 나티에(Jean Marc Nattier), 1739년, 샌프란시스코 미술관

테메노스 Temenus, Temenus

요약

헤라클레스의 후손이다.

헤라클레스가 죽은 지 3세대가 지난 후 헤라클레스가 마음속의 고향으로 그리워한 펠레폰네소스를 정복하고 아르고스의 왕이 되었다.

기본정보

구분	아르고스의 왕
외국어 표기	그리스어: Τέμενος
관련 신화	헤라클레스, 헤라클레이다이
가족관계	아리스토마코스의 아들, 크레스폰테스의 형제

인물관계

헤라클레스의 고손자이다.

아리스타마코스의 아들이자 힐로스의 증손자이며, 아리스토데모스, 크레스폰테스와는 형제 사이다. 아겔라오스, 크레이소스, 케리네스, 팔케스 등 여러 아들과 히르네토라는 외동딸을 두었다.

헤라클레스 — 데이아네이라

힐로스 — 이올레   글레노스   호디테스   크테시포스

클레오다이오스   에우아이크메   트라시나오

아리스토마코스   레오나사   안티마코스

테메노스   크레스폰테스   아리스토데모스   데이폰테스

아겔라오스   에우리필로스   칼리아스   아르켈라오스   히르네토

신화이야기

헤라클레스의 죽음과 헤라클레이다이의 시련

헤라클레이다이는 헤라클레스의 아들들을 의미하고 넓은 의미에서는 헤라클레스의 후손들을 의미하는데, 신화에서는 특히 헤라클레스와 데이아네이라 직계자손들로 헤라클레스가 죽은 후에 펠로폰네소스에 정착한 사람들을 지칭하는 표현이다. 테메노스는 바로 이 헤라클레이다이에 속하는 인물로 아리스토마코스의 아들이자 헤라클레스의 고손자이다.

제우스가 다른 여자, 즉 알크메네와 관계를 맺어 태어난 헤라클레스는 헤라에게는 태어나기 전부터 증오의 대상이었다. 제우스는 알크메네와의 동침에서 밤을 3배로 늘이면서 영웅이 태어날 준비를 하고, 헤라클레스가 태어나기 직전에 곧 태어날 페르세우스의 후손이 미케

나이를 다스리게 될 것이라 선언했다. 이에 헤라는 출산의 여신을 부추겨 헤라클레스의 출산을 늦추고 에우리스테우스의 출산을 앞당기게 했다. 이렇게 해서 제우스가 말한 예언의 혜택은 헤라클레스가 아니라 에우리스테우스가 누리게 되었다. 권력은 있으나 그 권력을 유지할 힘이나 자격이 없는 에우리스테우스는 칠삭둥이로 태어나 정신적으로나 육체적으로 허약한 상태에서 헤라클레스에 대한 증오와 시기심, 열등감과 공포심 속에서 평생을 살았다.

헤라의 술수로 광기에 빠져 첫 번째 아내 메가라와의 사이에서 태어난 자식들을 죽이고 만 헤라클레스는 그 죄에 대한 벌로 나약한 에우리스테우스에 복종하면서 그가 시키는 12개의 과업을 수행해야 했다. 에우리스테우스와의 악연은 헤라클레스가 살아있는 동안 내내, 그리고 그가 죽어서도 계속되었다.

헤라클레스가 죽은 후에도 에우리스테우스의 증오심은 사그라들지 않고, 이제 그의 증오심은 헤라클레스의 자식들에게로 향하였다. 헤라클레스의 자식들은 에우리스테우스를 피해 트라키스 왕 케익스에게 갔지만 케익스는 에우리스테우스의 협박 때문에 그들을 돌려보냈다. 그러자 헤라클레스의 자식들은 헤라클레스와 친분이 있는 테세우스의 나라인 아테네로 갔고, 이에 에우리스테우스는 아테네 사람들에게 전쟁을 선포했다. 이 전쟁에서 에우리스테우스는 추격을 피해 도망가다가 죽임을 당했다.

에우리스테우스가 죽은 후 헤라클레스의 자식들은 헤라클레스의 정식 후계자라 할 수 있는 힐로스의 지휘하에 헤라클레스가 생전에 조국으로 생각했던 펠로폰네소스를 점령했다. 그러나 돌아온 지 얼마 지나지 않아 나라에 전염병이 엄습하였는데, 신탁에 의하면 이는 헤라클레스의 자식들이 때가 되기도 전에 돌아왔기 때문이라고 했다. 이에 헤라클레스의 자손들은 펠레폰네소스를 떠나 마라톤으로 가서 정착했다. 헤라클레스의 정식 상속자이자 헤라클레이다이의 지도자인 힐로스는 델포이 신전에서 어떻게 하면 돌아갈 수 있는지에 대해 신탁을 구했다. 그러자 세 번째 수확을 거두어야 돌아갈 수 있다는 신탁이 내렸다. 이에 힐로스는 세 번째 수확의 시기가 3년이라고 생각하고 3년 후에 펠로폰네소스를 공격하지만 패배하고 말았다. 그 후 힐로스의 아들이자 테메노스의 아버지인 아리스토마코스가 다시 신탁을 구하자 협로를 이용하면 승리할 것이라는 신탁이 내렸다. 아리스토마코스는 코린토스 지협을 통해 공격을 감행했지만 실패하고 결국 전사하고 말았다. 이렇게 해서 헤라클레스가 죽은 지 오랜 시간이 흐른 뒤에도 헤라클레이다이는 고향으로 돌아갈 수가 없었다.

헤라클레이다이의 귀환과 테메노스

아리스토마코스의 아들들이 장성하자 장남인 테메노스는 어떻게 하면 귀환할 수 있는지에 대해 다시금 신탁을 구했다. 그러자 앞에서 말한 신탁들과 똑같은 내용의 신탁이 내려졌고, 이에 테메노스는 할아버지와 아버지 즉 힐로스와 아리스타마코스가 똑같은 신탁들에 따라 공격을 감행하다 둘 다 패배했다고 항변했다. 그러자 그 두 사람이 실패한 것은 신탁이 잘못된 것이 아니라 신탁을 잘못 이해했기 때문이라는 대답이 돌아왔다.

새로운 신탁에 의하면 수확은 "대지의 수확이 아니라 세대의 수확"(『비블리오테케』)이고 협로는 육로가 아니라 해로, 즉 오늘날의 코린토스만을 뜻하는 "이스트모스 지협 오른쪽에 있는 배부른 바다"라는 것이었다. 이 신탁에서 말하는 제 3세대는 힐로스로부터 시작해서 클레오다이오스 세대, 아리스타마코스 세대를 거쳐서 세 번째 세대인 바로 테메노스와 그 형제들을 의미하는 것이었다.

테메노스를 선두로 한 헤라클레이다이는 도중에 여러 가지 어려움을 겪었지만 마침내 펠로폰네소스를 정복하였다. 정복이 끝난 후 헤라클레이다이는 승리에 감사를 드리기 위해 신들의 아버지이자 자신들의 시조신 제우스를 위해 제단을 세우고 제물을 바치고 난 다음에 펠로폰네소스를 나누어 가졌는데, 테메노스는 제비를 뽑아 아르고스를 차지하게 되었다.

테메노스에게는 히르네토라는 이름을 가진 외동딸이 있는데, 그는 히르네토를 헤라클레이다이의 하나인 데이폰테스와 결혼시켰다. 아들들보다 딸과 사위를 더 믿고 신뢰한 테메노스는 사위 데이폰테스를 군 총사령관으로 임명하여 아들들에게 원성을 사게 되었고, 이에 아들들이 사람들을 시켜 테메노스를 죽이지만 그럼에도 불구하고 왕위를 차지하지는 못했다. 『비블리오테케』에 의하면 아르고스 사람들은 왕국이 히르네크와 데이폰테스에게 귀속되어야 한다고 결정하고 데이폰테스를 아르고스의 왕으로 추대했기 때문이었다. 테메노스를 죽인 아들들은 추방되었다.

그러나 다른 설에 의하면 테메노스가 죽은 후 히르네토와 데이폰테스는 아르고스를 떠나 에파다우로스로 피신했다고 한다. 왕위를 물려받고 싶은 테메노스의 아들 크레이소스는 누이동생 히르네토에게 남편과 헤어지라고 종용했지만 히르네토는 거부했다. 이에 테메노스의 아들들이 누이동생을 납치하려 하고 이 와중에 히르네토는 뱃속의 아이와 함께 목숨을 잃었다. 아르고스 사람들은 아버지를 죽이고 누이까지 죽게 하여 인륜을 저버린 테메노스의 아들들을 추방하고 데이폰테스를 왕으로 삼았다. 헤로도토스의 『역사』에 의하면 이 추방된 아들들이 훗날 마케도니아 왕조를 세웠다고 한다.

또 다른 테메노스

파우사니아스가 전하는 이야기에 테메노스가 등장하는데, 그는 헤라 여신을 양육한 사람이다. 또 다른 테메노스도 나오는데, 그는 페게우스의 아들 중 한 사람으로 형제인 악시온과 함께 암피트리온을 죽였다.

테미스 Themis

요약

그리스 신화에 등장하는 율법의 신이다.

티탄 신족에 속하는 여신으로 앞날을 예견하는 능력과 지혜를 지녔다.

테미스는 두 눈을 가리고 양손에 심판의 저울과 칼을 들고 있는 모습으로 묘사되

페미다(테미스)
러시아 상트페테르부르크 매거진 《Жизнь и судь(삶과 정의)》에 실린 삽화. (No.12, 1916년 3월호)

며, 종종 그녀의 딸인 정의의 여신 디케와 이미지가 겹치기도 한다.

기본정보

구분	티탄 신족
상징	법, 질서, 정의, 지혜
외국어 표기	그리스어: Θέμις
어원	공정, 규율
로마 신화	유스티티아
관련 상징	저울, 칼, 눈을 가린 헝겊
가족관계	우라노스의 딸, 제우스의 아내, 프로메테우스의 어머니

인물관계

테미스는 가이아와 우라노스 사이에서 태어난 티탄 12신 중 하나

로, 메티스에 이어 제우스의 두 번째 아내가 된 여신이다.

테미스와 제우스 사이에서는 '필멸의 인간사를 관장하는' 계절의 여신 호라이와 '필멸의 인간에게 복도 주고 화도 주는' 운명의 여신 모이라이가 태어났다.

호라이 세 자매는 에우노미아, 디케, 에이레네로 각각 질서, 정의, 평화를 관장한다. 모이라이 세 자매는 운명의 실을 뽑아내는 크로토, 운명의 실을 배당하는 라케시스, 운명의 실을 가위로 끊는 아트로포스다. 테미스는 또한 정의를 의인화한 처녀신 아스트라이아를 낳았다고하는데, 아스트라이아는 디케와 동일시되기도 한다.

다른 설에 따르면 제우스는 테미스의 두 번째 남편이며 첫 남편은티탄 신족의 이아페토스라고 한다. 테미스와 이아페토스 사이에서는프로메테우스가 태어났는데, 테미스는 프로메테우스에게 자신이 가진대부분의 능력을 전수해주었다고 한다.

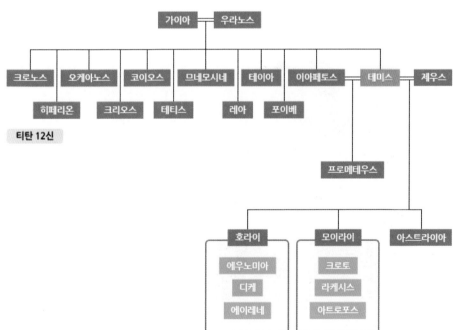

티탄 12신

신화이야기

델포이 신탁의 수호신

테미스는 가이아에 이어 두 번째로 델포이 신탁의 수호신이 되었다. 나중에 그녀는 델포이의 신탁소를 자매인 빛의 여신 포이베에게 물려주었고, 포이베는 그것을 다시 아폴론에게 물려주었다. 아폴론의 이름 앞에 붙는 '포이보스'라는 수식어는 밝은 빛을 뜻하는 말로 포이베에게서 얻은 것이다.

제우스의 조언자

테미스는 델포이 신탁소의 주인답게 앞날을 내다보는 능력과 세상만사를 꿰뚫어보는 통찰력을 갖고 있었다. 이 부분에서 그녀의 능력은 제우스를 능가하였다. 아름다운 바다의 님페 테티스의 꽁무니를 쫓아다니던 제우스에게 그녀와 관계하면 아버지를 능가하는 자식이 태어날 거라고 말해준 것도 테미스였다. 제우스는 결국 테티스와의 결합을 포기하고 그녀를 인간의 왕 펠레우스와 결혼시켰다. 이 결혼에서 태어난 인물이 트로이의 영웅 아킬레우스였다.

테미스는 제우스가 거인족과 전쟁을 벌일 때 그에게 암염소 아말테이아의 가죽으로 방패를 만들어 몸에 걸치고 싸우라고 조언해주었다. 또 이 세상에 인구가

테미스
일본 주오(中央)대학 법학과 앞의 동상

너무 많아지는 것을 막기 위해 트로이 전쟁을 일으키도록 한 것도 그녀의 아이디어였다고 한다.

그밖에도 테미스는 신탁, 제의, 율법 등을 발명하여 신들에게 도움을 주었고, 올림포스 산에서 신들의 회의를 소집하고 연회를 주관하는 역할도 하였다.

테미스는 첫 세대 티탄 신족들 가운데 올림포스 세대의 신들과 함께 올림포스 산 위에서 살게 된 드문 경우에 속한다. 그녀가 이런 영예를 차지한 것이 비단 제우스의 사사로운 총애 때문만은 아니며, 신들의 왕이 그녀의 능력과 공을 높이 산 덕분이기도 했다.

그밖에도 대홍수가 휩쓸고 지나간 뒤 유일한 생존자인 데우칼리온과 피라에게 대지에 다시 인간이 번창할 수 있는 지혜를 준 것도 제우스가 아니라 테미스였다고 한다.

그녀는 또 하늘을 떠받치고 있는 아틀라스에게 언젠가 제우스의 아들이 와서 헤스페리데스의 황금 사과를 훔쳐갈 거라는 경고도 해주었다. 그 때문에 아틀라스는 잠시 그의 곁에서 피로한 다리를 쉬어가고자 하는 페르세우스의 청을 거절하였다가 페르세우스가 가지고 있던 메두사의 머리에 의해 돌로 변하고 말았다.(페르세우스는 제우스의 후손이다. 하지만 헤스페리데스의 황금 사과를 훔쳐간 것은 제우스의 또 다른 후손인 헤라클레스였다)

신화해설

테미스의 저울과 칼

  흔히 법정 앞에는 두 눈을 가리고 양손에 저울과 칼을 든 여신상이 서 있는데, 정의의 여신상으로 불리는 이 조각상의 주인은 테미스 또는 그녀의 딸 디케이다. 이때 여신이 두 눈을 가린 것은 앞날을 내다보는 예언자로서의 능력을 상징한다. 그리고 한 손에 들고 있는 저울은 공정한 판단을 의미하고, 또 한 손에 들고 있는 칼은 허구와 거짓으로부터 단호하게 사실을 잘라냄을 의미한다. 그녀에게 중도(中道)는 없다.

  하지만 시대에 따라 테미스는 눈가리개와 칼이 없는 모습으로 표현되기도 한다. 눈가리개는 예지력에 반드시 필요한 조건이 아니기 때문이며, 칼이 없는 것은 그녀의 정의가 강압이 아닌 일반적 동의에 기반하기 때문이다.

테미스 동상
호주 퀸즐랜드 브리즈번의 법원 외부

테미스토 Themisto

요약

  그리스 신화에 나오는 오르코메노스의 왕 아타마스의 세 번째 부인이다. 전 부인 이노의 아들을 죽이려고 음모를 꾸미다 실수로 자신의 아들을 죽이고 스스로 목숨을 끊었다.

기본정보

구분	왕비
상징	치명적인 실수
외국어 표기	그리스어: Θεμιστώ
어원	법, 관습
관련 신화	디오니소스의 탄생

인물관계

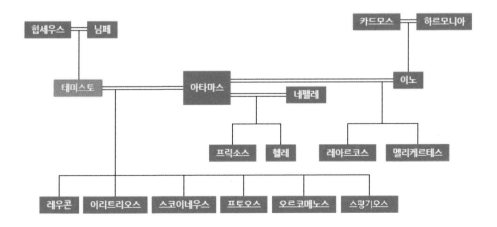

테미스토는 라피테스족의 왕 힙세우스와 님페의 딸로 아타마스 왕의 세 번째 부인이다. 아타마스 왕의 첫 번째 아내는 님페 네펠레이고, 두 번째 아내는 카드모스 왕의 딸 이노다. 아타마스와 테미스토 사이에서는 레우콘, 이리트리오스, 스코이네우스, 프토오스, 오르코메노스, 스펭기오스 등 많은 자식들이 태어났다.

신화이야기

실성한 아타마스와 이노

테미스토는 오르코메노스의 왕 아타마스의 세 번째 부인이다. 아타마스는 전처인 이노가 미치광이가 되어 집을 나간 뒤 돌아오지 않자 죽었다고 여기고 힙세우스의 딸 테미스토를 새 아내로 맞이한 것이다.

전처 이노는 카드모스 왕의 딸로 디오니소스의 어머니인 세멜레와 자매 사이이다. 그런데 세멜레가 질투심에 불타는 헤라의 꾀임에 넘어가 디오니소스의 아비인 제우스의 본모습을 보려고 하다가 번갯불에 타 죽은 뒤, 제우스는 이노와 아타마스 왕에게 디오니소스의 양육을 맡겼다. 이노와 아타마스는 디오니소스에게 여자아이 옷을 입혀 헤라 몰래 키우려 했지만 결국 발각되고 말았다. 분노한 헤라는 복수의 여신 티시포네에게 명하여 이노와 아타마스를 실성하게 만들었다.

자신의 아들을 죽인 테미스토

이노는 헤라에 의해 미치광이가 된 뒤 집을 뛰쳐나가 파르나소스 산에서 디오니소스를 숭배하는 마이나데스가 되어 살았다. 아타마스는 이노가 어디론가 사라져 나타나지 않자 죽었다고 생각하여 힙세우스의 딸 테미스토와 재혼하였다. 두 사람 사이에는 아들 오르코메노스와 스펭기오스도 태어났다. 그런데 얼마 후 이노가 광기에서 회복되어 다시 아타마스의 궁으로 돌아왔다. 불안해진 테미스토는 이노의 아들 레아르코스와 멜리케르테스를 죽이려 했다. 그녀는 유모에게 명하여 자기 자식들에게는 흰 옷을 입히고 이노의 자식들에게는 검은 옷을 입히게 하였다. 어둠 속에서 아이들을 죽일 때 혼동하지 않게 하려는 것이었다. 하지만 이노는 테미스토의 음모를 알아채고 아이들의 옷을 바꿔치기 하여 테미스토로 하여금 자기 자식들을 죽이게 만들었다.(다른 전승에서는 돌아온 이노를 아타마스가 시녀로 받아들였는데, 테미스토가 그 사실을 모른 채 이노의 자식들을 죽일 계획을 시녀로 변한 이노에게 털어놓았다가 결국 자기 자식을 죽이게 된다) 자신의 실수를 깨달은 테미스토는 스스로 목숨을 끊었다. 이에 분노한 아타마스는 레아르코스를 죽이고 이노와 멜리케르테스는 바다에 던져버렸다.

히기누스가 전하는 테미스토의 신화는 또 조금 다르다. 여기서 테미스토는 아타마스의 두 번째 부인으로 등장하는데, 이노에 의해 왕비의 자리에서 쫓겨난다. 테미스토는 이에 대한 복수로 이노의 아들을 죽일 계획을 세웠는데, 실수로 그만 자기 아들을 죽이고 말았다. 그날 테미스토의 아들이 이복형제인 이노의 아들 옷을 입는 바람에 그렇게 되었던 것이다. 테미스토는 자신이 죽인 이가 자기 아들이란 사실을 알아채고는 스스로 목숨을 끊었다.

아타마스와 이노를 광기에 빠뜨리는 복수의 여신 티시포네
오비디우스의 불어판 『변신이야기』에 수록된 삽화. 1677년

테바이 공략 7장군 Hepta epi Thēbas

요약

그리스 신화에서 오이디푸스 이야기와 함께 테바이권 신화의 가장 중요한 소재가 되는 사건의 등장인물들이다. 오이디푸스의 두 아들 폴리네이케스와 에테오클레스 형제의 왕권 다툼에서 비롯된 7장군의 테바이 원정은 결국 실패로 돌아가고, 7장군은 아드라스토스 한 명만 빼고 모두 전투 중에 최후를 맞았다.

기본정보

구분	영웅
외국어 표기	그리스어: Ἑπτὰ ἐπὶ Θήβας 라틴어: Septem contra Thebas 영어: Seven Against Thebes
관련 신화	오이디푸스의 비극, 테바이 공략 7장군

인물관계

테바이를 공략한 일곱 장군은 아르고스의 왕 아드라스토스, 오이디푸스의 아들 폴리네이케스, 칼리돈의 왕 오이네우스의 아들 티데우스, 여전사 아탈란테의 아들 파르테노파이오스, 카파네우스, 히포메돈, 예언자 멜람포스의 후손인 암피아라오스이다. 하지만 전승에 따라 아드라스토스 대신 이피스의 아들 에테오클로스, 폴리네이케스 대신 아드라스토스의 동생인 메키스테우스가 7장군에 포함되기도 한다.

7장군

- 아드라스토스
  - 데이필레
  - 아르게이아

- 오이디푸스
  - 폴리네이케스 — 아르게이아
    - 테르산드로스

- 오이네우스
  - 티데우스 — 데이필레
    - 라오다마스

- 아탈란테
  - 파르테노파이오스

- 카파네우스

- 히포메돈

- 멜람포스
  - (...)
    - 암피아라오스

신화이야기

장님이 된 오이디푸스

테바이의 왕 오이디푸스는 생부(生父) 라이오스 왕을 미처 알아보지 못하고 살해한 뒤 역시 자기 생모(生母)인줄 모르고 선왕의 왕비였던 이오카스테와 결혼하여 자식까지 낳았다. 오이디푸스는 예언자 테이레시아스의 신탁으로 뒤늦게 이 사실을 알고 자기 눈을 스스로 도려냈고 이오카스테는 목을 매어 자살하였다.

오이디푸스가 테바이에서 추방되자 맏딸 안티고네는 장님이 된 아버지의 방랑길에 동반자가 되어 신탁에 따라 오이디푸스가 최후를 맞이할 운명의 땅인 아티카의 콜로노스까지 함께 갔다.

테바이의 왕위를 둘러싼 형제의 다툼

　오디세우스가 콜로노스로 떠난 뒤 그의 두 아들 에테오클레스와 폴리네이케스 사이에는 테바이의 왕권을 둘러싼 싸움이 벌어졌다. 처음에 두 형제는 테바이를 1년씩 돌아가며 다스리기로 하였는데 에테오클레스가 먼저 1년을 다스린 뒤 약속대로 왕위를 내어주지 않고 폴리네이케스를 추방하였다.(다른 설에 따르면 폴리네이케스가 먼저 1년을 다스리고 왕위를 내주려하지 않다가 에테오클레스에 의해 추방되었다고도 한다) 고국에서 쫓겨난 폴리네이케스는 아르고스의 아드라스토스 왕을 찾아갔다.

아드라스토스 왕의 사위가 된 폴리네이케스

　아드라스토스 왕의 궁전에 도착한 폴리네이케스는 궁전 입구에서 사람을 죽이고 고국에서 쫓겨난 칼리돈의 왕자 티데우스와 의자 때문에 싸움을 벌였다. 이를 지켜보던 아드라스토스 왕은 두 사람이 각각 사자 가죽과 멧돼지 가죽을 걸쳐 입은 것을 보고는 두 딸을 사자와 멧돼지에게 시집보내라던 신탁을 상기하고 싸움을 말렸다. 왕은 두 사람을 사위로 삼은 다음 이들이 다시 고국의 왕권을 되찾을 수 있도

7장군의 맹세
알프레드 처치의 〈Stories from the Greek Tragedians〉에 실린 삽화, 19세기

록 도와주기로 약속하였다. 왕은 먼저 폴리네이케스의 복위를 지원하기로 하고 군대를 소집하였다. 왕은 군대를 자신과 두 왕자를 포함하여 모두 일곱 명의 장군이 이끄는 병력으로 편성하여 테바이의 일곱 성문을 공격하기로 하였다.

일곱 명의 장군은 세 사람 외에 파르테노파이오스, 카파네우스, 히포메돈, 암피아라오스였다. 하지만 전승에 따라 아드라스토스 대신 이피스의 아들 에테오클로스, 폴리네이케스 대신 아드라스토스의 동생인 메키스테우스가 7장군에 포함되기도 한다.

암피아라오스와 하르모니아의 목걸이

7장군의 한 명이자 예언자인 암피아라오스는 자신들의 원정이 실패로 돌아갈 것이며 아드라스토스를 제외한 나머지 장군들이 모두 전투에서 목숨을 잃게 되리라는 것을 알았다. 이에 암피아라오스는 참전을 거부하였을 뿐만 아니라 아드라스토스와 다른 장군들도 만류하려 하였다. 다른 장군들이 동요하자 폴리네이케스는 암피아라오스를 전쟁에 참여시킬 궁리를 하다가 알렉토르의 아들 이피스로부터 암피아라오스가 아내 에리필레의 말을 절대로 거역하지 못한다는 사실을 듣게 되었다. 폴리네이케스는 테바이에서 가져온 귀중한 하르모니아의 목걸이를 에리필레에게 선물하면서 남편을 설득해달라고 부탁하였고, 결국 암피아라오스는 원치 않는 전쟁에 나가게 되었다.

오이디푸스의 저주

전쟁을 시작하기에 앞서 폴리네이케스는 콜로노스에 있는 아버지 오이디푸스를 찾아가 자신이 전쟁에 이길 수 있도록 축복을 내려달라고 부탁했다. 신탁에 따르면 오이디푸스의 지지를 받는 쪽이 전쟁에서 이길 것이라고 했기 때문이다. 하지만 오이디푸스는 스스로 두 눈을 찔러 장님이 되고 나서 두 아들이 자신에게 가한 모욕을 상기시키며 축복 대신 저주를 내렸다.('폴리네이케스' 참조) 오이디푸스는 두 아들이 서로를 죽이게 되리라고 말했다.

테이레시아스의 예언과 메노이케우스의 죽음

전쟁이 벌어지자 예언자 테이레시아스는 테바이 건국 초기에 카드모스가 던진 용의 이빨에서 생겨난 용사들로 알려진 스파르토이(씨 뿌려 나온 남자들)의 후손 중 아직 동정을 지키고 있는 남자가 희생되어야 테바이가 승리할 수 있다고 예언하였다. 그러자 크레온의 아들 메노이케우스는 오직 자신만이 그 조건을 충족시키는 인물이라고 여기고는 스스로 성벽에서 아래로 몸을 던져 희생하였다.

결렬된 티데우스의 협상

아드라스토스는 테바이를 포위한 뒤 티데우스를 사절로 보내 에테오클레스와 협상을 시도하였다. 하지만 메노이케우스의 희생으로 승리를 확신한 에테오클레스는 왕위를 넘겨줄 뜻이 없음을 분명히 하였고, 협상은 결렬되었다. 티데우스는 협상 사절로 테바이에 머무는 동안 그곳 사람들과 운동 경기를 치러 모두 승리했다. 그러자 화가 난 에테오클레스 왕은 50명의 무사를 매복시켜 자기 진영으로 돌아가는 티데우스를 살해하려 하였다. 하지만 무예가 출중한 티데우스는 하이몬의 아들 마이온 한 명만 빼고 나머지 49명을 모두 죽였다. 티데우스가 마이온을 살려준 것은 그에게서 어떤 신의 전조를 느꼈기 때문이었다. 나중에 티데우스가 전투에서 사망했을 때 마이온은 그의 시신을 묻어주었다고 한다.

테바이의 일곱 성문을 공격한 일곱 장군

테바이 성에는 모두 일곱 개의 성문이 있었다. 테바이 성을 포위한 일곱 장군은 각각 성문을 하나씩 맡아서 공격하였다. 티데우스는 멜라니포스가 방비하는 프로이티다이 성문을 공격하였고, 카파네우스는 폴리폰테스가 지키는 에렉트라이 성문을, 에테오클로스는 크레온의 아들 메가레우스가 지키는 네이스타이 성문을, 히포메돈은 히페르비오스가 지키는 온카이다이 성문을, 파르테노파이오스는 악토르가 지키는 보라이아이 성문을, 암피아라오스는 라스테네스가 지키는 호모로이다이 성문을, 그리고 폴리네이케스는 쌍둥이 형제 에테오클레스가 지키는 힙시스타이 성문을 각각 공격하였다.

실패로 돌아간 7장군의 테바이 원정

일곱 장군의 공격은 암피아라오스의 예언대로 모두 실패로 돌아갔다. 카파네우스는 제일 먼저 성벽에 기어올라 자신의 테바이 입성은 제우스도 막을 수 없을 거라고 소리치다가 진노한 제우스의 벼락을 맞고 죽었다. 파르테노파이오스는 페리클리메노스가 던진 돌에 맞아 죽고, 에테오클로스는 메키스테우스와 일대일로 싸우다 죽고, 폴리네이케스와 에테오클레스 형제도 아버지 오이디푸스의 저주대로 결투에서 서로를 찔러 둘 다 죽었다.

티데우스는 멜라니포스를 죽였지만 그 자신도 큰 부상을 입었다. 이때 티데우스는 그를 총애하는 아테나 여신 덕분에 불사신이 될 뻔했지만 이를 눈치 챈 암피아라오스의 방해로 결국 목숨을 잃고 말았다. 암피아라오스가 멜라니포스의 목을 잘라 부상당한 티데우스 앞에 던져주자 티데우스는 그의 골을 파먹기 시작했고, 이 광경을 본 아테나는 심기가 상해 그를 그냥 죽게 내버려두었던 것이다. 암피아라오스는 티데우스와 폴리네이케스 때문에 자신이 죽게 될 전쟁에 참여하게 된 데에 앙심을 품고 그랬다고 한다.

전세가 기울자 암피아라오스는 전차를 타고 도망치다가 제우스의 벼락으로 구멍이 뚫린 땅 속으로 빨려 들어갔다. 아드라스토스 왕만이 일곱 장군 중 유일하게 살아남아 아르고스로 돌아갔는데, 그것은 포세이돈과 데메테르가 말로 변해서 정을 통하고 낳은 신마(神馬) 아레이온이 바람처럼 빨리 달려 전쟁터에서 벗어나 준 덕분이었다.

에피고노이의 제2차 테바이 원정

하지만 테바이 공략은 여기서 끝나지 않았다. 10년 뒤 암피아라오스의 아들 알크마이온이 이끄는 7장군의 후예 에피고노이(나중에 태어난 자들)가 재차 테바이를 공격하여 마침내 테바이 성을 함락시켰던 것이다. 에피고노이의 일원으로 2차 원정에 참여한 폴리네이케스의 아들 테르산드로스는 에테오클레스의 아들 라오다마스를 쫓아내고 마침내 테바이의 왕위에 올랐다.

테세우스 Theseus

요약

　그리스 신화에서 헤라클레스에 비견되는 아테네 최고의 영웅이다. 아테네의 왕 아이게우스의 핏줄을 받았으나 트로이젠의 홀어머니 슬하에서 성장한 뒤 온갖 괴물들과 악당들을 물리친 영웅이 되어 아테네의 왕위를 물려받았다. 그가 물리친 괴물들 중에는 황소 머리가 달린 반인반수의 괴물 미노타우로스가 특히 유명하다.

기본정보

구분	영웅
상징	무적의 용사, 국가의 수호자
외국어 표기	그리스어: Θησεύς
어원	모임, 회합
관련 상징	곤봉
관련 신화	미노타우로스, 아리아드네, 파이드라와 히폴리토스

인물관계

　테세우스는 판디온(혹은 스키로스)의 아들 아이게우스와 피테우스의 딸 아이트라 사이에서 태어난 아들로, 아마조네스의 여왕 히폴리테(혹은 안티오페)와 사이에서 아들 히폴리토스를 낳았고, 미노스의 딸 파이드라와 사이에서 두 아들 데모폰과 아카마스를 낳았다.

　그는 부계로 아테네의 시조 에리크토니오스의 후손이고 모계로 제우스의 아들 탄탈로스의 후손이다.

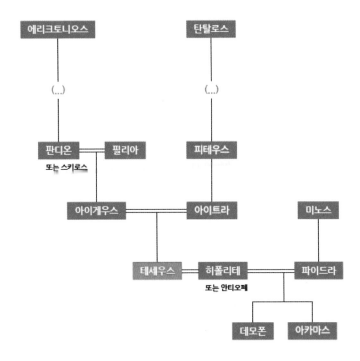

신화이야기

개요

그리스 신화에서 테세우스는 아티카 지역의 대표적인 영웅으로 펠로폰네소스 지역에 기반을 둔 도리스 족의 영웅 헤라클레스와 쌍벽을 이룬다. 그는 아티카 지역의 악당들과 괴물들을 퇴치하고 아테네의 왕위에 오른 뒤, 주변에 흩어져 살던 주민들을 아테네 시로 모으고 아티카 지역을 아테네를 중심으로 통합하는 일종의 정치적 개혁을 단행하였다. 그런 다음 이를 상징하는 판아테나이 축제를 창설하고, 헤라클레스가 제우스를 기리는 올림피아 경기를 만든 것처럼 포세이돈을 기리는 이스트미아 경기도 코린토스에 창설(또는 재건)하였다. 그는 또

숙부 니소스의 나라였던 메가라를 왕국에 병합한 뒤 비석을 세워 나라의 경계를 확실히 하여 아테네를 강력한 국가로 발전시켰다.

출생

아테네 왕 아이게우스는 두 명의 아내가 모두 아기를 낳지 못하자 후사를 걱정하여 델포이로 가서 자식을 얻을 방도를 물었다. 그러자 "아테네로 갈 때까지 포도주 뚜껑을 열지 말라"는 수수께끼 같은 신탁이 내려졌다. 아이게우스는 아테네로 돌아가는 길에 트로이젠에 들러 그곳의 왕이자 유명한 예언자이기도 한 피테우스에게 신탁의 의미를 물었다. 피테우스는 신탁이 뜻하는 바를 당장에 알아차렸지만 아무 말 없이 성대한 주연을 벌여 아이게우스를 취하게 만든 다음 그의 침실에 딸 아이트라를 들게 했다.

미노타우로스의 머리를 손에 든 테세우스
18세기 동상. 작자 미상.

아이게우스와 동침한 날 밤 아이트라 꿈에 아테나 여신이 나타나 그녀를 근처의 섬으로 인도하였고, 그곳에서 아이트라는 다시 해신 포세이돈과 동침하였다. 이렇게 해서 아이트라는 하룻밤에 두 남자와 관계하여 테세우스를 잉태하였다.(그래서 테세우스는 포세이돈의 아들로 간주되기도 한다)

아이게우스는 아이트라가 임신한 걸 알고 커다란 바위가 있는 곳으로 데려가 바위를 들어 올리고 그 밑에 칼과 신발을 넣은 다음 아이가 바위를 들어 올릴 수 있을 만큼 자라면 아테네로 보내라고 말하고 트로이젠을 떠났다.

테세우스는 열여섯 살 때 벌써 그 바위를 들어 올려 그 밑에 있던 칼과 신발을 꺼내들고 아버지에게로 떠났다. 이때 테세우스는 헤라클레스와 같은 업적을 쌓으려는 야심을 품고 손쉬운 바닷길 대신 온갖 괴물과 악당들이 들끓는 육로를 선택했다. 그 결과 테세우스는 트로이젠에서 아테네에 이르는 코린토스 만 주변의 악당과 괴

테세우스와 아이트라
로랑 드 라 이르(Laurent de la La Hyre),
1635~1636년경, 부다페스트 미술관

물을 모두 퇴치하고 위대한 영웅이 되어 아테네에 입성하게 된다.

아테네로 가는 길

테세우스가 아테네로 가는 길에 처음 만난 악당은 대장장이 신 헤파이스토스의 아들로 '곤봉의 사나이'라고 불리는 페리페테스였다. 거대한 곤봉을 휘두르며 행인들을 마구 때려죽였기 때문에 그런 별명으로 불리었는데 테세우스는 곤봉을 빼앗아 똑같은 방식으로 그를 때려죽였다. 이후로 곤봉은 헤라클레스의 사자 가죽에 비견되는 테세우스의 상징이 되었다.

테세우스의 다음 희생자는 코린토스 지협에서 활동하는 시니스라는 이름의 악당이었다. '소나무를 구부리는 자'라는 별명을 가진 시니스는 지나가는 나그네를 붙잡아 힘껏 구부린 소나무에 팔다리를 묶어 찢어 죽이는 것으로 악명이 높았다. 테세우스는 다시 똑같은 방식으로 시니스를 소나무에 묶어 찢어 죽였다. 이때 테세우스는 시니스의 딸 페리구네와 관계하여 아들 멜라니포스를 낳았다고 한다.

그 다음으로 테세우스는 메가라와 코린토스 사이에 위치한 크롬미온을 지나면서 파이아라고 불리는 괴물 암퇘지를 퇴치하였다. 반인반수의 괴물 티폰과 에키드나의 자식이라는 파이아는 성질이 포악하여 마을을 공격하고 사람을 해치는 등 그때까지 크롬미온 지역에 막심한 피해를 끼치고 있었다. 하지만 파

테세우스와 시니스
아티카 적색상 도기, 기원전 490~480년경
뮌헨 국립고대미술박물관

이아는 크롬미온의 암퇘지라고 불리던 여자 산적이었다는 설도 있다.

메가라에서는 스키론이라는 악당이 테세우스의 희생 제물이 되었다. 스키론은 포세이돈의 아들로 메가라에서 아테네로 가는 해안의 벼랑길에 살던 포악한 강도였다. 그는 지나가는 행인을 붙잡아 돈과 물건을 빼앗은 다음 자신의 발을 씻게 하고는 그 사람이 발을 씻어주려고 몸을 숙이면 걷어차서 벼랑 아래로 떨어뜨렸다. 그러면 커다란 바다거북이 바닷물에 떨어진 사람을 잡아먹었다.

스키론을 물리치는 테세우스
아티카 적색상 도기, 기원전 500~490년경
루브르 박물관

테세우스는 스키론을 똑같은 방식으로 바다거북의 밥으로 만들었다. 하지만 다른 전승에 따르면 스키론은 강도가 아니라 메가라의 장군이었으며, 테세우스는 아테네로 입성하는 길에 그를 죽인 것이 아니라 아테네의 왕이 되고 나서 엘레우시스로 원정을 떠난 길에 그렇게 했다고 한다.

테세우스가 다음으로 지나간 곳은 엘레우시스였다. 그곳의 왕 케르키온은 행인들을 붙잡아 강제로 자신과 씨름을 붙인 뒤 패하면 목숨을 빼앗는 폭군이었다. 테세우스는 케르키온 역시 똑같은 방식으로 죽인 뒤 엘레우시스의 왕위를 차지하였다. 나중에 그는 이곳을 아테네에 부속시키고 케르키온의 손자 히포토온에게 통치를 맡겼다.

테세우스의 마지막 상대는 아테네 인근 케피소스 강가에 사는 프로크루스테스라는 악당이었다. 프로크루스테스는 '잡아 늘이는 자'라는 뜻을 지닌 이름이었다. 이곳에 그는 여인숙은 차려놓고 손님이 들이오면 집안에 있는 쇠 침대에 눕혔다. 쇠 침대는 큰 것과 작은 것 두 개가 있었는데, 키가 큰 사람에게는 작은 침대를 내주고 작은 사람에게는 큰 침대를 내주었다. 그래서 키가 침대보다 커서 밖으로 튀어나오면 침대의 크기에 알맞게 머리나 다리를 톱으로 잘라내고 작으면 몸을 잡아 늘여서 죽였다. 테세우스는 이 악당의 여인숙에 들어가서 똑같은 방식으로 침대 밖으로 튀어나온 그의 머리를 잘라서 죽였다.

아테네로 귀환과 메데이아의 박해

아테네에 입성했을 때 테세우스는 이미 숱한 괴물과 악당을 퇴치한 영웅으로 평판이 자자했다. 당시 아이게우스 왕 곁에는 코린토스에서 이아손에게 버림 받고 아테네로 온 마녀 메데이아가 있었다. 그녀는 아들을 낳아주겠다는 말로 연로한 아이게우스 왕을 유혹하여 그의 아내가 되어 있었다. 메데이아는 테세우스가 아이게우스의 아들임을 금방 알아보고 그를 죽이려 하였다. 그녀는 아무 것도 모르는 아이게우스 왕이 아테네 주민들에게 추앙

메데이아
프레데릭 샌디스(Frederick Sandys),
1868년, 버밍엄 미술관

받는 젊은 이방인을 달가워하지 않는 것을 이용하여 왕에게 그를 독살하도록 권했다. 그를 환영하는 척 연회를 베푼 다음 술에 독을 넣어 살해하자는 것이었다.

테세우스는 아이게우스 왕의 초대를 받아들였다. 연회가 시작되고 음식이 나오자 테세우스는 일부러 바위 밑에서 꺼낸 아버지의 칼을 꺼내 고기를 썰기 시작했다. 칼을 본 아이게우스 왕은 깜짝 놀라 테세우스의 독배를 빼앗은 뒤 그가 자신의 아들임을 확인하였다. 테세우스를 죽이려던 계획이 실패로 돌아가자 메데이아는 용이 끄는 마차를 타고 아테네를 떠나 고향 콜키스로 돌아갔다.

팔라스의 50명의 아들들

테세우스가 아이게우스에 의해 아테네의 적법한 왕위계승자로 공표되자 숙부인 팔라스와 그의 50명의 아들들(팔라티데스)이 반란을 일으켰다. 원래 아이게우스는 형제들과 함께 힘을 합쳐 아버지 판디온이 숙부 메티온에게 빼앗긴 아테네의 왕권을 되찾은 뒤 왕위에 오를 때 왕권을 팔라스 등 다른 형제들에게도 나누어주기로 약속했지만 이를 지키지 않았다. 게다가 아이게우스는 판디온의 아들이 아니라 어머니 필리아가 판디온과 결혼하기 전에 스키로스에게서 얻은 아들이라는 설도 있었다. 그래서 팔라스 일족은 아테네 왕권을 계승할 정통성이 자신들에게 있다고 주장하였다. 팔라스와 아들들은 군대를 일으켜 왕권을 힘으로 빼앗으려 했지만 테세우스는 이들의 모반 계획을 사전에 알아채고 먼저 공격하여 팔라스와 50명의 아들들을 모두 죽였다.

일설에 따르면 테세우스는 이들을 살해한 죄를 씻기 위해 아테네에서 추방되어 1년간 트로이젠에서 지내야 했다고 한다.

크레타로 가는 인신공물

그 무렵 아테네는 당시의 해양 강국이었던 크레타에 9년에 한 번씩 아테네의 젊은 남녀를 각각 일곱 명씩 인신공물로 보내야 했다. 크레타 왕 미노스는 그의 아들 안드로게오스가 아테네의 마라톤 들판에서 날뛰는 황소를 잡으려다 뿔에 찔려 죽은 사건이 있은 뒤 그에 대한 책임을 물어 아테네 왕국에 그와 같은 요구를 했던 것이다.

인신공물로 간 아테네 젊은이들은 크레타의 미궁 라비린토스에 갇혀 있는 황소 머리의 괴물 미노타우로스에게 먹이로 바쳐졌다. 미노타우로스는 미노스 왕의 아내 파시파에가 포세이돈의 저주로 황소와 정을 통하여 낳은 괴물이었다.('파시파에' 참조)

테세우스와 미노타우로스
흑색상 도기, 기원전 6세기

벌써 세 번째로 공물을 바칠 때가 되자 아테네의 민심은 극도로 나빠졌다. 아테네 주민들 사이에 아이게우스 왕에 대한 원망이 확산되자 테세우스는 자진하여 인신공물이 되겠다고 나섰다. 하지만 일설에 따르면 미노스 왕이 새로 나타난 아테네의 왕자 테세우스를 인신공물에 포함시키도록 요구하였다고 한다. 그러면서 테세우스가 미궁에 들어가 미노타우로스를 죽이고 살아서 나오면 더 이상 인신공물을 요구하지 않기로 약속하였다고 한다.

아리아드네의 실

미노스 왕에게는 아리아드네라는 아름다운 딸이 있었는데 그녀는 크레타에 도착한 테세우스를 보자 곧 사랑에 빠져버렸다. 그녀는 테세우스에게 미궁에서 살아나올 수 있도록 도울 테니 그 대신 아테네로 돌아갈 때 자신을 아내로 맞아 데려가 달라고 하였다. 아리아드네가 이렇게 금방 사랑에 빠지게 된 것은 아프로디테 여신이 도운 덕분이라고 한다. 신들을 공경하는 경건한 젊은이였던 테세우스가 크레타로 출발하기에 앞서 아프로디테 여신에게 제물을 바치며 무사귀환을 빌었기 때문이었다.

아리아드네는 테세우스에게 라비린토스는 한 번 들어가면 다시는 밖으로 나오는 길을 찾을 수 없는 미궁이므로 그가 미노타우로스를 죽이더라도 살아서 나오지 못할 것이라고 말했다. 그러면서 그녀는 그에게 붉은색 실뭉치를 건네주고는 실을 풀면서 들어갔다가 나중에 그 실을 따라서 다시 나오라고 말해주었다.

테세우스는 아리아드네가 말한 대로 실뭉치의 실을 풀며 미궁으로 들어가 미노타우로스를 맨주먹으로 때려죽인 다음 풀린 실을 따라 다시 미궁 밖으로 나올 수 있었다. 그러고 나서 테세우스는 항구로 나가 미노스 왕의 배들에 구멍을 뚫어 추적해오지 못하게 한 뒤 아리아드네 공주와 아테네의 젊은이들을 데리고 아테네를 향해 닻을 올렸다.

하지만 기원전 3세기경의 그리스 역사가 필로코로스에 의하면 당시

테세우스와 미노타우로스
미상, 1500~1525년, 카소니 캄파냐의 장인(Maitre des Cassoni Campana), 프랑스 아비뇽 프티팔레 미술관
: 앞의 두 여인은 테세우스의 처 아리아드네와 후처 파이드라이다

테세우스는 크레타 섬에 도착하여 그곳에서 열린 경기에서 타우로스(황소)라는 이름을 가진 사내를 무찌르고 우승을 차지하였는데, 이 사내는 왕비 파시파에의 정부였다고 한다. 미노스 왕은 테세우스의 용맹을 칭찬하며 그를 다시 아테네로 돌려보내주었다고 한다.

낙소스 섬의 아리아드네

크레타를 출발한 테세우스 일행은 얼마 후 낙소스 섬에 정박하였는데, 테세우스는 여기서 잠든 아리아드네를 그대로 두고 떠나버렸다. 홀로 남겨진 아리아드네는 낙소스 섬에 머물고 있던 디오니소스의 아내가 되었다고 한다.

아리아드네가 낙소스 섬에 남겨진 이유에 대해서는 여러 가지 이야기들이 전해진다. 테세우스가 다른 여자를 사랑했기 때문에 버리고 갔다는 설이 있고, 아리아드네의 모습에 반한 디오니소스가 밤새 납치해간 것이라는 설도 있고, 헤르메스(혹은 아테나)가 테세우스에게 아리아드네를 버리고 갈 것을 명령했다는 설도 있다.

낙소스 섬에서 잠든 아리아드네
존 벤덜린(John Vanderlyn), 1812년
펜실베니아 미술아카데미

아무튼 아리아드네는 디오니소스와 사이에서 여러 명의 자식을 낳았다고 한다.

검은 돛과 흰 돛

아이게우스 왕은 사랑하는 아들 테세우스가 크레타 섬으로 떠날 때 흰 돛과 검은 돛 하나씩을 주며, 크레타로 갈 때는 검은 돛을 달고 미노타우로스를 무찌르고 아테네로 돌아올 때는 흰 돛을 달라고 말했다. 아이게우스 왕은 이미 수많은 공적을 세운 아들 테세우스의 용맹함을 믿고 있었지만 걱정을 떨치지 못하고 매일 바닷가 절벽 위에 나가 아들이 흰 돛을 달고 무사히 돌아오기를 기다렸다.

하지만 테세우스는 아리아드네를 섬에 남겨두고 온 슬픔으로(혹은 승리의 기쁨에 도취하여) 돛을 바꾸어 다는 것을 잊어버렸고, 크레타로 떠났던 배가 그대로 검은 돛을 달고 돌아오는 것을 본 아이게우스 왕은 아들이 죽은 줄로 믿고 낙담하여 절벽 아래 바다로 몸을 던졌다. 이때부터 그곳은 '아이게우스의 바다'라고 불렸다.(오늘날의 '에게 해')

파이드라와 히폴리토스

부왕 아이게우스에 이어 아테네의 왕위에 오른 테세우스는 흑해 연안의 여전사 부족 아마조네스 원정에 나서 그들의 여왕 히폴리테(혹은 그녀의 여동생 안티오페)를 사로잡아 아내로 삼았다. 하지만 히폴리테는 납치된 여왕을 되찾기 위해 아마조네스들이 아테네를 공격해왔을 때 전투 중에 죽고 말았다. 히폴리테는 그 사이에 테세우스와 사이에서 아들 히폴리토스를 낳았다.

한편 미노스 왕이 죽고 나서 크레타의 왕위에 오른 미노스의 아들 데우칼리온은 아테네와 동맹을 맺기 위해 누이동생 파이드라를 아테네의 왕 테세우스와 결혼시켰다. 하지만 새 왕비 파이드라는 그 사이 아름다운 청년으로 성장한 전처의 아들 히폴리토스를 보자 첫눈에 반하고 말았다. 일설에 따르면 파이드라가 히폴리토스를 사랑하게 된 것 역시 미의 여신 아프로디테의 작품이라고 한다. 아프로디테는 아름다운 히폴리토스에게 반하여 구애하였지만 처녀신 아르테미스 여신의 열렬한 숭배자였던 히폴리토스가 동정을 맹세하며 아프로디테의 사랑을 거절했다는 것이다. 분노한 아프로디테는 파이드라에게 의붓아들에 대한 연심을 불어넣었다.

파이드라는 히폴리토스를 향한 끓어오르는 사랑을 억누르지 못하고 고백하였지만 역시 냉정하게 거절당하고 말았다. 절망감과 수치심을 참을 수 없었던 파이드라는 오히려 히폴리토스가 자신을 유혹하고 겁탈하려 했다는 유서를 남기고 자살해버렸다. 아내의 죽음과 유서를 발견한 테세우스는 아들 히폴리토스를 저주하면서 포세이돈에게 아

파이드라
알렉상드르 카바넬(Alexandre Cabanel), 1880년, 파브르 미술관

들의 죽음을 빌었고, 얼마 뒤 히폴리토스는 해변에서 전차를 몰고 달리다 갑자기 나타난 괴수에 말들이 놀라는 바람에 낙마하여 즉사하였다. 그 괴수는 포세이돈이 테세우스의 기도를 듣고 보낸 것이었다.

테세우스와 페이리토오스

테살리아 왕 페이리토오스는 아테네 왕 테세우스의 명성을 듣고 그를 시험해보려고 마라톤에 있는 그의 소떼를 습격하였다. 소식을 들은 테세우스가 뛰쳐나오면서 둘 사이에는 싸움이 벌어지려고 했다. 하지만 서로 상대방의 풍모에 마음을 빼앗긴 두 영웅은 싸움을 시작하는 대신 친구가 되기를 원하여 그 자리에서 평생 변치 않는 우정을 맺었다. 이후 두 사람은 많은 모험을 함께 하였다. 그들은 칼리돈의 멧돼지 사냥과 아르고호 원정에도 함께 참가했고, 테세우스가 아마조네스를 공격하여 그 여왕을 잡아올 때도 함께 하였다.

테세우스가 아내 파이드라를 잃은 뒤 페이리토오스 역시 상처를 하자 두 영웅은 서로에게 제우스의 딸을 아내로 맞아주기로 약속했다. 테세우스는 스파르타의 헬레네를 신붓감으로 꼽았다. 그러자 페이리 토오스는 그를 도와 헬레네를 스파르타에서 유괴하여 아테네로 데려 왔다. 하지만 헬레네가 아직 결혼을 하기에 너무 어렸기 때문에 테세 우스는 그녀를 아테네의 성에 데려다 놓고 어머니 아이트라에게 돌보 게 하였다.

페이리토오스가 신붓감으로 고른 여인은 하데스에게 납치되어 하계 로 내려간 페르세포네였다. 두 친구는 거침없이 하계로 내려가 저승의 왕 하데스에게 이미 그의 아내가 된 페르세포네를 내어놓으라고 요구 했다. 하데스는 두 영웅을 정중히 맞이하는 척 하며 의자를 권했다. 하지만 그 의자는 앉는 순간 모든 일을 잊게 하여 더 이상 일어날 수 없게 만드는 망각의 의자였다.

두 사람은 나중에 헤라클레스가 12과업 중 하나인 저승의 개 케르 베로스를 데려가기 위해 하계로 내려왔다가 구해줄 때까지 줄곧 그 의자에 앉아 있었다. 하지만 헤라클레스의 구원을 받은 것은 테세우 스 한 사람뿐이었다. 헤라클레스가 페이리토오스를 데려가려고 붙잡 자 대지가 흔들리는 것을 보고는 신들이 죄인을 보내려 하지 않는다 고 여겨 구출을 단념했던 것이다. 그리하여 테세우스만 지상으로 돌 아왔고 페이리토오스는 영원히 하계에 남고 말았다.

테세우스의 죽음

테세우스가 저승에 붙잡혀 있다가 다시 돌아왔을 때 아테네는 심한 혼란에 빠져 있었다. 헬레네의 쌍둥이 오빠 디오스쿠로이가 동생을 구하기 위해 쳐들어와서 테세우스가 자리를 비운 사이 아테네를 다스 리던 그의 두 아들 아카마스와 데모폰을 쫓아내고 아테네의 왕권을 에레크테우스의 자손인 메네스테우스에게 넘겨주었던 것이다. 결국 테세우스는 아테네로 돌아가지 못하고 스키로스 섬으로 갔다.(이는 테세우스의 아버지 아이게우스가 판디온이 아니라 이 섬의 명조인 스키로스의 아들이라는 설을 뒷받침한다) 하지만 그 무렵 스키로스 섬을 다스리고 있던 리코메데스 왕은 테세우스가 자신의 왕권을 빼앗을까봐 두려워 그를 환대하는 척하며 바닷가로 데려가서 절벽에서 밀어 살해하였다. 그 후 메네스테우스가 트로이 전쟁에 나가 전사하자 아테네의 왕위는 다시 테세우스의 아들 데모폰에게로 돌아갔다.

훗날 아테네와 페르시아가 마라톤 들판에서 전투를 벌일 때 아테네 병사들은 엄청나게 크고 강력한 용사가 선두에서 싸우며 지휘하는 것을 보았다고 한다. 사람들은 그것이 테세우스가 자신의 나라를 지키기 위해 현신한 것이라고 믿었다. 델포이의 신탁은 아테네인들에게 스키로스 섬에 묻혀 있는 테세우스의 유골을 수습해서 아테네에서 장례지낼 것을 명했다. 이를 실행에 옮긴 이는 아테네의 장군 키몬이었다. 키몬은 기원전 475년에 하늘의 계시에 따라 스키로스 섬의 한 언덕에서 엄청나게 큰 용사의 유골과 무구가 묻힌 관을 발굴했는데, 아테네인들은 이것이 신탁이 말한 테세우스의 유골이라고 여겨 아테네로 운구하여 성대한 장례식을 치러주었다.

테스티오스 Thestius

요약

그리스 신화에 나오는 아이톨리아 지방 플레우론의 왕이다.

테스티오스는 자신의 역할보다는 자식들을 통해서 그리스 신화에
이름을 남겼다. 그의 딸 레다는 백조로 변신한 제우스에게서 미녀 헬
레네를 낳았고, 또 다른 딸 알타이아는 칼리돈의 멧돼지 사냥을 개최
한 영웅 멜레아그로스의 어머니이다.

기본정보

구분	플레우론의 왕
외국어 표기	그리스어: Θέστιος
관련 신화	레다와 제우스, 칼리돈의 멧돼지 사냥, 트로이 전쟁

인물관계

테스티오스는 아레스와 데모니케 사이에서 태어난 아들로 아게노르
의 손자이다. 하지만 아게노르와 에피카스테의 아들이라는 설도 있다.
클레오보이아의 딸 에우리테미스(혹은 데이다메이아, 혹은 레우키페)와
결혼하여 딸 레다, 알타이아, 히페름네스트라와 아들 톡세우스, 플렉
시포스를 얻었다.

딸 알타이아는 칼리돈의 왕 오이네우스와 결혼하여 멜레아그로스
를 낳았고, 레다는 틴다레오스(혹은 제우스)와 사이에서 미녀 헬레네를

낳았다. 아들 톡세우스와 플레시포스는 알타이아의 아들인 조카 멜레
아그로스에게 죽임을 당했다.

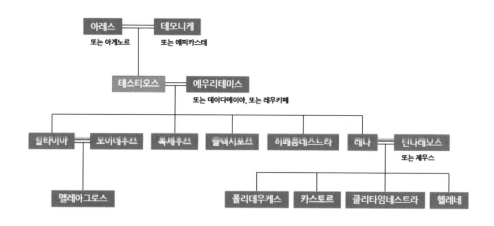

신화이야기

틴다레오스와 레다

스파르타의 왕 오이발로스의 아들 틴다레오스는 아버지가 죽은 뒤
스파르타의 왕위를 계승하였다. 하지
만 얼마 후 이복형제 히포콘에 의해
스파르타에서 쫓겨났고, 스파르타의
왕위는 히포콘의 차지가 되었다. 틴
다레오스는 아이톨리아로 도망가서
플레우론의 왕 테스티오스에게 몸을
의탁하였다. 테스티오스 왕은 이웃나
라 아카르나니아를 공격할 때 자신
을 도와 전쟁을 승리로 이끈 틴다레
오스를 딸 레다와 결혼시켜 사위로
삼았다. 그 뒤 틴다레오스는 헤라클

레다와 백조
레오나르도 다 빈치(Leonardo da Vinci)
1510∼1515년경, 로마 보르게세 미술관

레스의 도움으로 히포콘과 그 자식들을 물리치고 스파르타의 왕에 복귀하였다.

틴다레오스의 아내가 된 레다는 시녀들과 물가에서 놀다가 백조로 변신한 제우스에게 유혹당하여 사랑을 나누게 된다. 레다는 같은 날 밤 틴다레오스와도 잠자리를 가졌다. 얼마 뒤 레다는 두 개의 알과 두 명의 아기를 낳았는데 알에서는 헬레네와 폴리데우케스가 태어났고 아기로 태어난 두 명은 카스토르와 클리타임네스트라였다고 한다. 하지만 두 개의 알 중 한 개에서 헬레네가 태어나고 나머지 한 개에서 폴리데우케스와 카스토르 형제가 태어났으며 클리타임네스트라만이 아기로 태어났다는 설도 있고, 두 개의 알 중 한 개에서 헬레네와 폴리데우케스가 태어났고 또 한 개에서 클리타임네스트라와 카스토르가 태어났다는 설도 있다. 틴다레오스와 레다 사이에서는 그밖에도 필로노에, 티만드라, 포이베 등의 자식들이 태어났다.

멜레아그로스와 칼리돈의 멧돼지 사냥

테스티오스의 또 다른 딸 알타이아는 칼리돈의 왕 오이네우스와 결혼하여 아들 멜레아그로스를 낳았다. 멜레아그로스가 태어난 지 7일째 되던 날 운명의 여신 모이라이 자매가 알타이아를 찾아와서 아이의 운명이 아궁이에 타고 있는 장작에 연결되어 있으니 장작이 모두 타버리면 아이도 죽게 될 거라고 말했다. 알타이아는 이 말을 듣고는 얼른 불을 끄고 타다 남은 장작을 항아리에 담아 소

장작불을 끄는 알타이아
요한 빌헬름 바우어(Johann Wilhelm Baur), 1659년
동판화, 오비디우스 「변신이야기」의 삽화

중하게 보관하였고, 멜레아그로스는 별 탈 없이 잘 자라 건장한 청년이 되었다.

 그러던 어느 해 노년에 이른 오이네우스 왕이 추수를 끝마친 다음 모든 신들에게 제물을 바치면서 그만 아르테미스 여신을 깜빡 잊고 말았다. 분노한 여신은 칼리돈에 엄청나게 큰 괴물 멧돼지를 보내 들판을 엉망으로 망가뜨리게 하였다. 그러자 멜레아그로스가 멧돼지를 없애기 위해 그리스 전역에서 수많은 영웅들을 불러 모았다. 사냥에는 테스티아디스라고 불리는 테스디오스 왕의 두 아들 독세우스와 플렉시포스, 그리고 유명한 처녀 전사 아탈란테도 참가하였다. 참가자들은 오이네우스의 궁에서 9일 동안 성대한 향연을 벌인 뒤 사냥을 시작하였다.

 수많은 사상자들이 발생한 이 사냥에서 처음으로 멧돼지에 화살을 명중시킨 것은 아탈란테였다. 그러자 옆에 있던 멜레아그로스가 부상당한 멧돼지의 허리에 칼을 꽂아 넣어 숨통을 끊어버렸다. 사냥이 끝난 뒤 이전부터 아탈란테에게 마음을 빼앗기고 있던 멜레아그로스는

멜레아그로스(왼쪽 두 번째)와 아탈란테(맨 왼쪽)
줄리오 로마노(Giulio Romano), 1773년

멧돼지를 죽인 자가 갖기로 한 멧돼지 가죽을 그녀에게 주었다.

하지만 멜레아그로스의 이런 행동은 그렇지 않아도 여자가 사냥에 동참한 것을 못마땅해하던 그의 외숙부 플렉시포스와 톡세우스를 화나게 만들었다. 그들은 멜레아그로스가 가죽을 원치 않는다면 가장 가까운 친척인 자신들이 그것을 차지하는 게 마땅하다며 아탈란테에게서 가죽을 빼앗았다. 그러자 자신이 모욕당했다고 여겨 화가 머리끝까지 난 멜레아그로스는 외숙부들을 창으로 찔러 죽이고 말았다.

동생들의 죽음을 전해들은 멜레아그로스의 어머니 알타이아는 아들에게 무서운 저주를 퍼부으며 그의 운명이 연결된 장작을 불 속에 던져버렸고, 멜레아그로스는 아무런 이유도 없이 온 몸에 불이 붙어 타죽고 말았다. 얼마 후 제정신이 든 알타이아는 자신이 무슨 짓을 저질렀는지 깨닫고는 스스로 목을 매고 죽었다.

테스피오스 Thespius

요약

그리스 신화에 등장하는 보이오티아 지방의 왕이다.

50명의 딸을 모두 헤라클레스와 동침시켜 영웅의 아들을 낳게 하였다. 테스피오스의 딸들(테스피아데스)이 낳은 헤라클레스의 아들들은 나중에 사르디니아로 이주하여 식민지를 건설하였다.

기본정보

구분	보이오티아의 왕
외국어 표기	그리스어: Θέσπιος
관련 동물	사자
관련 신화	헤라클레스의 모험
가족관계	에레크테우스의 아들, 프락시테아의 아들, 케크롭스의 형제

인물관계

테스피오스는 아테네의 왕 에레크테우스가 프락시테아와 결혼하여 낳은 아들로 케크롭스 2세, 판도로스, 메티온 등과 형제이고 프로토게네이아, 프로크리스, 크레우사, 크노니아, 오레이티이아, 메로페 등과 남매 사이다.

테스피오스는 아내 메가메데를 비롯하여 여러 명의 후궁들에게서 50명의 딸(테스피아데스)을 얻었는데, 이 딸들에게 모두 헤라클레스와 잠자리를 갖도록 하여 영웅의 아들을 낳게 하였다. 테스피오스의 딸들이 낳은 헤라클레스의 아들 50명은 '테스피아다이'라고 불린다.

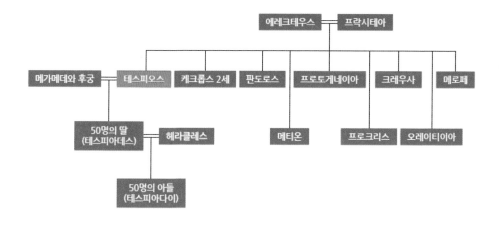

신화이야기

헤라클레스에게 딸 50명을 모두 내어준 테스피오스

건장한 청년으로 성장한 헤라클레스가 세운 첫 번째 업적은 양부(養父) 암피트리온과 테스피오스 왕의 가축을 해치는 키타이론 산의 사자를 퇴치한 것이다. 사자를 잡기 위해 헤라클레스는 테스피오스 왕의 궁에 50일간 머물며 날마다 사냥에 나섰다. 그런데 평소에 영웅 헤라클레스를 흠모하던 테스피오스 왕은 자신의 딸 50명(테스피아데스)을 밤마다 헤라클레스의 침실에 들여보내 영웅의 혈통을 이어받은 손자를 얻고자 했다. 하루 종일 사냥에 지친 헤라클레스는 매일 밤 같은 여자와 자는 줄 알았다고 한다. 하지만 일설에는 사자를 잡아주는 대가로 왕이 헤라클레스에게 딸 50명을 약속하였다고도 한다.

아버지의 바람대로 딸들은 모두 영웅의 아들을 임신하여 50명의 테스피아다이(테스피오스의 후손)를 낳았다.

또 다른 전승에 따르면 헤라클레스는 50명의 딸들과 하룻밤(혹은 7일 밤)에 모두 관계를 가졌는데, 그 중 한 명이 헤라클레스와의 잠자리를 거부하고 처녀로 남았다고 한다. 이 딸은 영웅과의 잠자리를 거부한 벌로 나중에 헤라클레스의 신전을 지키는 여사제가 되었다. 하지만 대신 다른 딸이 쌍둥이를 낳아 테스피아다이의 수는 그대로 50명이 되었다.

헤라클레스는 조카 이올라오스에게 명령하여 테스피아다이 50부(혹은 그 중 40명)를 이끌고 사르디니아로 건너가서 식민지를 건설하게 하였다.

테오클리메노스 Theoclymenus

요약

그리스 신화에 나오는 아르고스의 예언자이다.

살인죄를 저지르고 도피 생활을 하던 중 필로스에서 오디세우스의 아들 텔레마코스를 만나 함께 이타카로 가서 오디세우스의 귀향과 구혼자들에게 닥칠 재앙을 예언하였다.

기본정보

구분	예언자
외국어 표기	그리스어: Θεοχλύμενο
관련 신화	오디세우스

인물관계

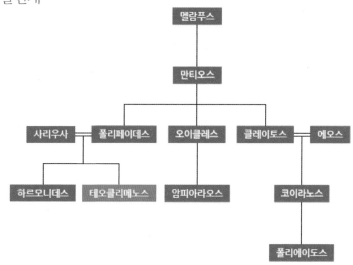

테오클리메노스는 예언자 폴리페이데스의 아들로 예언자 가문인 멜람푸스의 후손이다. 하르모니데스와 형제이며 어머니는 사리우사라고 한다.

신화이야기

오디세우스의 귀환에 대한 예언

아르고스의 예언자 테오클리메노스는 씨족 중 한 사람을 죽이고 필로스로 도망갔다가 그곳에서 오디세우스의 아들 텔레마코스를 만나 함께 이타카로 갔다. 텔레마코스는 트로이 전쟁이 끝난 지 오래도록 돌아오지 않는 아버지의 소식을 듣기 위해 아버지와 함께 참전했던 필로스의 왕 네스토르를 찾아왔던 중이었다.

테오클리메노스는 이타카에 도착하여 배에서 내리자마자 날아가는 새를 보고 텔레마코스에게 신의 뜻을 해석해주었다. 그는 오디세우스의 가문이 계속해서 이타카를 통치하게 될 것이라고 하였다.

테오클리메노스를 페넬로페에게 데려가는 텔레마코스
야콥 요르단스(Jacob Jordaens), 1630년, 스톡홀름 국립미술관

그 무렵 오디세우스의 아내 페넬로페는 구혼자들에게 시달리고 있었다. 그들은 오디세우스가 이미 죽었다고 여기고 그의 재산과 지위를 탐하여 페넬로페에게 결혼을 요구하고 있었다. 테오클리메노스는 페넬로페를 만나자 오디세우스가 이미 고향땅에 와 있으며 구혼자들에게 복수를 꾀하고 있다고 예언하였다.

테오클리메노스의 말대로 이미 이타카에 도착한 오디세우스는 충성스러운 돼지치기 에우마이오스와 아들 텔레마코스를 만나 그간의 소식과 이타카의 상황을 모두 전해들은 뒤 구혼자들을 응징하기 위해 거지행색을 하고 궁으로 들어갔다. 테오클리메노스는 늙은 거지로 변장한 오디세우스가 구혼자들에게 조롱과 멸시를 당하자 구혼자들을 향해 재앙이 닥쳐오고 있다며 한 명도 그 재앙에서 벗어나지 못하리라고 다시 예언하였다. 그러자 구혼자들 중 한 명인 에우리마코스가 그를 미치광이로 여겨 내보내게 하였다. 하지만 곧 그의 예언대로 구혼자들은 단 한 사람도 살아남지 못하고 모두 오디세우스의 손에 죽음을 맞았다.

또 다른 테오클리메노스

그리스 신화에는 그밖에도 몇 명의 테오클리메노스가 더 있다.

1) 그리스 고전주의 시대 작가 에우리피데스의 비극 『헬레네』에도 테오클리메노스라는 이름이 등장한다. 그는 이집트 왕 프로테우스의 아들로 아버지에 이어 왕위에 오른 뒤 자신의 궁으로 피신한 헬레네를 유혹하려 하였다.

2) 오이디푸스의 딸 이스메네의 사랑을 받은 테바이 청년의 이름도 테오클리메노스다. 이스메네는 테오클리메노스와 밀애를 나누던 중 테바이로 쳐들어온 7장군 중 하나인 티데우스의 갑작스런 공격을 받고 죽었는데, 티데우스가 나타나자 테오클리메노스는 이스메네를 버리고 도망쳤다고 한다.

테우크로스 Teucer, 왕

요약

그리스 신화에 등장하는 텔라몬의 아들로, 트로이 전쟁의 영웅 아이아스의 이복형제이다. 테우크로스는 트로이 전쟁에 참전하여 용맹을 떨쳤고, 전쟁이 끝난 뒤 키프로스 섬으로 가서 그곳에 제2의 살라미스를 건설하고 왕이 되었다.

기본정보

구분	왕
외국어 표기	그리스어: Τεῦκρος
별칭	테우케르, 테우세르
관련 신화	헤라클레스의 트로이 원정, 트로이 전쟁
가족관계	아스테리아의 아버지, 헤시오네의 아들

인물관계

테우크로스는 텔라몬이 트로이의 왕 라오메돈의 딸 헤시오네와 결혼하여 낳은 아들로 아이아스와 이복형제이다. 어머니 헤시오네가 트로이의 왕 프리아모스와 남매지간이므로 테우크로스는 헥토르, 파리스 등과 외사촌이 된다. 테우크로스는 키프로스의 왕 키니라스의 딸 에우네와 결혼하여 딸 아스테리아를 낳았다.

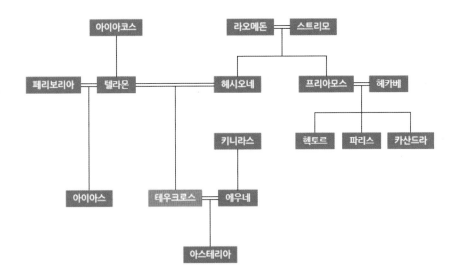

신화이야기

출생

트로이의 왕 라오메돈은 신들과의 약속을 지키지 않은 벌로 딸 헤시오네를 포세이돈이 보낸 바다 괴물에게 제물로 바쳐야 했다. 하지만 헤시오네가 제물로 바쳐지기 위해 바닷가 바위에 사슬로 묶여 있는 모습을 본 헤라클레스가 포세이돈의 바다 괴물을 물리치고 그녀를 구해주었다.

라오메돈은 감사의 뜻으로 헤라클레스에게 자신의 신마(神馬)를 주기로 약속했지만 또 다시 약속을 지키지 않았다. 이에 분노한 헤라클레스는 친구 텔라몬 등과 함께 군대를 몰고 트로이로 쳐들어와 라오메돈과 그의 자식들을 죽인 다음 헤시오네를 텔라몬에게 주었고, 둘 사이에서 아들 테우크로스가 태어났다. 테우크로스는 텔라몬의 또 다른 아들인 아이아스의 이복동생이다.

트로이 전쟁이 터지자 테우크로스는 비록 외가로는 트로이 왕가의 핏줄이지만 이복형 아이아스와 함께 살라미스 군대를 이끌고 그리스 연합군의 일원으로 참전하였다.

테우크로스는 트로이 전쟁에서 뛰어난 궁수로 활약했다. 그는 이복형 아이아스의 방패 뒤에 몸을 숨긴 채 활을 쏘는 방식으로 수많은 적장들을 쓰러뜨렸다. 헥토르를 향해서도 같은 방식으로 여러 차례 화살을 날렸지만 아폴론이 번번이 빗나가게 하는 바람에 맞히지 못하고 오히려 그가 던진 돌에 부상을 입기도 했다.

테우크로스
윌리엄 소니크로프트(William Hamo Thornycroft),
1881년. 로스앤젤레스 카운티 미술관
©yokim@wikimedia(CC BY-SA 2.5)

이복형 아이아스가 아킬레우스의 갑옷 때문에 분을 참지 못하고 자살했을 때('아이아스' 참조) 테우크로스는 미시아의 해적들을 무찌르기 위해 원정을 나가 있었다. 뒤늦게 돌아온 그는 아이아스를 매장하지 않기로 한 아가멤논의 결정에 이의를 제기하며 험악한 분위기를 연출했지만 오디세우스의 중재로 이복형의 시신이 모욕당하는 일을 막을 수 있었다.

테우크로스는 목마에 숨어 트로이 성에 잠입한 40인의 용사 중 한 사람으로도 활약했으며, 파트로클로스의 장례 경기 때는 궁술에서 메넬라오스에 이어 2등을 차지했다.

테우크로스는 전쟁을 끝내고 살라미스로 돌아왔지만 텔라몬은 형 아이아스의 죽음을 막지 못했다는 이유로 그의 상륙을 거부하였다. 테우크로스는 배에서 텔라몬의 비난에 대해 변명을 시도했지만 텔라몬의 마음을 돌리지 못하고 추방당하는 신세가 되었다. 추방당하는 자들이 조국을 떠나기 전에 자신을 변호하는 연설을 하는 관습은 여기서 비롯된 것이라고 한다. 테우크로스는 신탁의 지시에 따라 키프로스로 가서 제2의 살라미스를 건설하고, 키프로스의 왕 키니라스의 딸 에우네와 결혼하여 딸 아스테리아를 낳았다.

또 다른 전승에 따르면 테우크로스는 조국에서 추방된 뒤 시리아의 왕 벨로스 2세를 찾아갔는데, 벨로스 2세가 키프로스를 정복한 뒤 그에게 땅을 주어 새로운 살라미스를 건설하게 하였다고 한다.

테우크로스 Teucer, 트로이의 왕

요약

그리스 신화에 등장하는 트로이의 전설적인 왕으로, 테우크로이인들의 시조이다. 트로아스 지방을 처음으로 다스린 왕으로 딸 바티에이아를 사모트라케(혹은 테바이) 출신의 이방인 다르다노스와 결혼시켜 트로이 왕가를 탄생시켰다.

기본정보

구분	트로이의 왕
외국어 표기	그리스어: Τεῦκρος
별칭	테우케르, 테우세르
관련 신화	트로이 건국
가족관계	스카만드로스의 아들, 이다이아의 아들, 바티에이아의 아버지

인물관계

테우크로스는 프리기아의 하신 스카만드로스와 이데 산의 님페 이다이아 사이에서 태어난 아들이라고 한다. 그의 딸 바티에이아는 제우스의 아들 다르다노스와 결혼하여 에리크토니오스를 낳았고, 에리크토니오스는 트로스를 낳았고, 트로스는 트로이 왕국의 건설자 일로스를 낳았다.

신화이야기

트로아스에 정착한 테우크로스

그리스 신화에서 테우크로스는 일반적으로 프리기아의 강의 신 스카만드로스가 이데 산의 님페 이다이아와 결합하여 낳은 아들로 간주되지만, 또 다른 전승에 따르면 그는 아버지 스카만드로스와 함께 크레타 혹은 아티카에서 소아시아의 트로아스로 건너온 이방인이며, 스카만드로스 강은 그들이 정착한 지역의 강에 테우크로스의 아버지 스카만드로스의 이름을 붙인 것이라고 한다.

이주설에 따르면 테우크로스 일행은 고향을 떠날 때 어디로 가야 할 지를 신탁에 물었다고 한다. 신탁은 그들에게 '땅의 자식들'로부터 공격을 받은 곳에 정착하라는 답을 주었다. 그들이 프리기아로 가서 트로아스 지방에 머물던 어느 날 밤 생쥐들이 그들의 가죽무구와 활줄을 쏠아버린 일이 발생했다. 이에 테우크로스 일행은 신탁이 이루어졌다고 믿고는 그곳에 아폴론 신전(아폴론 스민테우스: 쥐떼의 아폴론)을 짓고 정착하였다. 이때부터 이 지역의 주민들은 테우크로스의 이름을 따서 테우크로이인이라고 불렸다.

트로이 왕국의 건설

테우크로스가 트로아스 지방을 다스리고 있을 때 사모트라케 출신의 또 다른 이방인인 다르다노스가 아들 이다이오스와 함께 프리기아로 건너왔다. 테우크로스는 다르다노스 일행을 환대하고 영지의 일부와 딸 바티에이아를 내주었다. 다르다노스는 아들 이다이오스의 이름을 따서 이데 산으로 불리는 산기슭에 도시를 건설하고 다르다니아라는 이름을 붙였는데, 테우크로스가 죽은 뒤에는 그의 왕국도 모두 물려받았다. 이곳의 주민들은 이제 다르다니아인이라고 불리게 되었다.

다르다노스와 바티에이아 사이에서 태어난 아들 에리크토니오스는 트로이에 이름을 준 시조인 트로스를 낳았다. 트로이 왕국의 건설자로 알려진 일로스는 트로스의 아들이다.

테이레시아스 Tiresias

요약

그리스 신화에 나오는 테바이의 장님 예언자이다.

7대에 걸쳐 장수를 누리며 신탁을 전하고 테바이의 왕들에게 예언을 한 인물이다. 특히 죽어서도 예언 능력을 유지하여 오디세우스가 고향으로 돌아가는 방도를 묻기 위해 저승까지 내려가서 만나기도 했다.

기본정보

구분	예언자
상징	지혜, 조언
외국어 표기	그리스어: Τειρεσίας
관련 신화	디오니소스, 오이디푸스, 테바이 공략 7장군, 오디세우스

인물관계

테이레시아스는 테바이의 귀족 에우에레스와 님페 카리클로의 아들로, 테바이의 건설자 카드모스가 용의 이빨을 뿌려 태어난 자들인 '스파르토이'의 한 사람 우다이오스의 자손이다. 델포이의 무녀 만토가 그의 딸이다. 만토는 크레타 사람 라키오스와 결혼하여 예언자 몹소스를 낳았다.

장님이 된 테이레시아스

　테이레시아스는 제우스 신을 모시는 사제였다. 그가 장님이 되고 또 예언 능력을 갖게 된 연유에 대해서는 몇 가지 설이 있다.

　헤시오도스에 따르면 제우스의 사제 테이레시아스는 젊은 시절 킬레네(혹은 키타이론) 산에서 뱀 두 마리가 교미하는 광경을 보았다고 한다. 테이레시아스가 가지고 있던 지팡이로 암컷을 때려죽였는데 그러자 갑자기 그 자신이 여자로 변하였다. 여자가 된 테이레시아스는 헤라의 사제가 되었고 결혼하여 자식도 낳았다. 이때 낳은 자식 중 한 명이 유명한 델포이의 무녀 만토이다. 그로부터 7년 뒤에 테이레시아스는 다시 뱀 두 마리가 교미하는 것을 보고 수컷을 때려죽였더니 이번에는 남자의 몸이 되었다.

　그 일이 있고 나서 얼마 뒤 제우스와 헤라는 남녀가 잠자리에서 사랑을 나눌 때 둘 중 어느 쪽이 더 큰 쾌락을 얻는지를 놓고 언쟁을 벌이다 남녀의 몸을 다 가져본 테이레시아스에게 물어보기로 하였다. 제우스는 여자의 쾌락이 더 크다고 주장하였고 헤라는 반대 입장이었다. 테이레시아스는 자신이 경험해보니 여자의 쾌락이 남자보다 아홉 배나 더 강하다며 제우스의 손을 들어 주었다. 그러자 화가 난 헤라가 테이레시아스를 장님으로 만들어버렸다. 제우스는 장님이 된 테이레시아스가 가여웠지만 헤라가 내린 벌은 그로서도 어쩔 수가 없었다. 그래서 그 보상으로 제우스는 테이레시아스에게 새들의 말을 알아듣는 능력과 누구보다도 뛰어난 예언력을 주었다.

다른 설에 따르면 테이레시아스는 아테나 여신의 벌거벗은 몸을 보았다가 장님 예언자가 되었다고 한다. 테이레시아스의 어머니 카리클로는

지팡이로 뱀을 때리는 테이레시아스
요한 울리히 크라우스(Johann Ulrich Krauss), 1690년경
오비디우스 『변신이야기』의 삽화

아테나 여신의 총애를 받는 님페였는데 어느 날 둘이 함께 목욕을 하고 있을 때 근처에 있던 테이레시아스가 그만 그 광경을 목격하게 되었던 것이다. 아테나 여신은 즉시 두 손으로 그의 눈을 가리고 장님으로 만들어버렸다. 그러자 카리클로는 몹시 슬퍼하면서 아테나 여신에게 아들이 다시 앞을 볼 수 있게 해달라고 빌었다. 하지만 이미 내려진 벌에 대해서는 아테나로서도 어쩔 수가 없었다. 아테나는 그 대신 테이레시아스에게 새들의 말을 알아듣는 능력과 마치 눈으로 보듯 길을 안내해주는 지팡이를 주었다. 또 그에게 오랜 수명도 주어 7세대에 걸쳐 살게 해주었다.

그밖에도 테이레시아스가 신들의 비밀을 인간들에게 발설하다 벌을 받아 장님이 되었다는 설도 있다.

예언자 테이레시아스

그리스 신화에서 예언자 테이레시아스는 주로 테바이의 전설에 등장하여 주요 사건들에 관해 많은 예언을 하였다.

디오니소스 신앙이 처음 테바이에 전파될 때 펜테우스 왕은 불경스럽게도 디오니소스를 인정하려 들지 않았다. 테이레시아스는 디오니소스를 신으로 받아들이고 제사를 올려야 한다고 경고하였지만 펜테우스는 이를 무시하였다가 결국 디오니소스를 모시는 여인들(그 중에는 펜테우스의 어머니 아가우에도 있었다. '펜테우스' 참조)에 의해 갈가리 찢겨져 죽고 말았다.

희생 제물을 바치는 오디세우스에게 나타난 테이레시아스
요한 헨리 푸셀리(Johann Heinrich Fussli), 1785년, 빈 알베르티나 미술관

오이디푸스가 아버지 라이오스 왕을 죽이고 어머니 이오카스테와 결혼한 사실을 신탁을 통해 밝힌 것도 테이레시아스였다. 그는 또 오이디푸스의 아들 폴리네이케스가 7장군을 이끌고 테바이를 공격했을 때 아직 미혼인 테바이의 귀족을 희생 제물로 바쳐 군신 아레스의 진노를 가라앉혀야 도시를 구할 수 있다고 예언하였다. 이에 테바이 섭정 크레온의 아들 메노이케우스가 성벽에서 몸을 던져 스스로 희생 제물이 되었다.

전쟁이 끝난 뒤 조국을 배

신한 폴리네이케스의 장례 문제로 크레온이 폴리네이케스의 누이 안티고네를 지하 감옥에 가두고 죽이려할 때 테이레시아스는 크레온에게 나라에 불길한 징조가 나타나고 있으니 죽은 자는 무덤에 매장하고 산 자는 지상으로 돌아오게 해야 한다고 조언했다. 크레온은 그의 말을 무시하고 안티고네를 죽게 했다가 아들과 아내를 모두 잃는 고통을 맞았다.

테이레시아스의 망령에게 조언을 구하는 오디세우스
루카니아 적색상 도기, 기원전 380년
파리 메달 박물관

그밖에 테이레시아스는 오디세우스의 전설에도 등장했다. 트로이 전쟁을 끝마친 오디세우스가 고향으로 돌아가지 못하고 바다 위를 떠돌 때 마녀 키르케가 오디세우스에게 하계로 내려가서 망자가 된 예언자 테이레시아스를 만나 귀향할 방도를 물어보라고 일러주었다. 테이레시아스의 망령은 제우스(혹은 아테나, 혹은 페르세포네)에 의해 죽은 뒤에도 지력(智力)을 계속 유지할 수 있는 유일한 특권을 부여받았던 것이다. 이에 오디세우스는 테이레시아스의 조언을 구하기 위해 저승으로 내려가는 모험을 감수하였다.

테이레시아스의 죽음

테이레시아스는 7장군의 후손들인 에피고노이에게 테바이가 함락되었을 때 딸 만토와 함께 도시를 떠나 피난을 가던 중 텔푸사의 샘물가에서 기나긴 생을 마쳤다고 한다. 노구를 이끌고 급한 걸음을 가느라 몹시 목이 말랐던 테이레시아스는 차디찬 샘물을 급히 마시다 죽었다고 한다. 하지만 다른 설에 따르면 그는 딸 만토와 함께 에피고노이에게 붙잡혀 아폴론의 제물로 바쳐지기 위해 델포이로 끌려가던 중 텔푸사의 샘물가에 이르러 지쳐서 죽고 말았다고 한다.

테이레시아스의 장례식에는 칼카스를 비롯한 많은 예언자들이 참석하여 그에게 경의를 표했다고 한다.

테이아 Theia, 티탄 신족

요약

대지의 여신 가이아와 하늘의 의인화된 신 우라노스 사이에서 태어난 티탄 신족 중 티탄 12신의 한 명으로 빛의 여신이다.

'넓게 비추는 자' 또는 '멀리 비추는 자'란 의미의 '에우리파에사'로도 불린다.

기본정보

구분	티탄 신족, 빛의 여신
상징	빛, 두 눈(eyes), 안경(glasses)
외국어 표기	그리스어: Θεία
어원	그리스어 Θεία 시력(sight)에서 유래
별칭	에우리파에사(Eurypaessa): '넓게 비추는 자' 또는 '멀리 비추는 자'
가족관계	우라노스의 딸, 가이아의 딸, 히페리온의 아내, 헬리오스의 어머니

인물관계

테이아는 그리스 신화의 제2세대 신으로 빛의 여신이며, 대지의 의인화된 여신 가이아와 가이아의 아들이자 하늘의 의인화된 신 우라노스 사이에서 태어났다. 남매 사이인 빛의 신이자 태양의 신인 히페리온과 결혼하여 태양의 신 헬리오스, 달의 여신 셀레네, 새벽의 여신 에오스를 낳았다.

그녀는 크로노스와 레아 사이에서 태어난 헤스티아, 데메테르, 헤라, 하데스, 포세이돈, 제우스의 큰어머니이다.

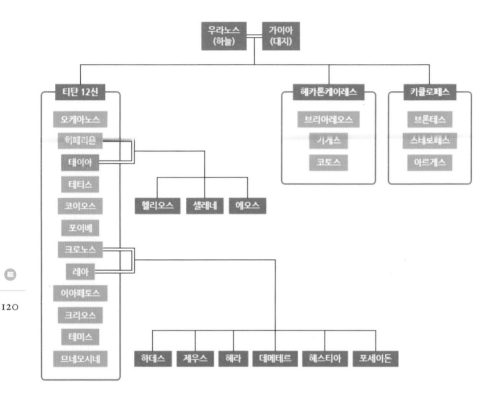

신화이야기

테이아의 계보

그리스 신화의 제2세대 신으로 빛의 여신이다.

『신들의 계보』와 『비블리오테케』에 따르면 그리스 천지창조 신화에서 카오스와 더불어 주역을 담당하는 대지의 여신 가이아가 사랑을 나누지 않고 홀로 낳은 아들로 '하늘'의 의인화된 신 우라노스가 있는데, 테이아는 가이아와 우라노스 사이에서 태어났다.

테이아
기원전 2세기초, 페르가몬 박물관
: 베를린 페르가몬 대제단의 일부
©Miguel Hermoso Cuesta@Wikimedia(CC BY–SA)

『신들의 계보』에 따르면, 가이아와 우라노스 사이에서 12명의 티탄 신족이 가장 먼저 태어났고, 그 다음에 외눈박이 삼형제 키클로페스가, 그 다음에 헤카톤케이레스 삼형제가 태어났다. 이에 따르면 테이아는 키클로페스 삼형제와 헤카톤케이레스 삼형제의 누나이며, 동생 크로노스를 폐위시키고 신계와 인간계의 통치자가 된 제우스의 이모이자 고모이다.

한편 『비블리오테케』에 따르면, 가이아와 우라노스 사이에서 헤카톤케이레스 삼형제가 가장 먼저 태어났고, 그 다음에 키클로페스 삼형제가, 그 다음에 12명의 티탄 신족이 태어났다. 이에 따르면 테이아는 키클로페스 삼형제와 헤카톤케이레스 삼형제의 누이동생이며, 동생 크로노스를 폐위시키고 신계와 인간계의 통치자가 된 제우스의 이모이자 고모이다.

테이아의 자식들

티타니데스 중의 한 명인 테이아는 남매 관계인 히페리온의 구애를 끈질기게 받았다. 결국 그녀는 빛의 신이자 태양의 신인 히페리온의 구애를 받아들여 아들 한 명과 딸 두 명을 낳았다. 아들은 태양의 신 헬리오스이고 두 명의 딸은 달의 여신 셀레네와 새벽의 여신 에오스이다.

"히페리온과 테이아 사이에서 새벽의 여신 에오스와 태양의 신 헬리오스 그리고 달의 여신 셀레네가 태어난다." (『비블리오테케』)

"테이아는 히페리온의 끈질긴 구애에 마음을 열고 그를 받아들인다. 그녀는 위대한 태양의 신 헬리오스, 밝게 빛나는 달의 여신 셀레네, 지상의 모든 인간들과 광활한 하늘에 거주하는 불사의 신들을 밝게 비쳐주는 새벽의 여신 에오스를 낳는다." (『신들의 계보』)

이름의 어원적 의미

작자 미상이나 『호메로스 찬가집』이라고 불리는 총 33편의 찬가로 이루어진 고대 그리스 찬가집이 있다. 이 찬가집의 제31편은 태양의 신 헬리오스에 대한 찬가이다. 여기에서 헬리오스의 어머니 테이아는 '넓게 비추는 자' 또는 '멀리 비추는 자'란 의미의 '에우리파에사(Eurypaessa)'로 불린다. 이는 테아(Thea) 또는 테이아(Theia)의 어원적 의미가 '시력(sight)'임을 염두에 두면 쉽게 이해된다.

고대 그리스인들은 눈에서 빛이 방출되고 그 방출된 빛이 비추는 것은 무엇이나 볼 수 있다고 믿었다.

가상의 원시 행성 테이아

원시 행성 테이아는 45억 년 전 초기의 지구와 충돌한 것으로 가상되는 화성 크기의 행성이다. 이

테이아
기원전 2세기초, 페르가몬 박물관
: 베를린 페르가몬 대제단의 일부
©Miguel Hermoso Cuesta@Wikimedia(CC BY-SA)

충돌로 인해 오늘날의 달이 생성되었다는 가설이 힘을 얻고 있다. 이 가상의 원시 행성의 이름을 테이아로 처음 명명한 이는 영국 옥스퍼드 대학교 지질학과 교수인 알렉스 할리데이이다. 그는 2000년에 발표한 달의 생성과 관련된 논문에서 거대 충돌을 통해 달을 탄생시킨 행성의 이름을 그리스 신화에서 달의 신의 어머니인 테이아로 명명했다.

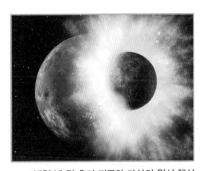

45억 년 전 초기 지구와 가상의 원시 행성 테이아가 충돌하는 가상의 모습
이 거대 충돌을 통해 달이 생성되었다는 가설이 오늘날 힘을 얻었다. 달을 탄생시킨 행성이기에 '테이아'란 이름으로 명명되었다.

테티스 Thetis, 님페

요약

그리스 신화에 나오는 바다의 님페이다.

너무 아름다워 제우스가 탐하였으나 그녀가 낳은 아들이 아버지를 능가할 것이라는 예언 때문에 결국 인간인 펠레우스와 결혼하였다. 둘 사이에서 태어난 아들이 트로이 전쟁의 영웅 아킬레우스이다.

기본정보

구분	님페
외국어 표기	그리스어: Θέτις
관련 신화	아킬레우스의 탄생
가족관계	네레우스의 딸, 도리스의 딸, 펠레우스의 아내, 아킬레우스의 어머니

인물관계

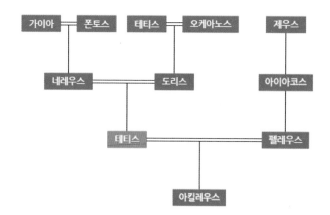

테티스는 해신(海神) 네레우스와 도리스 사이에서 태어난 바다의 님페 네레이데스 중 한 명으로, 제우스의 자손인 펠레우스와 결혼하여 영웅 아킬레우스를 낳았다.

티탄 여신 테티스와 이름이 비슷하여 자주 혼동되지만 티탄 신족 테티스의 손녀로, 이름의 알파벳 표기가 아킬레우스의 어머니 테티스는 'Thetis'이고, 티탄 신족 테티스는 'Tethys'로 서로 다르다.

신화이야기

테티스와 펠레우스의 결혼

테티스는 해신 네레우스의 딸들인 수많은 네레이데스 중 가장 아름다운 처녀이다. 제우스가 테티스의 미모에 반해 유혹하려 했지만, 그녀가 낳는 아들이 아버지보다 더 위대해질 것이라는 프로메테우스의 예언을 듣고 두려운 마음에 서둘러 인간인 펠레우스와 결혼시키려 하였다. 하지만 테티스는 인간과 맺어지기를 원하지 않았고, 아버지 네레우스처럼 여러 가지 모습으로 변신하면서 펠레우스의 손길을 피해 도망쳤다. 그러나 펠레우스는 케이론의 조언에 따라 그녀가 어떤 모습으로 변신하든 개의치 않고 끝

테티스를 붙잡은 펠레우스
아티카 적색상 도기, 기원전 460년
루브르 박물관

까지 꼭 붙들고 놓아주지 않았고, 결국 테티스는 결혼을 승낙했다.

테티스와 펠레우스의 결혼
헨드릭 드 클레르크(Hendrik de Clerck), 1606~1609년, 루브르 박물관

결혼식에 초대받지 못한 불화의 여신 에리스

펠레우스와 테티스의 결혼식에는 올림포스의 모든 신들이 초대되었지만 단 한 명 불화의 여신 에리스만은 초대를 받지 못했다. 이에 분노한 에리스가 불청객으로 찾아와 '가장 아름다운 자에게 바친다'는 글귀가 새겨진 황금 사과를 연회석에 던졌고, 아테나와 헤라, 아프로디테 여신이 서로 사과를 차지하겠다고 고집하면서 말썽이 생기고 말았다.

세 여신의 다툼으로 골치가 아파진 제우스는 트로이의 왕자 파리스에게 심판을 맡겼다. 이에 헤라는 파리스에게 사과를 자신에게 주면 최고의 권력을 주겠다고 했고, 아테네는 누구보다 뛰어난 지혜를 약속했으며, 아프로디테는 세상에서 가장 아름다운 여인을 주겠다고 했다.

사과는 아프로디테에게 돌아갔다. 하지만 파리스에게 그리스 최고의 미녀 헬레네를 안겨 준 이 결정은 나중에 트로이 전쟁으로 이어졌고, 테티스와 펠레우스의 아들 아킬레우스는 그 전쟁에서 죽게 된다.

아킬레스건

　펠레우스와 테티스의 결혼 생활은 그다지 행복하지 못했다. 테티스는 펠레우스와 사이에서 여러 명의 자식을 낳았지만, 그들을 불사의 존재로 만들려다 모두 불에 태워 죽이고 말았다. 펠레우스는 그녀가 막내아들 아킬레우스를 또 다시 불 속에 넣는 것을 보고 억지로 빼앗았다. 그러자 그녀는 아킬레우스를 절대로 상처 입지 않는 몸으로 만들어 주기 위해 스틱스 강물에 담갔는데, 이때 발목을 붙잡고 담그는 바람에 물이 닿지 않은 발목 부위가 아킬레우스의 유일한 약점이 되었다. 그리고 결국 발목에 파리스의 화살을 맞아 아킬레우스는 어머니 테티스의 모든 노력을 허사로 만들며 필멸의 존재로서 생을 마감했다.

테티스 Tethys, 티탄 신족

요약

그리스 신화에서 테티스는 우라노스와 가이아 사이에서 난 딸로 티탄 신족에 속한다.

물의 '여성적 푸.ᄋ'를 상징하는 여신으로 남매 사이인 바다의 신 오케아노스와 결혼하여 수많은 강과 바다의 어머니가 되었다.

기본정보

구분	티탄 신족
상징	바다의 생산성, 만물의 모태
외국어 표기	그리스어: Τηθύς
어원	'할머니'를 뜻하는 고대 그리스어 '테테'에서 유래
별자리	토성의 세 번째 행성
가족관계	우라노스의 딸, 가이아의 딸, 오케아노스의 아내

인물관계

『신들의 계보』에 따르면 테티스는 대지의 여신 가이아가 자신에게서 생겨난 하늘의 신 우라노스와 관계하여 낳은 티탄 여신이다. 같은 부모에게서 태어난 오라버니 오케아노스와 결혼하여 온갖 강물의 신들인 3천 명의 아들과 바다, 샘, 강, 구름 등의 님페인 3천 명의 딸 오케아니데스를 낳았다.

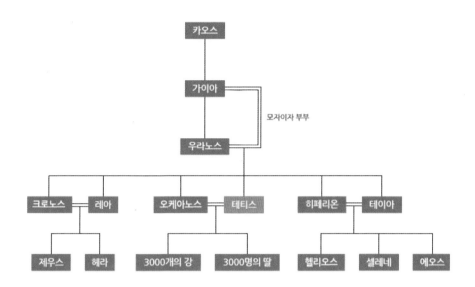

```
                          카오스
                            │
                          가이아 ──────────┐
                            │              │ 모자이자 부부
                          우라노스 ─────────┘
        ┌──────────┬────────┴────────┬──────────┐
    크로노스─레아    오케아노스─테티스    히페리온─테이아
        │               │                  │
    ┌───┴───┐       ┌───┴────┐      ┌──────┼──────┐
   제우스  헤라   3000개의 강 3000명의 딸  헬리오스 셀레네 에오스
```

129

신화이야기

모든 강과 바다의 어머니 테티스

테티스는 지상의 모든 샘물과 강물을 관장하는 여신으로, 바다의

테티스
로마 시대 모자이크, 터키 안티키아 박물관

신 오케아노스와 관계하여 대지의 위와 아래로 흐르는 모든 강과 샘, 그리고 바다와 구름 등을 낳았다. 그리스 신화에서 테티스는 대지 아래로 흐르는 지하수를 통해 자식들에게 대양 오케아노스의 물을 나누어주어 세상을 풍요롭게 만드는 '젖줄'이었다. 그래서 고대의 도기 문양에서 그녀는 출산의 여신 에일레이티이아와 함께 묘사될 때가 많으며, 머리에 날개

를 달고 있는 모습으로도 등장한다.

일부 신화에서 테티스와 오케아노스는 가이아와 우라노스보다 더 이전에 카오스에서 직접 생겨난 신으로 보기도 한다. 만물의 근원을 태초에 있었던 물로 생각했기 때문이다. 그에 따르면 무질서와 혼돈 상태에 있던 태초의 물에서 테티스와 오케아노스의 결합으로 땅이 솟고 하늘이 분리되고 신들이 탄생하였다.

호메로스는 『일리아스』에서 오케아노스를 "만물의 아버지"로 테티스를 "여러 신들의 어머니"로 묘사하면서 둘의 부부 사이가 나빠져 더 이상 동침하지 않는다고 말했다. 이것은 이제 만물의 창조 과정이 끝나고 세상이 안정기에 들어섰음을 암시하는 사건으로 해석되기도 한다.

헤라의 양육자

올림포스 신들과 티탄 신족 사이에 전쟁이 벌어졌을 때 테티스는 남편 오케아노스와 함께 올림포스 신들의 편을 들었다. 전쟁이 벌어지고

오케아노스와 테티스
로마 시대 모자이크, 2세기, 터키 가지안테프 박물관

있는 동안 레아는 딸 헤라 여신을 테티스에게 맡겨 키우게 하였고, 헤라는 그 보답으로 나중에 테티스와 오케아노스 부부의 사이가 나빠졌을 때 둘 사이의 화해를 위해 노력하기도 했다.

또 헤라는 남편 제우스가 님페 칼리스토와 바람을 피워 아르카스를 낳자 칼리스토를 곰으로 만들어 버렸을 뿐만 아니라 두 모자가 하늘의 별자리(큰곰자리와 작은곰자리)가 되었을 때도 이들을 괴롭히기 위해 테티스와 오케아노스를 찾아갔다. 헤라는 테티스와 오케아노스에게 부탁하여 두 모자의 별자리가 바다에 들어 휴식을 취하지 못하게 했고, 영원히 북극성 주변을 맴돌게 하였다.('칼리스토' 참조)

신화해설

우라노스와 가이아의 딸이자 오케아노스의 아내인 테티스는, 네레우스의 딸로 영웅 아킬레우스를 낳은 테티스와 자주 혼동된다. 둘의 이름이 같고 모두 바다를 관장하는 여신이어서 더욱 그렇다. 하지만 둘의 그리스어 표기는 'Τηθύς'와 'Θέτις'로 전혀 다르고, 알파벳 표기도 'Tethys'와 'Thetis'로 다르다. 오케아노스의 아내 테티스는 '테튀스'로 표기되기도 한다.

또 오케아노스의 아내 테티스는 바다, 강, 샘 등 모든 물을 관장하는 여신으로서 바다의 여성적 생산성을 상징하고 만물의 모태로 간주되지만, 아킬레우스의 어머니 테티스는 흔히 '바다의 노인'으로 지칭되는 바다의 신 네레우스의 딸들인 바다의 님페 네레이데스 중 한 명이므로 둘을 혼동하지 않도록 주의해야 한다.

텔레고노스 Telegonus

요약

　그리스 신화에서 영웅 오디세우스가 귀향길에 마녀 키르케의 섬에 머물 때 그녀와의 사이에서 낳은 아들이다.

　어머니에게서 자란 텔레고노스는 성인이 되어 아버지 오디세우스를 찾아갔으나 미처 알아보지 못하고 그를 죽였다. 텔레고노스는 오디세우스의 장례를 치른 뒤 과부가 된 페넬로페와 결혼하였다.

기본정보

구분	왕자
상징	아들의 귀환
외국어 표기	그리스어: Τηλέγονος
어원	멀리서 태어난 자
관련 신화	오디세우스의 모험

인물관계

　텔레고노스는 트로이 전쟁의 영웅 오디세우스와 키르케 사이에서 난 아들로 텔레마코스와는 이복형제이다. 오디세우스가 죽은 뒤 텔레고노스는 과부 페넬로페와 결혼하여 이탈로스를 낳았다. 이탈로스로부터 이탈리아라는 지명이 유래했다.

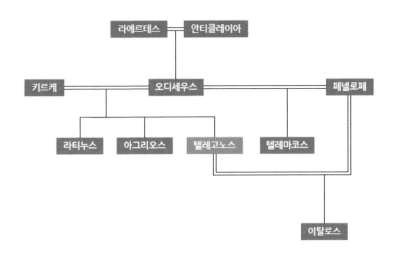

신화이야기

출생

텔레고노스는 오디세우스가 트로이 전쟁을 끝마치고 귀향하는 길에 키르케의 섬에 표류하였다가 그녀와 사이에서 낳은 아들이다. 키르케는 지중해의 고도 아이아이에 섬에 홀로 사는 아리따운 마녀인데 숲 속에 있는 그녀의 궁전에는 그녀의 마법에 걸린 사람들이 변신한 이리와 사자들이 우글거렸다.

오디세우스 일행도 우연히 그녀의 섬에 표류하였다가 정찰을 나간 부하들이 마법에 걸려 돼지로 변하고 말았다. 오디세우스는 헤르메스 신의 도움으로 키르케의 마법을 무력화시킨 다음 그녀와 달콤한 잠자리를 가졌다.

오디세우스에게 잔을 건네는 키르케
존 윌리엄 워터하우스(John William Waterhouse), 1891년, 올덤 미술관

그렇게 1년을 함께 지낸 뒤 오디세우스는 키르케의 만류를 뿌리치며 다시 고향으로 떠났고, 남겨진 키르케는 텔레고노스를 낳았다.

아버지 오디세우스를 죽인 텔레고노스

텔레고노스가 성년에 이르자 키르케는 그에게 이타카로 돌아간 아버지를 찾아가라고 하였다. 텔레고노스는 이타카 섬으로 가던 중 폭풍을 만나 어느 해안에 도착하는데, 그가 케르키라 섬이라고 잘못 생각한 그곳이 사실은 이타카 섬이었다.

아버지를 몰라본 아들 텔레고노스에게 살해당하는 오디세우스
작자 미상, 1350년경
브누아 드 생트-모르(Benoit de Sainte-Maure)의
작품 「트로이 이야기」에 실린 삽화

굶주린 텔레고노스는 그곳의 가축이며 곡식을 약탈했고, 늙은 오디세우스와 맏아들 텔레마코스는 재산을 지키려 침략자에 맞서 싸웠다. 이 싸움에서 텔레고노스는 미처 아버지인 줄 모르고 오디세우스를 가오리의 독가시가 박힌 창으로 찔러 죽이고 말았다.

페넬로페와의 결혼

뒤늦게 자신이 죽인 사람이 누구인지를 알게 된 텔레고노스는 비탄에 잠겨 아버지의 시신과 함께 어머니 키르케가 있는 아이아이에 섬으로 돌아갔다. 이 여행에는 과부가 된 페넬로페와 그녀의 아들 텔레마코스도 동행하였다. 아이아이에 섬에서 오디세우스의 장례식을 치른 뒤 텔레고노스는 페넬로페와 결혼하였고, 키르케도 텔레마코스와 결혼하였다. 텔레고노스와 페넬로페 사이에서는 이탈로스라는 아들이 태어났는데, 이탈리아라는 지명은 그의 이름에서 유래한다.

키르케는 텔레고노스와 페넬로페를 불사의 몸으로 만들어 '복된 자들의 섬' 엘리시온에 가서 살게 하였다고 한다.

로마 신화에서는 텔레고노스가 로마 동남부의 도시 투스쿨룸(현재의 프라스카티)을 건설했다고 한다. 고대 로마의 시인들은 투스쿨룸을 이야기할 때 늘 "텔레고노스의 성벽" 혹은 "키르케의 성벽"이라는 수식어를 사용하였다.

신화해설

호메로스의 서사시에는 텔레고노스라는 이름이 등장하지 않는다. 텔레고노스를 키르케와 오디세우스의 아들로 처음 언급한 사람은 헤시오도스이며, 여기에 언급한 텔레고노스의 이야기는 기원전 6세기경에 키레네의 에우가몬이라는 시인이 쓴 『텔레고네이아』에 나오는 내용이다.

『텔레고네이아』는 호메로스의 『오디세이아』의 속편 격인 작품인데 결말이 무척 특이하다. 마치 오이디푸스의 신화를 반복이라도 하듯이 텔레고노스는 아버지를 죽이고 어머니(의붓어머니)와 결혼하였다. 오디세우스의 또 다른 아들 텔레마코스도 아버지의 여자 키르케를 아내로 맞았다. 오늘날의 시각에서는 괴상망측하기 짝이 없는 결말이지만, 고대의 신화적 관점에서 보면 다른 방식의 이해도 가능하다. 신화에서 부친 살해는 고대 사회에서 아들이 아버지의 권력을 이어받아 사회를 존속시켜 나가는 보편적인 과정을 상징적으로 보여주는 것이라고 할 수 있기 때문이다. 실제로 그리스 신화에서 아버지들은 빈번히 자식에게 살해당하거나 거세되거나 쇠사슬에 묶여 지하에 감금당한다. 그리고 아버지의 아내인 어머니와의 결혼은 이러한 권력 승계 과정의 완성을 의미할 수 있다.

오디세우스의 귀향 이후의 이야기는 그밖에도 여러 가지가 있다. 그에 따르면 오디세우스는 페넬로페와 오랫동안 해로하다가 편안한 죽음을 맞기도 하고, 아이톨리아로 건너가서 살다가 아이네이아스와 함께 로마 건국에 참여하기도 했다.

텔레마코스 Telemachus

요약

오디세우스와 페넬로페 사이에 태어난 아들이다.

아버지가 트로이 전쟁에 나가 20년 동안이나 돌아오지 않아 홀어머니 밑에서 성장하였다. 어머니를 괴롭히는 구혼자들을 상대하면서 당당하고 용기 있는 젊은이로 변모한 그는 돌아온 아버지 오디세우스와 함께 구혼자들을 처단하였다.

기본정보

구분	영웅
상징	영웅의 후손
외국어	그리스어: Τηλέμαχος
어원	멀리 떨어진 곳에 있는 투사
관련 신화	오디세우스, 페넬로페, 키르케, 나우시카

인물관계

오디세우스와 페넬로페 사이에 태어난 아들이다.

신화이야기

어린 시절의 텔레마코스

트로이 전쟁 직전에 태어난 텔레마코스는 아버지 오디세우스가 트로이 전쟁에 참가하고 돌아오지 않아 홀어머니 손에 자라게 된다. 오디세우스는 전쟁에 참여하기를 원하지 않았으나 맹세 때문에 전쟁에 참가해야 하는 상황이 오자 전쟁터에 나가지 않기 위해 미치광이 흉내를 내다 그는 당나귀에 소를 챙기 하나에 배와 밭을 갈고 씨 대신 소금을 뿌리는 등 미친 사람처럼 행동했다. 그러나 오디세우스는 결국 전장에 나가게 되는데, 이에 관해 히기누스의 『신화집』은 다음과 같이 전하고 있다.

"전쟁에 참가하지 않으려는 오디세우스. 그를 데리러 온 팔라메데스는 오디세우스가 진짜 미쳤는지를 알아보기 위해 갓난아이인 텔레마코스를 쟁기 앞에 갖다 놓는다. 오디세우스는 차마 자식을 죽일 수 없어 쟁기질을 멈추고 자신이 미치지 않았음을 고백한다. 그리고 나서 오디세우스는 트로이 전쟁에 참여하게 되고 스무 해 동안이나 집에 돌아오지 못하게 된다. 이렇게 해서 텔레마코스는 아버지의 존재를 경험하지 못하고 성장하게 된다."

청년 텔레마코스

『오디세이아』는 아버지 없이 자란 텔레마코스가 내성적이고 소극적인 젊은이에서 당당하고 용감한 젊은이로 변모해가는 과정을 묘사하고 있다.

텔레마코스는 이타케의 궁정에서 아버지 오디세우스의 오랜 친구인 멘토르의 가르침을 받으며 성장하였다. 아버지가 없는 동안 어머니 페넬로페에게 구혼하기 위해 몰려온 많은 귀족 청년들이 재산을 탕진하

멘토르와 텔레마코스
파블로 파비쉬(Pablo E. Fabisch), 1699년,
프랑수아 페넬롱(Francois de Salignac de
la Mothe-Fenelon)의 저작 『텔레마코스의
모험(Aventuras de Telemaco)』의 삽화

고 괴롭혔지만 텔레마코스는 그
들을 몰아낼 힘이 없었다. 이에
아테나 여신이 타피오스 섬의 멘
테스 및 텔레마코스의 스승인 멘
토르의 모습으로 나타나 그에게
용기를 심어주고 아버지를 찾아
여행을 떠나라고 권유했다.

"그대는 먼저 필로스에 가시오.
그곳에서 고귀한 네스토르에게
아버지에 관해 물어보시오, 그리
고는 스파르테로 가서 금발의
메넬라오스를 찾아가시오. 청동

으로 된 갑옷을 입은 아카이오이족 중에서 가장 늦게 돌아온 사람
이 바로 메넬라오스입니다."

텔레마코스는 멘토르로 변장한 아
테나 여신의 충고에 따라 먼저 필로
스에 있는 네스토르를 찾아갔고 그
다음 스파르타에 가서 메넬라오스를
만났다. 텔레마코스는 메넬라오스로
부터 몇몇 좋지 않은 소식들에도 불
구하고 가장 중요한 소식인, 아버지가
살아있다는 희망적인 소식을 들었다.
아버지가 살아있다는 희망을 갖고
이타케로 돌아온 텔레마코스는 아버
지에 관해 새로운 소식을 얻을까 싶

네스토르를 떠나는 텔레마코스
헨리 하워드(Henry Howard)

어 아버지의 돼지를 기르고 있는 에우마이오스의 오두막집을 찾아갔다. 그는 그곳에서 이미 돌아와 거지의 모습으로 변장한 아버지를 만나 눈물을 흘리며 감동적인 재회를 했다.

텔레마코스는 아버지 오디세우스와 함께 계획을 짜서 어머니의 구혼자들을 모두 처단했다. 이 과정에서 텔레마코스는 궁전의 객실 벽에 걸려있는 무기를 치우는 등 용기와 기지를 발휘하여 아버지가 구혼자들을 처단하는 것을 도와주었다.

뒷이야기

텔레마코스가 오디세우스와 함께 구혼자들을 처단하고 난 후에 관해서는 여러 가지 서로 다른 이야기들이 전해져온다.

『신화집』에 의하면 텔레마코스는 오디세우스가 마지막 표류지인 스케리아 섬에서 만난 나우시카 공주와 결혼했다고 한다. 그런데 그녀가 아버지 오디세우스가 키르케와의 사이에 낳은 아들 텔레고노스에 의해 우연한 사고로 죽게 되자, 텔레마코스는 이타케로 돌아오고 후에 키르케와 결혼하여 아들 라키누스를 낳았다고 한다.

그러나 다른 이야기에 의하면 텔레마코스는 네스토르를 방문했을 때 자신을 위해 목욕 준비를 해준 네스토르의 딸 폴리카스테와 결혼했다고 한다.

또 다른 텔레마코스

테바이의 크레온 왕의 딸 메가라가 헤라클레스와 결혼하여 낳은 아들 중 하나의 이름이 텔레마코스이다.

텔키네스 Telchines

요약

그리스 신화에 등장하는 요괴 혹은 마법사이다.

태고 때부터 로도스 섬에 살았으며, 발에 물갈퀴가 달려 있어 물과
땅에서 모두 살 수 있었다. 제련 기술이 뛰어나 포세이돈의 삼지창과
크로노스의 낫을 만들었다.

기본정보

구분	괴물
외국어 표기	그리스어: Τελχῖνες
관련 지명	로도스 섬
가족관계	폰토스의 아들, 탈라사의 아들, 할리아의 남매, 가이아의 아들

인물관계

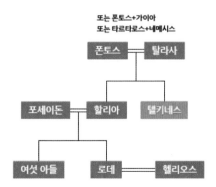

텔키네스는 바다의 신 폰토스와 탈라사 사이에서 난 아들들로 할리아와 남매 사이다. 다른 이야기에 의하면 텔키네스는 폰토스와 가이아, 혹은 타르타로스와 네메시스 사이에서 태어났다고도 한다.

신화이야기

개요

텔키네스 형제들은 바다의 신 폰토스와 대지의 신 가이아 사이에서 태어났다고도 하고, 타르타로스와 네메시스의 자식들이라고도 하고, 바다의 신 폰토스와 폰토스의 여성형이라 할 수 있는 바다의 여신 탈라사 사이에서 태어난 아들이라고도 한다. 텔키네스는 로도스 섬에 최초로 거주한 자들이며, 이들의 누이인 할리아는 포세이돈과 결합하여 로도스 섬의 시조가 되는 딸 로데(혹은 로도스)를 낳았다.

텔키네스는 하체가 물고기나 뱀의 형상이거나 발에 물갈퀴가 있거나 발 대신 지느러미가 달려서 물과 뭍에서 모두 살 수 있는 모습으로 묘사된다. 그들은 강력한 마법을 사용하여 비와 눈과 우박을 마음대로 내리게 할 수 있고 아무거나 원하는 모습으로 변신할 수도 있다. 또 그들의 시선에는 무시무시한 마력이 있어서 눈빛만으로 상대를 죽일 수 있었다.

포세이돈의 양육자

텔키네스는 신들의 조력자로서 카페이라와 함께 어린 포세이돈을 양육하였다. 이 이야기에 따르면 크로노스는 자기 자식들에 의해 신들의 왕위에서 쫓겨나게 되리라는 신탁을 피하기 위해 아내 레아가 자식을 낳는 족족 삼켜버렸다. 이에 레아는 포세이돈을 낳았을 때 아이 대신 망아지를 포대기에 싸서 크로노스에게 주고 아이는 로도스 섬으로 빼돌려서 오케아노스의 딸 카페이라와 텔키네스에게 양육을 부탁하였던 것이다.

금속 가공의 달인 텔키네스

텔키네스 형제들은 철과 놋쇠를 제련하고 가공하는 장인이었다고도 한다. 그들은 처음으로 신들의 형상을 주조하였고, 포세이돈의 삼지창과 크로노스의 낫도 그들의 작품이다.(포세이돈의 삼지창은 외눈박이 거인족 키클로페스가 만들어준 것이라고 알려져 있지만, 텔키네스는 종종 키클로페스와 혼동되기도 한다) 크로노스는 이 낫으로 아버지 우라노스의 성기를 자르고 신들의 왕위에 올랐다. 아홉 명 정도로 알려진 텔키네스 형제 중에 크리손('금세공사'라는 뜻), 알기론('은세공사'라는 뜻), 카르콘('구리세공사'라는 뜻)이라는 이름이 있는 것도 이들이 뛰어난 금속공예 사였음을 알려준다.

텔키네스의 죽음

텔키네스 형제들은 인간에 대해 악의를 품은 요괴로도 알려져 있다. 그들의 대표적인 악행으로는 스틱스 강물에 유황을 섞어서 로도스 섬에 뿌려 곡식이 자라지 못하게 한 것이다. 그들은 이 일로 신들에게 크나큰 노여움을 샀다. 그들은 제우스가 일으킨 대홍수에 의해 물 속에 수장되었다고도 하고 아폴론이 쏜 화살에 맞아 죽었다고도 한다. 또 다른 설에 의하면 그들은 대홍수를 미리 예감하고 로도스 섬을 떠나 뿔뿔이 흩어졌다고도 한다. 그들 가운데 리코스는 리키아로 가서 크산토스 강변에 아폴론의 신전을 세웠고, 담나메네오스와 스켈미스는 디오니소스 일행에 합류하였다. 그들이 헬리오스의 자손인 이알리소스, 카메이로스, 린도스에 의해 로도스 섬에서 추방되었다는 이야기도 있다.

톡세우스 Toxeus

요약

그리스 신화에 나오는 플레우론의 왕 테스티오스의 아들이다.

칼리돈의 멧돼지 사냥에 참가했다가 멧돼지 가죽의 소유를 놓고 벌어진 다툼에서 형제인 플렉시포스와 함께 조카 멜레아그로스의 칼에 죽임을 당했다.

기본정보

구분	왕자
상징	친족 살해
외국어 표기	그리스어: Τοξεύς
별칭	테스티아다이(테스티오스의 아들들)
관련 신화	칼리돈의 멧돼지 사냥, 멜레아그로스

인물관계

톡세우스는 아이톨리아 지방 플레우론의 왕 테스티오스와 클레오보이아의 딸 에우리테미스(혹은 데이다메이아, 혹은 레우키페) 사이에서 태어난 아들로 플렉시포스와 형제이고 레다, 알타이아, 히페름네스트라 등과 남매이다. 알타이아는 칼리돈의 왕 오이네우스와 결혼하여 멜레아그로스를 낳았고, 레다는 틴다레오스(혹은 제우스)와 사이에서 미녀 헬레네를 낳았다. 톡세우스와 플렉시포스는 알타이아의 아들인 조카 멜레아그로스에게 죽임을 당했다.

```
                    테스티오스 ─── 에우리테미스
                              또는 데이다메이아, 또는 레우키페
        ┌────────┬────────┬────────┬────────┬────────────┬────────┐
      톡세우스   알타이아   오이네우스   플렉시포스   히페름네스트라   레다 ─── 틴다레오스
                                                                    또는 제우스
                  │                              ┌──────┬──────┬──────────────┬──────┐
              멜레아그로스                      폴리데우케스  카스토르  클리타임네스트라  헬레네
```

신화이야기

칼리돈의 멧돼지 사냥

　톡세우스의 누이인 알타이아의 남편 칼리돈의 왕 오이네우스는 어
느 해 추수를 끝마친 다음 모든 신들에게 제물을 바치면서 그만 아르
테미스 여신을 깜빡 잊고 말았다. 분노한 여신이 칼리돈에 엄청나게
큰 괴물 멧돼지를 보내 들판을 엉망으로 망가뜨리게 하였다. 그러자
오이네우스와 알타이아의 장성한 아들 멜레아그로스가 멧돼지를 없
애기 위해 그리스 전역에서 수많은 영웅들을 불러 모았다. 사냥에는
멜레아그로스의 외숙부인 톡세우스와 플렉시포스도 참가하였다. 참가
자들은 오이네우스 왕의 궁에
서 9일 동안 성대한 향연을 벌
인 뒤 사냥을 시작하였다.

톡세우스와 플렉시포스의 죽음

　수많은 사상자들이 발생한
이 사냥에서 처음으로 멧돼지
에 화살을 명중시킨 것은 처녀
사냥꾼 아탈란테였다.('아탈란테'
참조) 그러자 옆에 있던 멜레아

칼리돈의 멧돼지 사냥
라코니아 흑색상 도기, 기원전 555년
루브르 박물관

그로스가 재빨리 부상당한 멧돼지의 허리에 칼을 꽂아 넣어 숨통을 끊어버렸다. 멜레아그로스는 멧돼지를 죽인 자에게 돌아가기로 된 멧돼지 가죽을 아탈란테에게 주었다. 그는 사냥이 시작되기 전부터 이미 아탈란테에게 마음을 빼앗기고 있었던 것이다.

하지만 멜레아그로스의 이런 행동은 그렇지 않아도 여자가 사냥에 동참한 것을 못마땅해 하던 톡세우스와 플렉시푸스를 화나게 만들었다. 그들은 멜레아그로스가 가죽을 원치 않는다면 가장 가까운 친척이 자신들이 그것을 차지하는 게 마땅하다며 아탈란테에게서 가죽을 빼앗았다. 그러자 자신이 모욕당했다고 여겨 화가 머리끝까지 난 멜레아그로스는 외숙부들을 창으로 찔러 죽이고 말았다.

멜레아그로스와 아탈란테
파울 루벤스(Peter Paul Rubens), 1640년 이전, 로스차일드 가문 소장, 페리에르 성

아들 멜레아그로스를 죽인 알타이아

동생들의 죽음을 전해들은 멜레아그로스의 어머니 알타이아는 아들에게 무서운 저주를 퍼부으며 그의 운명이 연결된 장작을 불 속에 던져버렸다. 그것은 멜레아그로스가 태어난 지 7일째 되던 날 운명의 여신 모이라이 자매의 예언을 듣고 알타이아가 항아리에 담아 소중히 보관하고 있던 장작이었다. 당시 모이라이는 알타이아에게 아이의 운명이 아궁이에 타고 있는 장작에 연결되어 있으니 장작이 모두 타버리면 아이도 죽게 될 거라고 했다. 그런데 동생들을 살해한 아들의 만행에 분노한 알타이아가 이 운명의 장작을 다시 꺼내 태워버린 것이

다. 장작이 아궁이 속에서 타들어가자 멜레아그로스는 아무런 이유도 없이 온몸에 불이 붙어 결국 타 죽고 말았다. 얼마 후 제정신이 든 알타이아는 자신이 무슨 짓을 저질렀는지 깨닫고는 스스로 목을 매고 죽었다.

또 다른 톡세우스

오이네우스와 알타이아 사이에서 태어난 아들 중에도 톡세우스가 있다. 그러니까 오이네우스의 아들 톡세우스는 위에서 언급된 테스티오스의 아들 톡세우스의 조카가 된다. 그는 아버지 오이네우스 왕이 칼리돈 시를 방어하기 위해 파놓은 도랑을 함부로 건너뛰었다가 아버지에게 살해당했다. 이 신화는 로마 건국 신화에서 레무스가 로물루스의 도랑을 뛰어넘었다가 살해당한 이야기와 비교된다.('레무스' 참조)

그밖에도 오이칼리아 왕 에우리토스의 여러 아들 중 한 명도 톡세우스이다. 에우리토스 왕은 활쏘기 대회를 열어 우승자에게 딸 이올레를 주기로 약속하였지만 헤라클레스가 우승하자 그의 광기를 트집 잡아 약속을 지키지 않았다.(헤라클레스는 헤라의 저주로 실성하여 자기 아내와 자식들을 모두 죽인 전력이 있다. '에우리토스' 참조) 이에 화가 난 헤라클레스는 오이칼리아로 쳐들어가 에우리토스 왕과 그 아들들을 모두 죽여 버렸는데, 톡세우스도 이때 헤라클레스에게 죽임을 당했다.

트라시메데스 Thrasymedes

요약

그리스 신화에 등장하는 트로이 전쟁의 용사이다.

필로스 왕 네스토르의 아들로 형 안틸로코스와 함께 아버지를 모시고 트로이 전쟁에 참여하여 혁혁한 공을 세웠다. 그는 네스토르와 함께 무사히 전쟁을 마치고 귀향하였다.

기본정보

구분	왕자
외국어 표기	그리스어: Θρασυμήδης
관련 신화	트로이 전쟁

인물관계

트라시메데스는 필로스의 왕 네스토르와 에우리디케(혹은 아낙시비아) 사이에서 태어난 아들이다. 같은 부모 밑에서 태어난 형제와 누이들로는 페이시디케, 폴리카스테, 아레토스, 스트라티코스, 페이시스트라토스, 에케프론, 안틸로코스, 페르세우스 등이 있다.

트라시메데스에게서는 아들 실로스와 손자 알크마이온이 태어났다.

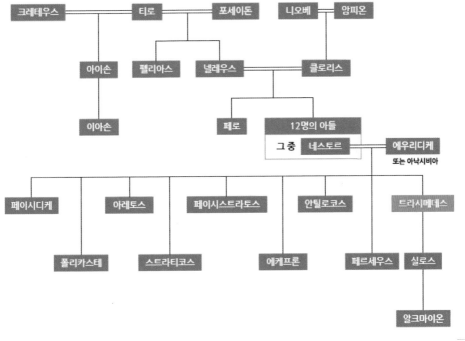

신화이야기

트로이 전쟁의 용사

트라시메데스는 형 안틸로코스와 함께 늙은 아버지 네스토르를 도와 트로이 전쟁에 참가했다.

『일리아스』에서 그는 여러 일화에 등장한다. 그는 전세가 트로이 쪽으로 기울 때 디오메데스와 함께 그리스군 진영에 방벽을 쌓고 적들을 막아낸 일곱 명의 젊은 장수 중 하나로 언급되었고, 디오메데스와 오디세우스가 트로이군의 진영으로 정탐을 나갈 때 자신의 방패와 칼을 그들에게 내주기도 하였다. 전투에서 그는 형 안틸로코스를 공격하는 트로이의 장수 마리스를 죽였고, 안틸로코스가 죽은 뒤에는 그의 시신을 놓고 벌어진 싸움에서 멤논과 대결하였다.

히기누스에 따르면 그는 목마에 숨어 트로이 성으로 잠입한 40명의 용사 중 한 명이기도 하다.

귀향

트라시메데스는 형 안틸로코스와 달리 전쟁이 끝난 뒤 아버지 네스토르와 함께 무사히 귀향하였다. 『오디세이아』에서 그는 오디세우스의 아들 텔레마코스가 아버지의 안부를 묻기 위해 네스토르를 찾아갔을 때 그를 맞이하는 인물이기도 하다.

트라시메데스에게는 실로스라는 이름의 아들과 알크마이온이라는 이름의 손자가 있었다고 한다. 그의 손자 알크마이온은 암피아라오스의 아들 알크마이온과는 다른 인물로 아테네의 귀족 가문인 알크마이오니데스의 시조이다. 파우사니아스에 따르면 필로스에는 그의 시대까지 트라시메데스의 무덤이 있었다고 한다.

트로스 Tros

요약

다르다노스의 손자이자 에리크토니오스의 아들로, 트로이 왕가의
조상이자 지명 트로이아의 이름을 준 인물이다.

일로스, 아사라코스, 가니메데스의 아버지이기도 하다.

기본정보

구분	트로이의 왕
외국어 표기	그리스어: Τρώς
관련 지명	트로이아
관련 신화	가니메데스, 일로스, 트로이
가족관계	에리크토니오스의 아들, 일로스의 아버지, 가니메데스의 아버지, 클레오파트라의 아버지

인물관계

다르다니아 왕 에리크토니오스와 아스티오케 사이에서 태어난 아들
이다. 강의 신 스카만드로스의 딸 칼리로에와 결혼하여 아들 일로스
와 아사라코스, 가니메데스, 딸 클레오파트라를 낳았다.

```
                        제우스
                          |
                       다르다노스
                          |
            ┌─────────────┴─────────────┐
          일로스                   에리크토니오스
                                        |
                                       트로스
                                        |
        ┌───────────────────────────────┼───────────────────────────┐
      일로스                         가니메데스                    아사라코스
        |                                                             |
     라오메돈                                                        카피스
        |                                                             |
  ┌─────┼──────────┬──────────┐                              ┌────────┴────────┐
티토노스  헤시오네  프리아모스 ═ 헤카베                      안키세스 ═════ 아프로디테
                        |                                         |
 ┌──────┬──────┬──────┬──────┬──────┬──────┐                     |
핵토르 데이포보스 폴리도로스 파리스 카산드라 트로일로스 폴릭세네   아이네이아스
```

신화이야기

　트로스의 아버지는 다르다니아 왕 에리크토니오스이고 어머니는 강의 신 시모에이스의 딸인 아스티오케이다. 『비블리오테케』에 의하면, 트로스는 아버지로부터 왕위를 물려받고 나라의 이름을 자신의 이름을 따 트로이아라고 정했다. 이렇게 해서 트로스는 트로이아에 이름을 준 조상이 된다. 그는 강의 신 스카만드로스의 딸 칼리로에와 결혼하여 일로스와 아사라코스, 가니메데스 삼형제를 낳았다. 호메로스에 따르면 삼형제 중 가니메데스는 "필멸의 인간들 중 가장 아름다운 남

자"라고 했다. 가니메데스는 소년 시절에 트로이의 이데 산에서 아버지의 양떼를 돌보다가 그 아름다운 미모에 반한 제우스에 의해 올림포스로 유괴되었다. 제우스는 이때 독수리로 변신해서 가니메데스를 납치했다.(혹은 독수리를 보내서 납치해 오게 했다고도 한다) 올림포스로 올라가 신의 반열에 오른 가니메데스는 그때까지 젊음의 여신 헤베가 해왔던 신들의 연회에서 술 따르는 일을 맡게 되었다.('가니메데스' 참조)

이에 대해 『일리아스』는 다음과 같이 전하고 있다.

> "에리크토니오스는 트로스를 낳았는데, 그는 트로이아 사람들의 왕이 되었고, 트로스에게는 조금도 부족함이 없는 3명의 아들, 일로스와 아사라코스 그리고 가니메데스가 태어난다. 이 중 가니메데스는 죽은 운명의 인간들 중에서 가장 아름다운 남자였소. 그러나 그 아름다움 때문에 신들께서 그분을 납치하여 제우스께 술을 따르는 시종이 되게 하시어 그분은 지금 죽지 않는 신들과 함께 살고 있소."

『비블리오테케』에 의하면, 딸 클레오파트라도 트로스와 칼리로에의 자식이라고 한다.

트로스의 자식들 중 일로스는 고향을 떠나 도시를 건설하여 자신의 이름을 따서 일리온('일로스의 도시'라는 의미)이라 정한다. 그래서 훗날 트로이아는 일리온으로 불리기도 한다.

아사라코스는 다르다니아의 왕위를 물려받는데, 그의 아들이 카피스이다. 그리고 카피스의 아들이 아프로디테의 연인이 된 안키세스인데, 안키세스와 아프로디테 사이에 태어난 아들이 바로 로마 건국의 기틀을 세운 아이네이아스이다.

트로포니오스 Trophonius, Trophonios

요약

그리스 신화에 나오는 오르코메노스의 왕 에르기노스의 아들이다. 동생 아가메데스와 함께 뛰어난 건축가로 유명하다. 두 형제는 자신들이 지은 보이오티아의 왕 히리에우스의 보물창고에서 도둑질을 하다 왕이 쳐놓은 덫에 걸려, 아가메데스는 비참한 죽음을 당하고 트로포니오스는 레바데이아로 도망쳐 땅 속으로 난 굴로 영원히 사라져 버렸다. 훗날 그곳에는 트로포니오스의 신탁소가 생겨났다.

기본정보

구분	왕자
외국어 표기	그리스어: Τροφώνιος
어원	키우다
관련 신화	트로포니오스의 신탁소

인물관계

트로포니오스와 아가메데스 형제는 오르코메노스의 왕 에르기노스가 노년에 젊은 여인에게서 얻은 아들 형제라고 한다. 하지만 트로포니오스는 아폴론의 아들이라는 설도 있다.

신화이야기

건축의 명인

트로포니오스와 아가메데스 형제는 두 사람 다 뛰어난 건축가로, 테바이에 있는 암피트리온과 알크메네의 신혼집과 아르카디아의 포세이돈 신전, 델포이의 아폴론 신전 등을 함께 지은 것으로 유명하다.

두 형제는 또 보이오티아의 왕 히리에우스의 보물창고도 지었는데, 이때 건물 벽에 붙였다 뗐다 할 수 있는 석판을 장치하여 남들이 입구를 알 수 없게 하였다. 그런 뒤 두 사람은 그들만 아는 비밀통로를 이용해서 왕의 보물창고를 도둑질하기 시작했다. 하지만 히리에우스 왕은 누가 어떻게 도둑질을 하는지 도무지 알 수가 없었다. 그래서 보물창고 안에 은밀한 덫을 놓았는데 아가메데스가 그만 그것에 걸리고 말았다. 트로포니오스는 도저히 아가메데스를 구출할 방법이 없자 동생의 목을 잘랐다. 이로써 아가메데

트로포니오스
『신탁의 역사(Historia Deorum Fatidicorum)』에 실린 삽화, 1675년

스는 붙잡혀서 당하게 될 혹독한 고문을 피하였고 자신의 신원도 노출되지 않았다. 그 뒤 트로포니오스는 레바데이아로 도망쳐서 그곳의 대지에 뚫린 구멍 속으로 영원히 사라졌다고 한다.

트로포니오스의 신탁소

나중에 보이오티아에 가뭄으로 심한 기근이 들었을 때 주민들이 델포이의 신탁소에 문의하자 트로포니오스의 신탁소에 가서 물으라는

답이 내려졌다. 이에 보이오티아 주민들이 백방으로 찾아보았지만 그곳이 어딘지 알 수가 없었다. 그러던 어느 날 양치기 소년이 꿀을 얻으려고 꿀벌을 따라 땅 속으로 난 굴로 들어갔다가 트로포니오스를 만났다. 트로포니오스는 소년에게 제물을 바치는 방법 등에 대한 신탁을 내려주었고, 이로써 보이오티아의 가뭄과 기근이 해소되었다. 그 뒤로 이곳은 트로포니오스의 신탁소라고 불리었다.

파우사니아스의 기록에 따르면 트로포니오스의 신탁소를 방문한 사람은 며칠 머무는 동안 정화의식을 행하고 계율을 바쳐야 했다고 한다. 그 뒤 13살짜리 소년 두 명의 인도를 받으며 헤르키나 강으로 가서 목욕을 하고 몸에 기름을 바르고 깨끗한 옷으로 갈아입은 다음, 레테(망각)와 므네모시네(기억)라는 이름의 두 샘물에서 떠온 물을 마셨다. 이런 일련의 과정을 다 거치고 나면 비로소 신탁소로 들어갈 수 있었는데 신탁소로 가려면 사다리를 타고 땅 속으로 내려가야 했다. 신탁소로 내려간 사람은 캄캄한 어둠 속에서 무언가에 의해 머리를 강하게 얻어맞고 의식이 혼미한 가운데 앞날에 관한 신탁을 들었다. 그런 다음 그는 다시 지상으로 올라와 '기억의 의자'에 앉아 신탁의 내용을 떠올려야 했다고 한다.

신이 인간에게 내린 최고의 선물

트로포니오스의 죽음에 관해서 또 다른 이야기도 전해진다. 그에 따르면 트로포니오스와 아가메데스는 델포이에 아폴론의 신전을 세운 뒤 아폴론에게 보수를 요구했다고 한다. 그러자 아폴론이 6일 동안 유쾌하게 지낸 다음 7일째 보수를 내리겠다고 답하였다. 이에 두 형제는 6일 동안 즐겁게 지낸 뒤 잠이 들었는데 더 이상 깨어나지 못하고 영면하였다. 이것이 아폴론이 말한 7일째의 보수였는데, 이는 죽음이야말로 신이 인간에게 줄 수 있는 최고의 선물이라는 뜻을 담고 있다고 한다.

트리톤 **Triton**

요약

그리스 신화에 등장하는 바다의 신이다.

포세이돈의 아들로 알려져 있으며 주로 그의 전령 노릇을 하였다.

상반신은 인간이고 하반신
은 물고기인 전형적인 인
어의 모습으로 묘사된다.
종종 한 명의 신이 아니라
무리로서 기술되기도 하
며, 이때는 복수형을 써서
'트리토네'라고 불렸다.

트리톤과 네레이스
마이어스 백과사전

기본정보

구분	바다의 신
상징	바다, 인어
외국어 표기	그리스어: Τρίτων
관련 신화	아르고호 원정
관련 상징	소라고둥 나팔, 삼지창
별자리	해왕성의 위성
가족관계	포세이돈의 아들, 암피트리테의 아들

인물관계

트리톤은 포세이돈과 네레이데스(바다의 신 네레우스의 딸)인 암피트리테 사이에서 태어난 아들이며 바다의 님페 로데와는 남매 사이다.

트리톤에게는 아테나 여신의 놀이 동무였다가 실수로 그녀에 의해 목숨을 잃은 팔라스라는 딸이 있다.

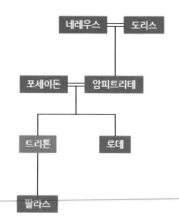

신화이야기

개요

트리톤은 상반신은 인간이고 하반신은 물고기인 전형적인 인어의 모습이거나, 상체는 인간이고 하체는 앞에는 말의 두 앞발이 달려 있고 뒤에는 돌고래의 꼬리가 달려 있는 모습으로 묘사된다. 그래서 트리톤은 종종 바다의 켄타우로스로 불리기도 한다.

트리톤은 소용돌이 모양의 소라고둥 나팔을 불어 아버지 포세이돈의 등장을 알리거나 거친 바다를 잠재웠다. 트리톤의 소라고둥 나팔은 올림포스의 신들이 거인족 기간테스들과 싸울 때 (기간토마키아) 기간테스들을 놀라게 만들어 제압하는 도구로도 쓰였다. 트리톤은 종종 아버지 포세이돈과 마찬가지로 삼지창을 든 모습으로 등장하기도 한다.

트리톤은 바다 속 깊숙한 곳에 있는 황금 궁전에서 부모와 함께 지낸다고도 하

트리톤과 네레이스
파울 루벤스(Peter Paul Rubens), 1636년
보이만스 반 뵈닝겐 미술관

고, 리비아(현재의 튀니지)의 트리토니스 호수에 살고 있다고도 한다.

그리스 신화에서 트리톤은 자주 언급되는 인물이 아니지만 후대의 예술가들에게는 많은 영감을 주어 다양한 예술 작품에 단골로 등장하고 있다.

아르고호 원정대와 트리톤

아르고호 원정대가 황금 양털을 가지고 펠롭스 왕의 나라로 돌아갈 때 북아프리카 해안에서 거대한 파도에 떠밀려 리비아의 트리토니스 호수에 갇힌 적이 있었다. 원정대가 아무리 이리저리 둘러봐도 호수를 벗어나 다시 바다로 나가는 길을 찾을 수가 없었다. 원정대는 오르페우스의 제안으로 델포이에서 가져온 황금 제단을 그곳의 토착신들에게 바치고 무사귀환을 빌었다. 그러자 트리톤이 에우리필로스라는 이름을 지닌 아름다운 청년의 모습을 하고서 나타나 선물의 답례로 흙한 줌을 건네고는 호수의 늪지를 지나 바다로 나가는 길을 가르쳐주

로마의 트리톤 분수
©Lalupa@WikimediaLalupa(CC BY-SA)

트리톤 촛대
웨지우드(Wedgwood), 1780년경
브루클린 미술관
©Kaldari@Wikimedia(CC BY-SA)

었다. 트리톤이 선물한 흙은 에우페모스가 건네받았다. 에우페모스는 나중에 신기한 꿈을 꾼 뒤 그것을 바다에 던졌고, 그러자 그 흙에서 칼리스테 섬이 생겨났다. 칼리스테 섬은 에우페모스 자손들의 거주지가 되었다.

파도의 유희
아르놀트 뵈클린(Arnold Boecklin), 1883년, 노이에 피나코테크

보이오티아의 트리톤

보이오티아의 타나그라 사람들에게 트리톤은 위험한 존재로 등장한다. 디오니소스 축제 동안 그 지방 여자들은 제물을 바치기 전에 바다에서 목욕을 했는데, 이때 트리톤이 여자들을 습격하곤 했기 때문이다. 도움을 청하는 타나그라 여인들의 소리를 듣고 디오니소스가 나타나면 트리톤은 급히 달아나곤 했다. 트리톤은 또 뭍에 올라와 가축을 약탈하기도 했다. 이에 사람들은 꾀를 내어 물가에 포도주 단지를 놓아두었다. 그러자 트리톤이 냄새를 맡고 다가와 단지 안의 술을 마시고는 취해서 그대로 잠들어버렸다. 사람들은 술에 취해 잠든 트리톤을 도끼로 찍어 죽였다. 이 사건은 해신 트리톤에 대해 주신 디오니

소스가 승리를 거둔 것으로 해석되었다.

　트리톤은 1846년에 해왕성과 함께 발견된 위성으로 13개의 해왕성 위성 중 가장 크며, 태양계의 전체 위성 중에서도 일곱 번째로 크다. 가장 큰 위성은 목성에 딸린 가니메데스이고 달은 다섯 번째로 큰 위성이다.

트리프톨레모스 Triptolemus

요약

그리스 신화에 나오는 농업과 문화의 전파자로, 엘레우시스 비교의
중심인물이다.

대지와 곡물의 여신 데메테르로부터 곡물의 씨앗과 경작술을 전수
받아 인간들에게 퍼뜨려 후에 농업의 신으로 추앙받았다.

기본정보

구분	신의 반열에 오른 인간
상징	농경, 곡물, 문화
외국어 표기	그리스어: Τριπτόλεμος
어원	삼중(三中) 전사, 세 번 싸우는 자, 세 번 쟁기질하는 자
관련 신화	페르세포네의 납치, 밀의 전파
가족관계	켈레오스의 아들, 메타네이라의 아들, 데모폰의 형제

인물관계

트리프톨레모스는 엘레우시스 왕의 아들
켈레오스와 메타네이라 사이에서 난 아들
로 데모폰과 형제다. 다른 이야기에 따르
면 엘레우시스 왕과 코토네이아의 아들이
라고도 한다. 엘레우시스 왕의 이름으로부
터 도시 엘레우시스의 명칭이 유래했다.

신화이야기

데메테르의 선물

트리프톨레모스는 노왕 켈레오스의 병약한 어린 아들이다. 왕궁에서는 아이가 병이 너무 심해서 오래 살지 못할 것이라 여기고 모두들 슬픔에 잠겨 있었다. 어느 날 트리프톨레모스는 길가에 웬 노파가 힘 없이 앉아서 쉬고 있는 모습을 보았는데, 그 노파가 사실은 하데스에게 유괴된 딸 페르세포네를 찾아 정처없이 돌아다니고 있던 데메테르 여신이었다. 아이는 지치고 피곤한 노파를 궁으로 데려가 잘 대접하였고, 데메테르 여신은 그 답례로 병약한 아이의 이마에 키스를 해주었다. 그러자 아이의 몸에 다시 생기가 돌고 눈에 띄게 건강해졌다. 밤이 되자 여신은 아이를 품에 안고 주문을 세 번 외운 다음 아궁이의 불 속에 넣었다. 이것은 아이의 몸 안에 있는 사멸의 요소를 태워 없애서 아이를 불사신으로 만드는 의식이었다. 하지만 그때 잠에서 깬 어머니 메타네이라가 이 광경을 보

트리프톨레모스
아티카 적색상 도기, 기원전 480년, 루브르 박물관

고는 미친 노파가 아이를 죽이려는 줄 알고 놀라 비명을 지르며 아이를 불 속에서 꺼냈다. 그러자 여신은 탄식하며 말했다. "어미의 두려움이 선물을 막았으니 아이는 죽음을 벗어나지 못하는구나. 하지만 그 전에 아이는 밭을 갈고 씨를 뿌리고 수확을 하리라."

그리하여 트리프톨레모스는 데메테르 여신으로부터 불사의 몸을 받는 대신 곡물의 씨앗을 받고 경작술을 배워 널리 인간들에게 농사 짓는 법을 가르쳐주게 된다. 그는 데메테르 여신이 내어 준 용이 끄는

전차를 타고 온 세상을 돌아다니며 땅에 곡물의 씨앗을 뿌렸다. 다시 엘레우시스로 돌아온 트리프톨레모스는 켈레오스의 뒤를 이어 왕위에 올라 데메테르 여신을 기념하는 테스모포리아 제전을 열었다.

용의 전차에서 추락한 안테이아스

트리프톨레모스는 용이 끄는 전차를 타고 세상을 돌아다니며 씨를 뿌리다가 잠시 파트라이의 에우멜로스 왕의 궁전에 묵은 적이 있었다. 그런데 그가 잠든 사이에 에우멜로스 왕의 아들 안테이아스가 몰래 전차를 타고 나가 자신이 직접 씨앗을 뿌리려고 했다. 하지만 안테이아스는 용의 전차를 몰 능력이 없었고, 태양신의 전차를 몰다 추락한 파에톤처럼 전차에서 떨어져 죽고 말았다. 이에 트리프톨레모스와 에우멜로스는 그를 기리기 위해 안테이아 시를 건설했다.

트리프톨레모스의 과업을 방해하는 사람들

데메테르의 명을 받아 인류에게 곡물의 씨앗과 경작술을 전파하는 일은 곳곳에서 질시와 저항에 부딪혔다. 트라키아 게타이의 왕 카르나본은 트리프톨레모스를 죽이려다 전차를 끄는 용 한 마리를 죽이고 말았다. 데메테르 여신은 다시 용 한 마리를 내주고는 카르나본 왕의 죄를 영원히 상기시키기 위해 그와 그가 죽인 용을 별자리(뱀주인자리)로 만들어 하늘에 배치했다.

또 스키티아의 왕 린코스는 트리프톨레모스가 자기 나라로 왔을 때 인류에게 곡물을 가져다준 공로를 가로채기 위해 그를 죽이려 했다. 린코스는 트리프톨레모스가 잠든 사이에 단도로 그를 찌르려다 데메테르 여신에 의해 스라소니로 변했다.

트리프톨레모스는 죽은 뒤 미노스, 라다만티스와 함께 죽은 자들을 심판하는 심판관이 되었다고 한다.

신화해설

트리프톨레모스 숭배

　트리프톨레모스와 관련된 가장 오래된 문헌인 『호메로스의 찬가』에서 트리프톨레모스는 최초로 엘레우시스 비교(秘敎)의 의식을 집전한 신관이자 통치자로 기술되고 있다. 이후 그는 대지와 풍요의 여신인 데메테르와 페르세포네의 신화에 흡수되어 데메테르 여신으로부터 농업을 전수받아 인류에게 전해 준 신적 존재로 숭배되었다.

　트리프톨레모스 숭배는 특히 아테네와 엘레우시스 지방에서 성행했다. 전승에 따르면 아테네에는 데메테르와 페르세포네를 모신 신전과 트리프톨레모스를 모신 신전이 각각 세워져 있었고, 엘레우시스에는 트리프톨레모스 신전 외에도 그가 처음으로 데메테르의 신성한 씨앗을 뿌렸던 라리온 평원에 트리프톨레모스의 제단과 탈곡 창고가 있었다고 한다.

　트리프톨레모스의 모습은 대개 날개 달린 전차나 용이 끄는 전차에 올라탄 소년의 모습으로 데메테르나 페르세포네와 함께 그려졌다. 그에 관한 유명한 작품은 아테네의 거장 페이디아스의 공방에서 제작된 것으로 보이는 엘레우시스의 부조인데, 여기서 트리프톨레모스는 벌거벗은 소년의 모습으로 데메테르와 페르세포네 사이에 서 있다.

데메테르와 페르세포네 사이의 트리프톨레모스
엘레시우스 부조, 기원전 5세기
아테네 국립고고학박물관

트몰로스 Tmolus, Tmolos

요약

그리스 신화에 나오는 리디아의 왕이다.

아르테미스 여신의 시녀를 겁탈했다가 벌을 받아 같은 이름의 산에서 황소의 뿔에 받혀 죽었다. 그 뒤 트몰로스 산의 산신이 되어 판과 아폴론의 음악경연 때 심판관 노릇을 하였다.

터키 트몰로스 산(지금의 보즈다 산)

기본정보

구분	리디아의 왕
외국어 표기	그리스어: Τμῶλος
관련 지명	트몰로스 산(지금의 보즈다 산)
관련 신화	판과 아폴론의 음악경연, 미다스 왕
가족관계	아레스의 아들, 옴팔레의 남편, 탄탈로스의 아버지

인물관계

트몰로스는 아레스와 테오고네, 혹은 시필로스와 크토니아의 아들이고 아내는 이아르다노스의 딸 옴팔레(혹은 님페 플루토)이다. 그녀와 사이에서 탄탈로스를 낳았다.

하지만 다른 전승에 따르면 탄탈로스는 제우스와 플루토 사이의 아들이며 당시 트몰로스는 플루토의 남편이었을 뿐이라고도 한다. 탄탈로스는 유명한 아가멤논 왕가의 시조이다.

또는 시필로스+크토니아
아레스 ─ 테오고네
트몰로스 ─ 옴팔레
또는 플루토
탄탈로스 ─ 디오네
펠롭스
아트레우스   티에스테스
아가멤논   아이기스토스

신화이야기

개요

리디아의 왕 트몰로스는 처녀신 아르테미스를 모시는 시종인 아리페를 겁탈하였다가 여신의 노여움을 사 산에서 성난 황소의 뿔에 받혀 목숨을 잃었다. 그 뒤 그가 황소의 뿔에 받힌 산은 그의 이름을 따서 트몰로스 산(지금의 보즈다 산)으로 불리었고, 그는 그 산의 산신이 되었다.

트몰로스 왕이 죽은 뒤 아내 옴팔레가 리디아의 왕좌에 앉았다. 옴팔레 여왕 이후 리디아는 헤라클레스의 후손이 다스리는 나라가 되었는데, 이는 헤라클레스가 살인죄를 짓고 옴팔레 여왕의 노예가 되었을 때 그녀와 헤라클레스 사이에서 태어난 자식들이 리디아의 왕위를 이었기 때문이다.('옴팔레' 참조)

당나귀 귀가 된 미다스왕

오비디우스의 『변신이야기』에 따르면 프리기아의 미다스 왕 치세 때 목신 판과 음악의 신 아폴론 사이에 음악경연이 벌어졌다고 한다. 자신의 시링크스(Syrinx, 팬파이프라고도 한다) 연주 솜씨에 스스로 도취한 판이 아폴론에게 도전장을 냈던 것이다. 판과 아폴론은 여러 관객이 모인 트몰로스 산에서 음악 경연을 펼쳤고 심판은 산신이 된 트몰로스가 맡았다.

판의 피리소리는 더없이 자연스럽고 고혹적이었지만 아폴론의 우아하고 섬세한 리라 연주에 견주기는 힘들었다. 둘의 연주가 끝나자 트몰로스는 지체 없이 아폴론의 승리를 선언했다. 다른 관객들도 모두 산신의 판결에 동의하는 분위기였다. 하지만 한 사람이 이의를 제기했다. 손에 닿는 모든 것이 황금으로 비끼는 고초를 겪었던 미다스 왕이었다. 자기가 듣기에는 판의 피리소리가 훨씬 더 훌륭했다는 것이다. 순간 아폴론의 눈가에 노기가 서리더니 "네 귀가 좀 더 똑똑히 잘 듣게 해주겠다"며 미다스 왕의 귀를 잡아당겼다. 왕의 귀는 순식간에 늘어나 커다란 당나귀 귀가 되고 말았다.

아폴론에게 승리의 월계관을 씌워주는 산신 트몰로스
야콥 요르단스(Jacob Jordaens), 1637년, 프라도 미술관

틀레폴레모스 Tlepolemus

요약

그리스 신화에 나오는 헤라클레스의 아들로 로도스의 왕이다.

헤라클레이다이(헤라클레스의 자손들)의 1차 펠로폰네소스 원정 때 아르고스에 정착하였지만 살인죄를 저지르고 추방되어 로도스 섬으로 가서 왕국을 건설하였다. 트로이 전쟁이 터지자 구혼자의 서약에 묶여 참전하였다가 사르페돈의 창에 찔려 죽었다.

틀레폴레모스의 아내 폴릭소는 남편의 죽음을 헬레네의 탓으로 여겨 그녀에게 복수하였다.

기본정보

구분	로도스의 왕
외국어 표기	그리스어: Τληπόλεμος
관련 신화	헤라클레이다이의 펠로폰네소스 원정, 트로이 전쟁, 헬레네

인물관계

틀레폴레모스는 영웅 헤라클레스가 테스프로티아 지방의 에피라 시를 다스리는 필라스 왕의 딸 아스티오케와 사이에서 낳은 아들이다. 하지만 호메로스는 틀레폴레모스의 어머니 아스티오케가 엘레이아 지방에 있는 에피라 출신이라고 하였다.

틀레폴레모스는 아르고스의 여인 폴릭소와 결혼하여 아들을 한 명 낳았다고 하지만 아들의 이름은 전해지지 않는다.

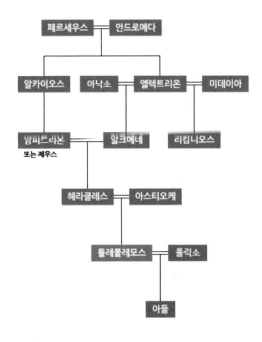

신화이야기

헤라클레이다이의 펠로폰네소스 원정

헤라클레스가 죽은 뒤 그의 자손들(헤라클레이다이)은 미케네 왕 에우리스테우스의 핍박을 피해 아테네로 쫓겨갔다. 하지만 그들은 아테네 왕 테세우스(혹은 그의 자손들)의 도움으로 에우리스테우스를 물리친 뒤 펠로폰네소스 반도에 대한 헤라클레스의 권리를 주장하며 원정에 나섰다. 헤라클레스는 본래 아버지 제우스의 뜻에 따라 펠로폰네소스 반도의 아르고스, 라코니아, 메세니아 등 광범위한 지역을 다스리게 될 예정이었지만 헤라 여신의 방해로 에우리스테우스 왕에게 이지역의 통치권을 빼앗겼기 때문이다.

그러나 첫 번째 펠레폰네소스 원정은 실패로 돌아갔다. 헤라클레이다이는 대부분 테살리아로 퇴각하였지만 틀레폴레모스는 헤라클레이다이 중 유일하게 아르고스인들로부터 정착을 허락받았다. 틀레폴레모스는 아르고스의 여인 폴릭소와 결혼도 하였다.

로도스 섬에 정착한 틀레폴레모스

아르고스에 정착한 틀레폴레모스의 일행 중에는 헤라클레스의 어머니인 알크메네의 배다른 동생 리킴니오스도 있었다. 그런데 어느 날 리킴니오스가 틀레폴레모스의 노예를 심하게 매질하는 일이 벌어졌다. 틀레폴레모스는 이를 말리려다 종조부인 리킴니오스와 말다툼을 하게 되었고 결국 그를 몽둥이로 때려죽이고 말았다.(일설에는 틀레폴레모스가 몽둥이로 노예 또는 황소를 치려다 헛맞아서 리킴니오스가 죽게 되었다고도 한다) 이 일로 틀레폴레모스는 아르고스에서 추방되어 아내 폴릭소와 함께 많은 부하들을 거느리고 로도스 섬으로 이주하였다. 틀레폴레모스는 로도스에 왕국을 세우고 린도스, 이아리소스, 카미로스 세 도시를 건설하였다.

틀레폴레모스의 죽음과 폴릭소의 복수

트로이 전쟁이 터지자 헬레네의 구혼자 중 한 명이었던 틀레폴레모스는 구혼자의 서약에 따라 로도스의 병사들을 이끌고 그리스군의 일원으로 참전하였다. 하지만 전쟁터에서 틀레폴레모스는 제우스의 아들인 트로이의 용장 사르페돈과 일대일 대결을 벌이다 목숨을 잃고 말았다. 남편에 뒤를 이어 로도스의 여왕이 된 폴릭소는 남편의 죽음을 파리스와 함께 트로이로 도망친 헬레네 탓이라고 여겨 복수를 다짐했다.

폴릭소는 전쟁이 끝나고 남편 메넬라오스와 함께 귀향하는 길에 로도스에 들른 헬레네를 죽이려 하였으나 이를 눈치 챈 메넬라오스가 시녀를 헬레네로 치장하여 대신 죽게 하는 바람에 헬레네는 목숨을 건졌다고 한다.

하지만 헬레네가 로도스에 간 것은 메넬라오스가 죽고 난 뒤였다는 설도 있다. 그에 따르면 헬레네는 메넬라오스가 시녀에게서 낳은 자식들에 의해 스파르타에서 쫓겨나 옛 친구인 폴릭소를 찾아갔다가 그녀에게 죽임을 당하였다.(폴릭소와 헬레네는 동향인으로 친척이자 어릴 적 친구였다고 한다. '폴릭소' 참조) 폴릭소는 남편의 죽음으로 헬레네에게 원한을 품고 있었기만 일단 헬레네를 만나는 척하였다. 그러나 헬레네가 목욕을 하는 사이에 시녀들을 복수의 여신 에리니에스로 변장시켜 헬레네에게 달려들게 하였고, 헬레네는 이들에게 시달리다 그만 실성하여 스스로 목을 매고 죽었다.(또 다른 설에 따르면 폴릭소의 시녀들이 헬레네를 나무에 목 매달아 죽였다고 한다)

티로 Tyro

요약

엘리스의 왕 살모네우스와 알키디케 사이에 태어난 딸이다.

아버지 살모네우스는 아내 알키디케가 죽은 후에 시데라와 재혼을 했는데, 티로는 계모인 시데라에게 온갖 학대를 받았다.

티로는 강의 신 에니페우스를 짝사랑했지만 포세이돈에 의해 쌍둥이 아들을 낳게 되었다. 후에 자신을 키워준 숙부 크레테우스와 결혼하여 아이손과 페레스 그리고 아미타온을 낳았다.

기본정보

구분	공주
상징	계모의 학대
외국어 표기	그리스어: Τυρώ
어원	치즈와도 같은, 하얀 치즈같이 고운
관련 신화	넬레우스와 펠리아스, 시데로

인물관계

엘리스의 왕 살모네우스의 딸이다. 포세이돈과의 사이에 넬레우스, 펠리아스를 낳았다. 후에 이올로스 왕국을 세운 크레테우스와 결혼하여 아이손, 페레스, 아미타온과 딸 미리나를 낳았다.

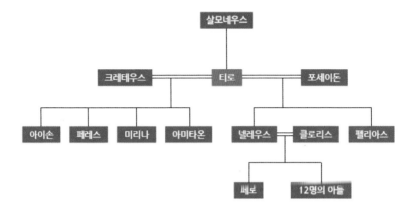

신화이야기

개요

　티로는 엘리스의 왕 살모네우스와 알키디케 사이에 태어난 딸이다. 티로는 이름이 의미하는 바와 같이 하얀 "치즈와도 같이" 매끄럽고 뽀얀 피부를 가진 아름다운 여인으로 호메로스는 "여인들 중에서 여왕"이라고 묘사하고 있다. 아버지 살모네우스는 아내 알키디케가 죽은 후에 시데라와 재혼을 했는데, 티로는 계모인 시데라에게 온갖 학대를 받았다.

　티로는 작은 아버지인 크레테우스에 의해 양육되었는데, 그녀는 강의 신 에니페우스를 사랑하게 되어 강가에서 눈물을 흘리며 사랑을 고백하곤 했다. 그러던 어느 날 바다의 신 포세이돈이 티로를 탐하였다. 포세이돈은 에니페우스로 변신하여 그녀와 사랑을 나누었고, 이로 인해 티로는 쌍둥이 아들을 낳았는데 아무도 모르게 아이들을 버렸다. 이 아이들이 바로 쌍둥이 형제 넬레우스와 펠리아스이다. 버려진 아이들은 말을 치는 사람들에 의해 양육되었다.

　어른이 된 쌍둥이 형제가 어머니 티로를 찾아갔을 때 어머니가 계모 시데로에게 학대를 받고 있음을 알았다. 이에 펠리아스는 헤라의 신전으로 피신한 시데로를 제단 위에서 칼로 베어 죽임으로써 어머니가 학대받은 것에 대한 복수를 했다.

그러나 훗날 쌍둥이 형제는 사이가 나빠져 넬레우스는 펠레우스에 의해 추방을 당해 메세네로 피신했다. 그는 그곳에서 필로스 왕국을 건설하고 필로스의 왕이 되었다.

티로는 후에 자신을 키워준 숙부 크레테우스와 결혼하여 자식들을 낳았다. 이에 대해 호메로스는 『일리아스』에서 다음과 같이 전한다.

> "여인들 중에서 여왕인 티로는 크레테우스에게도 아들을 낳아주었습니다. 그들은 곧 아이손과 페레스 그리고 전차를 타고 싸우는 아미타온입니다."

아이손의 아들이 바로 아르고호의 모험으로 유명한 영웅 이아손이다.

아들 넬레우스의 비극

티로의 아들 넬레우스는 오르코메노스 왕 암피온의 딸인 클로리스와 결혼했는데, 그녀는 매우 아름다웠다고 한다. 넬레우스는 클로리스와의 사이에 많은 자식을 낳아 남부럽지 않은 삶을 누렸지만, 불행하게도 그의 자식들은 후에 헤라클레스에 의해 비참한 죽임을 당했다.

오이칼리아 왕 에우리토스의 장남인 이피토스는 헤라클레스에 대해 매번 호의적이었으나 헤라클레스는 예전에 광기에 휩싸여 자식들을 죽였을 때와 마찬가지로 광기에 빠져 이피토스를 성벽에서 내던져 죽였다. 이에 헤라클레스가 필로스의 왕 넬레우스를 찾아가 죄를 씻어줄 것을 청했지만 에우리토스와 친분이 있던 넬레우스는 이를 거절했다. 그러자 헤라클레스는 필로스를 침공하여 넬레우스와 자식들을 모두 죽였다.

티스베 **Thisbe**

요약

　그리스 로마 신화에 나오는 바빌로니아의 처녀이다.

　이웃집 청년 피라모스와 서로 사랑하는 사이였지만 부모의 반대로 결혼하지 못하고 두 집 사이의 담벼락에 난 작은 구멍으로 사랑을 속삭였다. 어느 날 두 연인은 교외에서 밀회를 계획하였지만 불행한 우연에 의해 결국 둘 다 죽고 말았다. 셰익스피어의 비극『로미오와 줄리엣』의 모델이 된 신화이다.

기본정보

구분	신화 속 인물
상징	불행한 사랑
외국어 표기	그리스어: Θίσβη
관련 신화	피라모스와 티스베

신화이야기

피라모스와 티스베

　『변신이야기』에 따르면 티스베는 바빌로니아의 처녀로 이웃에 사는 청년 피라모스와 연인 사이였다. 하지만 양가의 부모는 이 둘의 결혼을 허락하지 않았을 뿐만 아니라 서로 만나지도 못하게 했다. 두 연인에게 허락된 공간은 두 집 사이의 담벼락에 뚫린 작은 구멍이 유일했다. 피라모스와 티스베는 그 작은 구멍을 통해 서로의 모습을 보고 이야기를 나누며 사랑을 더욱 키워나갔다. 하지만 두 젊은이는 키스조차 할 수 없는 작은 구멍을 통한 만남을 더 이상 견디지 못하고 어느 날 밤 성문 밖에 있는 니노스 왕의 무덤에서 밀회하기로 약속하였다.

약속 장소에 먼저 도착한 것은 얼굴을 베일로 가린 티스베였다. 티스베가 무덤 옆 뽕나무 아래에서 기다리고 있는데 사자 한 마리가 주둥이에 피를 잔뜩 묻힌 채 물을 마시러 나타났다. 멀찍이서 사자를 본 티스베는 겁에 질려 근처 동굴로 황급히 몸을 피했다. 그 바람에 얼굴을 가리고 있던 베일이 땅에 떨어졌지만 주울 새도 없었다. 사자는 목을 축이고 돌아가다 베일을 발견하고는 피 묻은 입으로 그것을 갈기갈기 찢어놓고 사라졌다.

티스베
존 윌리엄 워터하우스(John William Waterhouse), 1909년, 개인 소장

조금 뒤 피라모스가 약속 장소에 나타났다. 그는 뽕나무 아래로 가서 앉으려다 티스베의 베일이 피투성이가 된 채 갈기갈기 찢겨져 있는 것을 보았다. 자세히 보니 주변에 사자의 발자국도 찍혀 있었다. 피라모스는 사랑하는 티스베가 먼저 와서 기다리다 사자에게 잡아먹혔다고 굳게 믿고는 슬픔을 이기지 못하고 칼로 자기 옆구리를 찔러 자살하였다. 잠시 후 동굴에서 나온 티스베는 피를 흘리며 쓰러져 있는 피라모스를 발견하였다. 그리고 그 옆에 피범벅이 되어 갈기갈기

찢겨진 자신의 베일이 떨어져 있는 것도 보았다. 상황을 알아차린 티스베는 연인의 죽음을 원통해하며 피라모스의 옆구리에 꽂힌 칼을 빼서 자신의 가슴을 찔렀다. 뽕나무 밑은 두 연인이 흘린 피로 흥건히 젖었는데 이때부터 뽕나무 열매는 검붉은 빛을 띠기 시작했다고 한다. 나중에 두 젊은이의 주검을 발견한 양가 부모는 이들을 함께 화장하여 재를 같은 항아리에 넣어 묻어주었다고 한다.

피라모스 강과 티스베 샘

또 다른 전승에 의하면 티스베와 피라모스는 서로 사랑하는 사이였는데 결혼 전에 사랑을 나누어 티스베가 임신을 하게 되었다. 티스베는 절망하여 목을 매고 죽었고, 이 사실을 안 피라모스도 스스로 목숨을 끊었다. 그러자 이들을 불쌍히 여긴 신들이 피라모스는 강으로 만들고 티스베는 그 강에 물을 대는 샘으로 만들었는데, 소사이사 남동쪽 킬리키아 지방에 흐르는 피라모스 강과 티스베 샘이 그것이라고 한다.

피라모스와 티스베
니클라우스 마누엘(Niklaus Manuel), 1520년, 바젤 미술관

관련 작품

오비디우스의 『변신이야기』에 나오는 피라모스와 티스베의 이야기는 수많은 작가와 예술가들에 영감을 주었다.

조반니 보카치오는 『데카메론』에서 피라모스와 티스베의 전설을 차용하였고 제프리 초서도 『캔터베리 이야기』에서 이 전설을 모티브로 사용하였다. 하지만 이와 관련하여 가장 유명한 작품으로는 셰익스피어의 낭만희극 『한여름 밤의 꿈』과 비극 『로미오와 줄리엣』을 꼽을 수 있다. 셰익스피어는 『한여름 밤의 꿈』에서 극중극의 형태로 피라모스와 티스베의 이야기를 패러디하고 있으며 『로미오와 줄리엣』은 피라모스와 티스베의 이야기와 대강의 줄거리가 거의 일치한다고 해도 과언이 아니다.

그밖에도 바로크 시대 독일 작가 안드레아스 그리피우스의 코미디 〈익살스러운 불합리, 혹은 페터 스크벤츠 씨〉의 주제도 피라모스와 티스베의 이야기를 모델로 삼고 있다.

현대 작가로는 이탈리아의 소설가 조반니 과레스키가 소설 『돈카밀로와 페포네』에서 이 전설을 다루었고, 전설적인 록 그룹 비틀즈의 멤버들이 셰익스피어 탄생 400주년을 맞아 영국의 TV 프로그램(Around The Beatles)에 출연하여 피라모스와 티스베 이야기를 패러디하였다.

티시포네 Tisiphone

요약

　그리스 로마 신화에 등장하는 복수의 여신 에리니에스 세 자매 중
하나이다.
　그녀는 『변신이야기』에서 헤라 여신의 지시로 어린 디오니소스를 돌
봐준 이노와 아타마스 부부를 미치광이로 만들었다. 이노와 아타마스
는 광기에 사로잡혀 두 아들을 제 손으로 죽였고, 제정신이 든 이노는
스스로 목숨을 끊었다.

기본정보

구분	개념이 의인화된 신
상징	복수, 정의
외국어 표기	그리스어: Τισιφόνη
어원	살인을 응징하는 여자
관련 신화	디오니소스의 탄생
가족관계	우라노스의 딸, 가이아의 딸

인물관계

　티시포네는 복수의 여신 에리니에
스 세 자매 중 하나이다. 나머지 둘
은 알렉토와 메가이라다. 에리니에
스 자매는 우라노스의 성기에서 흘

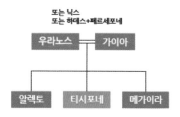

러나온 피가 대지 가이아에 떨어져 태어났다고도 하고, 밤의 여신 닉스가 홀로 낳은 딸들이라고도 한다. 그밖에도 하계의 지배자인 하데스와 페르세포네 사이에서 태어났다는 이야기도 있다.

신화이야기

복수의 여신 에리니에스

에리니에스(단수형 에리니스)는 고대인들의 인과응보 관념을 인격화시킨 신으로 정의와 복수의 여신들이다. 이들은 흔히 크로노스가 아버지 우라노스의 성기를 잘랐을 때 흘러나온 피가 대지 가이아에 떨어져 태어났다고 한다. 하지만 에리니에스가 밤의 여신 닉스의 딸들이라는 이야기도 있다.

에리니에스는 운명의 여신 모이라이처럼 누구나 예외 없이, 신들의 왕 제우스마저도 복종해야 하는 원초적인 힘을 의미한다. 처음에는 수가 일정치 않았는데 그리스 고전시기를 거친 뒤 알렉토(쉬지 않는 여자), 티시포네(살인을 응징하는 여자), 메가이라

에리니에스에게 쫓기는 오레스테스
윌리앙 아돌프 부그로(William Adolphe Bouguereau)
1862년, 크라이슬러 예술 박물관

(질투하는 여자)라는 이름의 세 자매로 굳어졌다.

에리니에스는 일반적으로 질서의 수호자로 여겨지며 이를 어지럽히는 자들을 추궁하고 벌한다. 특히 부모 살해, 형제 살해 등 신성한 혈족의 유대를 깨뜨리는 자에 대해서는 용서가 없다.('오레스테스' 참조) 고대에는 그와 같은 무서운 죄를 진 사람을 벌할 권리가 인간에게 없다

고 여겼기 때문에 그런 죄인에 대한 정당한 처벌은 에리니에스에게 맡겨졌다.

에리니에스는 어깨에 날개가 있고 머리에는 뱀들이 엉켜 있으며 손에는 횃불이나 채찍을 든 무시무시한 모습으로 그려졌다. 이들은 희생자를 붙잡으면 온갖 방법으로 괴롭혀 미치게 만들었기 때문에 종종 사람을 괴롭히는 '암캐'에 비유되기도 하였다. 이들의 거처는 하계의 가장 깊은 곳인 타르타로스이며, 그래서 이들이 하데스와 페르세포네의 자식이라는 이야기도 생겨났다. 내세에 관한 믿음이 확립되면서 에리니에스는 하계의 징벌을 관장하는 신으로 간주되었다.

티시포네와 아타마스
안토니오 템페스타(Antonio Tempesta), 빌헬름 얀슨(Wilhelm Janson), 로스앤젤레스 카운티 미술관
1606년 이탈리아에서 출간된 오비디우스 『변신이야기』 삽화

에리니에스는 대개 '너그러운 여인들'이라는 뜻의 에우메니데스라는 이름으로 불렸는데, 이는 사람들이 광기를 뜻하는 무섭고 불길한 에리니에스라는 이름을 함부로 입 밖에 내려 하지 않았기 때문이다.

로마 신화에서는 푸리아라는 이름으로 불렸다.

티시포네의 의해 미치광이가 된 이노와 아타마스

티시포네는 『변신이야기』에서 헤라 여신의 지시로 세멜레의 자매 이노와 그녀의 남편 아타마스를 미치광이로 만드는 복수의 여신으로 등장한다.

이노는 카드모스와 하르모니아의 딸로 디오니소스의 어머니 세멜레와는 자매지간이다. 세멜레는 디오니소스를 임신했을 때 유모 베로에로 변신한 헤라 여신의 꾐에 빠져 아이의 아버지인 제우스에게 본모습을 보여 달라고 했다가 그의 몸에서 뿜어져 나오는 강력한 빛을 견디지 못하고 불타 죽었다. 그러자 제우스는 재빨리 세멜레의 몸에서 디오니소스를 꺼내 자기 넓적다리 속에 넣었고, 디오니소스는 아비의 넓적다리 안에서 남은 산달을 채우고 세상에 나왔다. 제우스는 질투와 복수심에 불타는 헤라의 눈을 피해 어린 디오니소스를 여자아이로 꾸민 뒤 세멜레의 자매인 이노와 그녀의 남편 아타마스 왕에게 맡겨 기르게 하였다. 이노는 어린 조카를 데려다가 친자식들인 레아르코스, 멜리케르테스 형제와 함께 자신의 젖을 먹여 키웠다. 하지만 헤라가 결국 사실을 알게 되고, 이노와 아타마스는 분노한 헤라에게 무서운 보복을 당하게 되었다.

헤라는 저승으로 내려가 복수의 여신 에리니에스 중 하나인 티시포네에게 그 일을 맡겼다.

"인정사정없는 티시포네는 지체 없이 피에 담갔던 횃불을 집어 들고 핏방울이 뚝뚝 듣는 붉은 외투를 걸치고 몸부림치는 뱀을 허리띠로 두르더니 집을 나섰다. 슬픔과 두려움과 공포와 불안한 얼굴의 광기가 그녀와 동행했다."

(오비디우스, 『변신이야기』)

티시포네는 뱀떼로 이루어진 머리털에서 뱀 두 마리를 뽑아 이노와 아타마스에게 던져서 깨물게 하였다. 그런 다음 케르베로스의 침과 에키드나의 독을 신선한 피와 섞어서 만든 "막연한 환각과 마음을 눈멀게 하는 망각과 범죄와 눈물과 광란과 살육에 대한 욕망"을 불러일으키는 독액을 두 사람의 가슴에 뿌렸다.

39. *Athamas Learchum interficit et Ino Melicertam in aequor praecipitat.*

레아르코스를 죽이는 실성한 아타마스와 바다로 몸을 던지는 이노와 멜리케르테스
이탈리아에서 출간된 오비디우스 『변신이야기』 삽화, 1606년

그러자 광기에 사로잡힌 아타마스는 아들 레아르코스를 사슴으로 여기고는 사냥용 창을 던져서 죽였다. 이노의 광기는 더욱 끔찍했다. 이노는 막내아들 멜리케르테스를 물이 펄펄 끓는 가마솥에 넣어 튀겨버린 것이다. 제정신이 든 이노는 아들의 시체를 끌어안고 바닷물에 몸을 던졌다.

또 다른 티시포네

테바이 공략 7장군의 한 명인 알크마이온과 예언자 테이레시아스의 딸인 무녀 만토 사이에서 태어난 딸의 이름도 티시포네이다. 알크마이온은 만토가 델포이의 신탁으로 떠나자 티시포네를 코린토스의 왕 크레온에게 맡겼는데, 크레온의 아내 에우리디케가 티시포네의 미모를 시샘하여 노예로 팔아버렸다. 티시포네는 우여곡절 끝에 아버지 알크마이온에게 노예로 팔려가게 되고, 알크마이온은 결국 딸을 다시 알아보게 되어 극적인 부녀상봉이 이루어졌다.

그밖에 트로이의 장로 안티마코스의 딸 이름도 티시포네이다.

티에스테스 Thyestes

  그리스 신화에 나오는 미케네의 왕이다.

  펠롭스와 히포다메이아 사이에서 난 아들로 아트레우스와 형제지간
이며 펠로페이아와 아이기스토스의 아버지이다. 미케네의 왕위를 놓
고 형 아트레우스와 피비린내 나는 골육상쟁을 벌였다.

기본정보

구분	미케네의 왕
상징	골육상쟁
외국어 표기	그리스어: Θυέστης
관련 신화	탄탈로스 가문의 저주, 아가멤논의 살해
가족관계	펠롭스의 아들, 히포다메이아의 아들, 아이기스토스의 아버지, 아트레우스의 형제

  티에스테스는 펠롭스와 히포다메이아의 아들로 아트레우스, 피테우
스 등과 형제지간이며 저주 받은 탄탈로스 가문의 후손이다. 친딸 펠
로페이아를 강제로 범하여 아들 아이기스토스를 낳았다.

신화이야기

개요

티에스테스는 저주 받은 탄탈로스 가문의 후손이다. 조부 탄탈로스
는 신들을 모독한 죄로 타르타로스에서 영원히 고통받는 형벌(탄탈로
스의 형벌)을 받았고, 아버지 펠롭스는 헤르메스의 아들 미르틸로스를
살해한 벌로 집안에 골육상쟁이 끊이지 않으리라는 저주를 받았다.
미르틸로스의 예언대로 티에스테스는 아트레우스와 함께 이복동생 크
리시포스를 죽여 아버지 펠롭스로 하여금 자식에 대한 저주를 내뱉

게 하였고, 왕위를 둘러싼 아트레우스와의 다툼으로 근친살해와 근친상간이 난무하는 끔찍하고 추악한 상황이 벌어진다. 5대에 걸친 이 가문의 비극은 고전시대 예술의 단골 소재가 되었다.

티에스테스 마스크
폼페이에서 출토된 빌라 줄리아펠리체의 벽화

이복동생 크리시포스의 살해

티에스테스의 어머니 히포다메이아는 남편 펠롭스가 님페 다나이스(악시오케)에게서 얻은 의붓아들 크리시포스를 미워하여 친아들 티에스테스와 아트레우스에게 그를 죽이라고 시켰다. 어머니의 지시대로 이복동생을 죽인 두 형제는 아버지 펠롭스의 저주를 받으며 나라에서 추방되었다. 티에스테스와 아트레우스는 누이인 니키페의 남편이자 미케네의 왕인 스테넬로스에게로 피신하였고, 스테넬로스는 두 형제에게 미데아 지역의 통치를 맡겼다.

미케네의 왕위를 둘러싼 형제의 다툼

스테넬로스와 그의 아들 에우리스테우스가 후사 없이 죽자 미케네인들은 왕위 계승 문제를 델포이의 신탁에 물었다. 그러자 신탁은 미데아의 두 통치자 중 한 명을 왕으로 삼으라는 답을 내렸고, 이때부터 두 형제의 끔찍하고 추악한 다툼이 시작된다.

아트레우스의 아내 아에로페는 크레타의 왕 카트레우스의 딸인데 아트레우스에게 노예로 팔려왔다가 아내가 되어 아가멤논과 메넬라오스를 낳은 여인이다. 그런데 아에로페는 시동생 티에스테스와 정분이 나서 남편이 몹시 아끼는 황금 양털을 몰래 그에게 건네주었다. 예전에 아트레우스는 아르테미스 여신에게 그해에 태어난 가장 좋은 양을

제물로 바치겠다고 맹세한
적이 있었는데, 아르테미스
여신은 그의 맹세를 시험해
보기 위해 어린 황금 양을
보냈다. 이를 본 아트레우스
는 탐심이 생겨 그 양의 황
금 양털을 벗겨서 꼭꼭 숨겨
두고 다른 양을 제물로 바쳤
다. 아에로페는 바로 그 황
금 양털을 남편 몰래 티에스
테스에게 주었던 것이다.

미케네 왕국의 신하들이
두 형제 중 누구를 왕으로
옹립할 것인가를 놓고 의견
이 분분하자 티에스테스는

티에스테스와 아에로페
노사 델라(Nosadella), 16세기
워즈워스 아테나움 미술관

황금 양털을 내보일 수 있는 사람을 왕으로 삼자고 말했다. 황금 양털
이 자기 수중에 있다고 믿고 있었던 아트레우스는 동생의 제안을 수
락했고, 결국 미케네의 왕위는 티에스테스에게로 돌아갔다.

하지만 제우스는 티에스테스와 아에로페의 부정한 짓을 용서하지
않았다. 그는 아트레우스에게 헤르메스를 보내 태양이 서쪽에서 떠서
동쪽으로 지면 아트레우스가 왕이 되고 평소처럼 정상적으로 운행되
면 티에스테스가 계속 왕위를 지킬 것이라고 말했다. 아트레우스의 말
을 들은 티에스테스는 그가 미쳤다고 여겨 만약 그런 일이 벌어진다
면 왕위를 기꺼이 아트레우스에게 내놓겠다고 공표했다. 하지만 그날
저녁 해는 동쪽으로 졌고 다음날 아침에는 서쪽에서 떠올랐다. 아트
레우스가 신의 가호를 받고 있다고 생각한 미케네 사람들은 아트레우
스를 왕으로 추대하고 티에스테스를 추방하였다.

하지만 그사이 황금 양털에 대한 진상을 알게 된 아트레우스는 추방으로 만족하지 않고 동생에게 복수할 끔찍한 계책을 세웠다. 그는 화해의 제스처를 취하면서 티에스테스를 다시 미케네로 불러들여 궁으로 초대한 후에 티에스테스 몰래 그의 세 아들을 죽여서 연회 음식으로 내놓았던 것이다. 아트레우스는 아무것도 모른 채 고기를 다 먹은 티에스테스에게 사실을 말해주었고, 티에스테스는 아트레우스에게 저주를 퍼부으며 도망쳤다. 티에스테스가 절치부심하며 복수 방법을 신탁에 묻자 친딸 펠로페이아와 동침하여 낳은 자식이 원수를 갚아줄 것이라는 대답이 내려졌고, 티에스테스는 자신이 아버지란 것을 모르게 하고서 신탁이 알려준 대로 딸과 강제로 동침하였다.

그 후 펠로페이아는 테스프로토스 왕의 궁에서 우연히 아트레우스와 만나 결혼하게 되었는데 이때 그녀는 이미 티에스테스의 아들 아이기스토스를 임신하고 있었다. 아트레우스는 아이기스토스를 자기 자식으로 여기며 길렀다. 아이기스토스가 어른이 되자 아트레우스는 그사이 아가멤논과 메넬라오스에게 붙잡혀 미케네의 감옥에 갇혀 있던 티에스테스를 죽이라고 아이기스토스를 보냈다. 하지만 티에스테스는 아이기스토스가 그를 죽이려고 검을 빼어 들었을 때 그것이 자신이 딸 펠로페이아를 강제로 범할 때 그녀에게 빼앗긴 검이란 것을 알아채고 아이기스토스에게 모든 사실을 말해주었다. 티에스테스가 자신의 친부란 것을 알게 된 아이기스토스는 궁으로 돌아와 아트레우스를 죽였고, 미케네의 왕권은 다시 티에스테스에게 돌아갔다.

그러나 얼마 가지 않아서 티에스테스와 아이기스토스는 스파르타의 왕 틴다레오스의 지원을 받는 아트레우스의 아들 아가멤논과 메넬라오스에 의해 다시 미케네에서 쫓겨나는 신세가 되었고, 티에스테스는 키테아 섬으로 도망쳐서 그곳에서 객사하였다. 아이기스토스는 나중에 아가멤논이 트로이로 원정을 떠나고 없는 사이에 그의 아내 클리타임네스트라를 유혹하여 정부로 삼고 전쟁에서 돌아온 아가멤논을 함께 살해하였다. 하지만 가문의 저주는 여기서 끝나지 않았다. 아가멤논의 아들 오레스테스가 어른이 되자 아이기스토스와 제 어미 클리타임네스트라를 죽여 아버지의 원수를 갚았던 것이다.

티에스테스의 아들 탄탈로스

티에스테스에게는 또 한 명의 아들이 있었다. 가문의 시조인 제우스의 아들 탄탈로스와 이름이 같은 탄탈로스이다. 이 탄탈로스는 틴다레오스의 딸 클리타임네스트라의 첫 번째 남편이었는데 어린 아들과 함께 아트레우스의 아들 아가멤논에게 살해당했다. 아가멤논은 클리타임네스트라가 지켜보는 가운데 이들을 살해하고 그 피범벅 위에서 그녀를 강제로 범했다고 한다.

티케 Tyche

요약

그리스 신화에 나오는 행운의 여신 혹은 운명의 여신이다.

기본정보

구분	개념이 의인화된 신
상징	운명, 행운, 우연
외국어 표기	그리스어: Τύχη
어원	운, 우연
로마 신화	포르투나(Fortuna)
가족관계	오케아노스의 딸, 테티스의 딸

인물관계

  헤시오도스는 『신들의 계보』에서 티케를 오케아노스와 테티스 사이에서 태어난 딸들인 3000명의 오케아니데스 중 하나로 언급하였고, 다른 신화에서는 아프로디테와 제우스 혹은 헤르메스 사이에서 난 딸로 소개되기도 한다. 헤시오도스가 언급한 오케아노스의 딸 티케가 헬레니즘 시대에 숭배된 행운의 여신 티케와 동일 인물인지는 분명치 않다.

신화이야기

운명의 여신

티케는 우연히 찾아오는 행복과 불행의 운명을 관장하는 여신으로 로마 신화의 포르투나에 해당한다. 인간의 수명을 관장하는 운명의 여신 모이라와는 구별된다. 티케는 호메로스의 작품에서는 등장하지 않지만 나중에 갈수록 점점 더 중요해져서 헬레니즘 시대와 로마 시대에는 빈번히 등장하는 여신이 되었다. 헬레니즘 시대에 안티오키아, 알렉산드리아 등지에서는 티케를 도시의 수호신으로 숭배하였다.

오론테스를 밟고 있는 티케
기원전 3세기, 바티칸 미술관

숭배 문화

티케는 왕관을 쓰고, 손에 풍요의 뿔을 들거나 운명의 키를 붙잡고 있고, 날개를 달거나 수레바퀴에 올라탄 모습으로 표현된다. 간혹 어린아이의 형상을 한 부의 신 플루토를 팔에 안고 있을 때도 있다.

플루토를 안고 있는 티케
2세기, 이스탄불 고고학 박물관

티케를 이런 모습으로 표현한 작품들은 기원전 5세기 후반부터 눈에 띄기 시작한다. 기원전 4세기의 그리스 조각가 에우티키데스가 안티오키아에

동전에 새겨진 티케
©cgb.fr@Wikimedia(CC BY-SA 3.0)

서 제작한, 티케가 강의 신 오론테스를 밟고 있는 조각상은 특히 유명하다. 이 시기에는 그리스의 도시 아르고스, 메가라, 테바이 등지뿐만 아니라 그리스 지역이 아닌 스미르나, 코린트, 엘리스, 메갈로폴리스에도 티케의 신전이 건설되었다. 티케는 이 시기에 에게 해 지역에서 제작된 동전에도 자주 등장한다. 헬레니즘 시대의 티케 숭배 문화는 그대로 로마의 포르투나 숭배로 이어졌다.

추상명사화

티케 여신은 이름이 점점 추상명사화하면서 신화의 등장인물로서의 의미는 점점 희미해졌다. 헬레니즘 시대의 그리스나 로마의 일상생활에서 '티케'나 '포르투나'라는 단어는 차츰 인격화된 신을 지칭하는 의미에서 벗어나 '운명'이나 '우연'을 뜻하는 보통명사로 쓰이거나 놀라움을 표현하는 감탄사로 쓰이게 되었다.

193

콘스탄틴과 티케
러시아 허미티지 박물관
©Lgtrapp@Wikimedia(CC BY-SA 3.0)

티타노마키아 Titanomachy

요약

　티탄 신족과 제우스 형제들 간에 일어난 전쟁이다. 이 전쟁은 약 10년 동안 지속되었다. 결국 제우스를 중심으로 한 올림피아 신들의 승리로 끝났다.

기본정보

구분	명칭
상징	신들의 전쟁
외국어 표기	그리스어: Τιτανομαχία
어원	티탄은 '뻗는다'의 의미, 티타노마키아는 '티탄들과의 싸움'이라는 뜻

인물관계

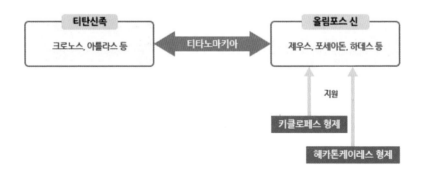

티탄 신족은 가이아와 우라노스 사이에 태어난 12남매이고, 티탄 남매의 막내 크로노스와 누이 레아와의 사이에 태어난 막내아들이 제우스이다.

신화이야기

전쟁의 배경과 발단

『신들의 계보』에 의하면 크로노스는 어머니 가이아와 아버지 우라노스로부터 크로노스 자신도 아들에 의해 쫓겨날 운명이라는 말을 듣고는 자식들이 태어나자마자 집어 삼켜버렸다. 슬픔에 빠진 크로노스의 아내 레아는 막내 제우스가 태어날 무렵 부모인 우라노스와 가이아에게 도움을 청했다. 가이아의 충고에 따라 레아는 크로노스 몰래 제우스를 출산해 동굴에 숨기고 커다란 돌멩이를 강보에 싸서 크로노스에게 건네주었다.

『신들의 계보』에 의하면 크로노스는 몰래 무럭무럭 지혜롭게 성장한 제우스에게 패배해 삼킨 자식들과 돌멩이를 토해냈다고 한다. 이렇게 해서 제우스의 남매들 즉, 하데스, 포세이돈, 헤스티아, 데메테르, 헤라가 다시 세상의 빛을 보게 되었다. 그런데 『비블리오테케』는 크로노스가 제우스에 의해 제압되는 상황을 좀 더 구체적으로 기술하고 있다. 제우스는 지혜의 여신 메티스로부터 구토제를 얻어 레아에게 주었고, 크로노스는 레아가 준 약을 먹고 난 후에 자식들과 돌멩이를 토해냈다고 한다. 그러나 크로노스를 비롯한 티탄 신족들이 그저 쉽게 물러난 것은 아니었다. 대부분의 티탄 신족들은 크로노스의 편을 들어 제우스를 중심으로 모인 제우스의 형제들과 전쟁을 했는데 이 전쟁이 바로 티탄들과의 전쟁인 티타노마키아이다.

제우스 형제들과 티탄 형제들은 조카와 삼촌 사이로 양쪽은 다 불사신들이다. 이 불사신들이 벌이는 전쟁은 어느 한 쪽으로도 치우치지 않은 채 10년이나 지속되면서 힘겨운 싸움은 결말이 나지 않고 균형 상태를 이루고 있었다.

키클로페스 형제와 헤카톤케이레스 형제

키클로페스 삼형제와 헤카톤케이레스 삼형제는 티탄 남매들과 마찬가지로 가이아와 우라노스의 자식들로 티탄 남매의 친동생들이다. 키클로페스 삼형제는 눈이 하나 밖에 없는 거인들이고 헤카톤케이레스 삼형제는 백 개의 손을 가진 거인들이다. 우라노스는 태어날 때부터 이들을 증오하여 태어나자마자 이들을 땅 속 깊은 곳 타르타로스에 감금했다. 크로노스가 우라노스와 맞서 싸울 때 어머니 가이아의 뜻대로 이들을 구출하였지만 『비블리오테케』에 의하면 크로노스는 전쟁에서 승리한 후 이들을 다시 타르타로스에 감금했다고 한다.

타이탄의 몰락
페테르 파울 루벤스(Peter Paul Rubens), 1637~1638년경, 벨기에 왕립미술관

『신들의 계보』는 제우스가 크로노스를 제압하고 얼마 되지 않아 즉, 티탄들과의 전쟁이 시작되는 시점에 키클로페스 삼형제를 타르타로스에서 다시 구출했다고 전하고 있다. 다시 말해 제우스의 형제자매들은 키클로페스 삼형제와 함께 크로노스를 중심으로 한 티탄 신족과 전쟁을 하면서 티타노마키아가 시작되었다. 키클로페스 삼형제는 구출해준 것에 대한 감사로 제우스에게 신들과 인간들의 왕이 될 수 있게 하는 천둥과 번개와 벼락을 만들어주었다.

그러나 전쟁의 양쪽 세력 모두 불멸의 존재들이고 이 불사신들이 벌이는 전쟁은 어느 한 쪽에 조금도 치우침이 없이 10년간이나 지속되면서 교착상태에 빠지게 된다. 이는 곧 제우스가 천둥과 번개를 가지면서 '신들과 인간들의 왕'이 될 수 있는 힘을 가졌지만 아직은 그 힘을 완전히 발현할 수 없었다는 것을 의미한다.

이러한 상황에서 가이아는 헤카톤케이레스 형제의 도움이 있어야만 티탄들과의 전쟁에서 승리할 수 있다고 예언했고, 이에 제우스와 올림포스 신들이 이들을 타르타로스로부터 구출해주었다. 헤카톤케이레스 형제의 지원에 힘입어 올림포스 신들은 불타는 전의로 전쟁에 임했고, 이날의 전쟁은 승패를 결정짓는 최후의 결전이 되었다.

『신들의 계보』는 이 결전에서 제우스의 위상과 활약에 대해 많은 지면을 할애하고 있다. 앞에서 언급한 바와 같이 제우스는 천둥과 번개와 벼락을 가짐으로써 '신과 인간들의 왕'이 될 수 있는 힘을 가졌지만 아직 이 힘이 발현된 것은 아니었다. 이 최후 결전의 날에 제우스는 "더 이상 자신의 힘을 억제하지 않았다"고 『신들의 계보』는 전하고 있다. 이날 제우스는 자신의 힘을 완전히 사용하여 천둥과 벼락과 번개를 완벽하게 사용함으로써 전쟁을 승리로 이끌었던 것이다. 이제 제우스는 글자 그대로 '신과 인간들의 왕'임을 만천하에 보여준 것이다.

전쟁의 결과

10년간 계속된 티타노마키아에서 제우스를 중심으로 하는 올림포스 신들이 승리함으로써 마침내 티탄들의 시대가 끝나고 올림포스 신들의 역사가 시작되었다. 티탄 신족과의 싸움에서 승리한 후 제우스는 전쟁에 공이 큰 포세이돈, 하데스와 제비를 뽑아 지배권을 나누었다. 제비를 뽑은 결과 제우스는 하늘, 포세이돈은 바다, 하데스는 지하세계를 맡게 되었고, 땅 위는 공동으로 맡기로 했다.

하늘을 지고 있는 아틀라스
나폴리 국립고고학박물관
©Berthold Werner@Wikimedia(CC BY-SA)

한편 크로노스와 크로노스 편에서 싸웠던 티탄들은 이전에 키클로페스 형제와 헤카톤케이레스 형제를 가두었던 타르타로스에 영원히 감금되었다. 티탄들 중에 가장 혹독한 벌을 받은 신은 아틀라스였다. 유독 아틀라스만 잠시도 쉬지 못하고 머리와 손으로 하늘을 떠받치는 형벌을 받았다.

『비블리오테케』가 전하는 티타노마키아

『신들의 계보』보다 나중에 쓰여진 『비블리오테케』에는 티타노마키아 부분에서 『신들의 계보』와 차이가 나는 내용이 있다. 예를 들면, 타르타로스로부터 키클로페스 삼형제를 구출하는 시점에서 차이가 난다. 앞에서 언급한 바와 같이 『신들의 계보』에서는 키클로페스 삼형제를 전쟁이 시작하는 시점에 구출했다고 되어 있는데 『비블리오테케』에서는 전쟁이 끝날 무렵 이들을 헤카톤케이레스 삼형제와 함께 구출한 것으로 되어 있다. 그리고 키클로페스 형제는 제우스에게 천둥과 번개를 만들어주었을 뿐 아니라 포세이돈에게는 삼지창을, 하데스에게는 머리에 쓰면 몸이 보이지 않는 투구를 만들어주었다고 전하고 있다.

신화해설

하늘의 신 우라노스와 대지의 여신 가이아 사이에서 태어난 12명의 티탄들 중에서 이치 및 법의 여신 테미스, 기억의 여신 므네모시네 등은 추상적 개념을 의인화한 경우지만 대부분의 티탄들은 엄청난 대자연의 힘을 상징하고 있다. 예를 들어 오케아노스는 바다의 신, 히페리온은 태양의 신인데, 이 신화들 속에는 태양과 바다에 나타난 엄청난 대자연의 힘과 그에 대한 공포심 및 경외심이 표현되어 있다. 이런 맥락에서 볼 때 티탄의 몰락은 고대 그리스가 문명의 과정에 들어서면서 불가사의하게 느껴졌던 자연의 엄청난 힘에 대한 경외심과 공포심이 점차적으로 극복되어지는 과정을 보여주는 것이라 하겠다.

그런데 다른 한 편으로 티탄들의 몰락은 그리스 민족 및 그리스 문명의 우월성을 보여주기 위한 것으로 해석될 수도 있다. 티탄들의 이름은 대개의 경우 그리스어에서 유래하지 않았고, 따라서 티탄 신화들은 그리스인의 조상이 발칸 반도에 정착하기 전에 그곳에 이미 살고 있던 사람들이나 다른 지역에 살았던 사람들로부터 온 이야기들로 본다. 이 설화들은 구전되어 내려오다가 그리스 신화에 유입되었고 『신들의 계보』에서 체계적으로 정리된 것이다. 이러한 측면에서 볼 때 티탄 신족에 대한 올림포스 신들의 승리는, 그리스 문명과 그리스 주류 신화 내지는 정통 신화인 올림포스 신화가 자리를 잡는 과정 속에서 그리스 민족, 그리스 문화의 우월성을 입증하기 위한 장치라 볼 수 있다.

티탄 **Titan**

요약

제우스를 중심으로 한 올림포스 신들이 통치하기 전에 세상을 다스리던 거대하고 막강한 신의 종족으로 거신족이라 불리기도 한다.

티탄은 그리스어 발음이니, 영어 발음으로는 타이탄이다.(이후 티탄으로 칭하기로 한다) 우라노스와 가이아 사이에 태어난 자식들 중 티탄 신족 12남매가 있는데 이 중 막내인 크로노스가 아버지 우라노스를 물리치면서 크로노스를 중심으로 한 티탄 형제들이 세상을 다스리게 되었다. 그러나 크로노스를 선두로 하는 티탄 신족 또한 제우스를 중심으로 한 크로노스의 자식들에 의해 물러나야 했다.

기본정보

구분	티탄 신족
상징	거신, 거인
외국어 표기	그리스어: Τιτάν, 복수형: Τιτᾶνες(티타네스), Τιτανίδες(티타니데스)
어원	뻗는 자들
별칭	타이탄(Titan)
관련 신화	크로노스, 티타노마키아
가족관계	우라노스의 자식, 가이아의 자식

인물관계

우라노스와 가이아 사이에서 태어난 티탄 신족은 모두 12명인데

6명의 남신들(티타네스)과 6명의 여신들(티타니데스)이 있다.

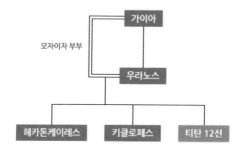

신화이야기

티탄의 출생 신화 및 그 후손들

『신들의 계보』에는 카오스로부터 세계가 생겨난 창조설화가 다루어지는 데 여기에서 티탄들의 출생 및 결혼, 그 후손들에 관해서 언급된다. 가이아와 우라노스 사이에 태어난 12명의 티탄은 『신들의 계보』에서 그 이름이 하나하나 언급된다. 6명의 남신에는 장남인 대양의 신 오케아노스와 "하늘 덮개"라는 의미를 가진 코이오스, "높은 곳을 달리는 자"를 뜻하는 히페리온, 아틀라스 및 프로메테우스의 아버지 이아페토스 그리고 크리오스 및 막내 크로노스가 있다. 그리고 6명의 여신은 테미스, 테이아, 포이베, 레아, 므네모시네, 테티스이다. 이 12명의 티탄들이 티탄 1세대이며, 이들이 대부분 남매들의 관계를 통해 남긴 후손들 중 몇몇이 예를 들어 히페리온의 아들인 태양신 헬리오스, 이아페토스의 아들들인 아틀라스와 프로메테우스 등이 티탄으로 불리기도 한다.

티탄 신족의 친남매들: 키클로페스 삼형제와 헤카톤케이레스 삼형제

『신들의 계보』에 의하면 카오스로부터 맨 처음에 나온 땅인 가이아는 배우자 없이 여러 자식들을 낳았는데 그 중의 하나가 하늘인 우라노스였다. 가이아는 자신이 낳은 우라노스와 결합하여 티탄 12남매를 낳았다. 가이아와 우라노스는 티탄 남매 외에도 눈이 하나인 거신 키클로페스 삼형제와 손이 백 개나 되는 백수거신 헤카톤케이레스 삼형제를 낳았다. 따라서 키클로페스 삼형제와 헤카톤케이레스 삼형제는 티탄들의 친동생들이다. 그런데 티탄들 외에 나머지 자식들 즉, 키클로페스 삼형제와 헤카톤케이레스 삼형제는 우라노스에게 치욕 부녀 증오의 대상이었다. 우라노스는 이들이 태어나자마자 땅 속 가장 깊은 곳인 타르타로스에 감금했다.

티탄의 반격: 우라노스의 거세

가이아는 타르타로스에 감금된 자식들로 인해 슬픔과 분노에 빠졌고, 급기야 우라노스에게 복수하기로 마음먹었다. 그리고는 커다란 낫을 만든 후에 티탄 신족들인 자식들에게 뜻을 같이 해줄 것을 간청했다. 자식들 즉, 티탄 형제들은 두려움에 사로잡혀 아무 말도 못했는데 이때 막내인 크로노스가 용기를 내어 복수를 자청하고 나섰다. 『신들의 계보』에서 크로노스는 "음모를 꾸미는" 크로노스로 지칭되고 있다.

크로노스에게 거세된 우라노스
벽화로 그려진 유화 작품, 조르조 바사리(Giorgio Vasari)와 크리스토파노 게라르디(Cristofano Gherardi), 16세기, 피렌체 베키오 궁전
: 크로노스가 큰 낫(하르페)을 들고 아버지 우라노스(가운데 쓰러져 있는 인물)의 남근을 거세하고 있다. 뒤편의 천구의는 하늘의 신인 우라노스를 상징한다.

크로노스는 가이아의 계획에 따라 가이아가 만든 낫으로 우라노스의 성기를 잘라 던져버렸고, 마침내 티탄 형제들은 막내 크로노스의 지도로 우라노스를 몰아내고 세계를 지배했다.

티타노마키아

크로노스가 아버지 우라노스의 성기를 자른 후에 티탄 신족은 크로노스를 중심으로 세상을 지배하게 되었다. 그런데 크로노스는 자신도 아들에 의해 쫓겨날 운명이라는 예언을 듣고는 자식들이 태어나자마자 삼켜버렸다. 이에 크로노스의 아내 레아는 막내 제우스를 출산해 동굴에 숨기고 커다란 돌멩이를 강보에 싸서 크로노스에게 건네주었다. '무럭무럭 성장한' 제우스는 지혜의 여신 메티스로부터 구토제를 얻어 레아에게 주었고, 크로노스는 레아가 준 약을 먹고 난 후 자식들과 돌멩이를 토해냈다. 이 자식들이 바로 제우스의 형제자매인 포세이돈, 하데스, 헤라, 데메테르, 헤스티아였다.

아버지의 뱃속에서 나온 제우스의 형제자매는 제우스를 중심으로 아버지 크로노스에게 반기를 들고 일어났고, 이에 많은 티탄들이 크로노스의 편에서 제우스와 싸웠다. 이 전쟁이 바로 티탄들과의 전쟁을 의미하는 티타노마키아이다. 티타노마키아는 10년이나 팽팽하게 지속되었는데 결국 크로노스를 선두로 하는 티탄 신족은 제우스를 우두머리로 하는 올림포스 신들에게 패배하고 땅 속 가장 깊은 곳에 있는 타르타로스에 감금되었다

티탄의 의미

몇몇 학자의 주장에 의하면 티탄은 "뻗는다"라는 의미와 관련이 있다고 한다. 『신들의 계보』에 의하면 아버지 우라노스는 자신에게 반기를 든 자식들을 비난하면서 그들에게 티탄이란 별명을 지어주었다고 한다. 우라노스는 그들이 손을 뻗어 엄청난 짓을 저질렀다는 이유로

그들에게 '티탄'이라는 별명을 지어주었다는 것이다. 그리고는 그 엄청난 짓에 대해 훗날 그 벌을 받게 될 거라고 저주했다고 한다. 결국 티탄 신족 또한 우라노스가 저주한 대로 크로노스의 자식들에 의해 물러나야 했다.

티토노스 Tithonus

요약

그리스 신화에 나오는 트로이의 왕자이다.

새벽의 여신 에오스의 사랑을 받아 불사의 몸을 받았지만 하염없이 늙어가기만 하다가 매미로 변했다.

기본정보

구분	왕자
상징	늙음, 노화(老化)
외국어 표기	그리스어: Τιθωνός
관련 동물	매미
관련 신화	에오스

인물관계

티토노스는 트로이의 왕 라오메돈과 님페 스트리모 사이에서 태어난 아들로 프리아모스와 형제지간이다. 프리아모스는 트로이 전쟁 당시 트로이를 다스린 왕으로 파리스와 헥토르의 아버지이다. 티토노스는 새벽의 여신 에오스와 결혼하여 두 아들 멤논과 에마티온을 낳았는데, 멤논은 호메로스의 『일리아스』에서 아킬레우스와 거의 대등한 결투를 벌일 정도로 뛰어난 영웅이다.

신화이야기

불사의 몸을 받은 미남 티토노스

새벽의 여신 에오스는 미남 왕자 티토노스를 보자 한눈에 반하여 그를 동쪽 끝 에티오피아의 오케아노스 강변에 있는 자신의 궁전으로 데려가 남편으로 삼았다. 에오스와 티토노스는 두 아들 멤논과 에마

티토노스 곁을 떠나는 에오스
루이 장 프랑수아 라그레네(Louis Jean Francois Lagrenee), 18세기, 개인 소장

티온도 낳으며 행복하게 살았다. 하지만 에오스는 인간인 남편이 언젠가는 죽음을 맞으리라는 것을 걱정하여 제우스에게 티토노스를 불사(不死)의 몸으로 만들어달라고 간청했다. 제우스는 에오스의 청을 들어주었다. 하지만 얼마 후 에오스는 남편의 모습이 눈에 띄게 달라지는 것을 알아차렸다. 머리가 하얗게 세고 피부가 늘어지고 주름투성이가 되어 가고 있었다. 남편을 불사의 몸으로 만들어달라고 할 때 영원히 늙지 않는 불로(不老)의 몸도 함께 청했어야 했던 것이다.

매미가 된 티토노스

때는 이미 늦고 말았다. 티토노스는 완전히 쭈글쭈글한 늙은이가 되어버린 것이다. 티토노스의 꼴을 더 이상 보고 싶지 않았던 여신은 그를 궁전의 구석방에 가두고 청동문을 잠가버렸다. 티토노스는 점점 더 쪼그라들더니 어린아이처럼 작아져서 다시 요람에 눕는 신세가 되었다. 에오스는 방 안에서 계속 울음소리

티토노스를 뒤쫓는 에오스
아티카 적색상 도기, 기원전 500년경
케임브리지 피츠윌리엄 박물관

가 들려서 문을 열어 보니 티토노스는 간 곳이 없고 매미가 한 마리 벽에 붙어 "에오스! 에오스!" 하며 울고 있었다. 제우스가 불쌍히 여겨 그를 매미로 바꾸어 놓았던 것이다. 또 다른 설에 따르면 여신이 껍질만 남은 티토노스를 더 이상 두고 볼 수가 없어 매미로 만들어버렸다고도 한다.

티토노스의 아들 멤논

에오스와 티토노스 사이에서는 두 아들 에마티온과 멤논이 태어났다. 멤논은 에티오피아의 왕이 되어 트로이 전쟁에 참가해 혁혁한 전공을 세웠지만 아킬레우스와 일대일로 겨루다 죽고 말았다. 에오스는 아들의 시체를 싸움터에서 빼내 에티오피아로 가져와서 장례를 치렀다. 그녀는 아들의 죽음을 아직도 슬퍼하여 아침마다 하늘에서 눈물을 이슬로 뿌리고 있다.

또 다른 설에 따르면 에오스는 제우스에게 아들 멤논도 불사신으로 만들어달라고 청했다고 한다.

신화해설

연인을 빼앗긴 분노에 사로잡힌 아프로디테는 어쩌면 에오스에게 가장 가혹한 저주를 내렸는지도 모른다. 영생을 누리는 여신이 언제인가는 반드시 죽게 될 인간만을 사랑할 수밖에 없다니 말이다. 그러니 티토노스와 에오스의 비극은 처음부터 이미 정해진 셈이다. 그렇게 트로이 최고의 미남이었던 티토노스 왕자는 영원한 젊음을 누리는 여신 에오스 곁에서 하염없이 늙어갔다. 물론 에오스가 티토노스에게 영원히 늙지 않는 몸도 함께 달라고 청했다면 상황은 달라졌을 수도 있겠지만, 이 역시 뒤집을 수 없는 그들의 숙명일 터이다. 싱싱한 젊음 곁에서 말라비틀어진 껍질만 남은 채 늙어가는 티토노스의 신화는 후대의 미술가들이 즐겨 다루는 소재가 되었다.

티티오스 Tityus, Tityos

요약

그리스 신화에 등장하는 거인이다.

레토 여신을 겁탈하려다 그녀의 자식들인 아폴론과 아르테미스의 화살을 맞고 죽었다. 죽은 뒤 저승 타르타로스에서 독수리에게 간을 쪼아 먹히는 형벌을 받았다.

기본정보

구분	거인
상징	겁탈, 형벌
외국어 표기	그리스어: Τιτυός
관련 동물	독수리
가족관계	제우스의 아들, 엘라라의 아들, 가이아의 아들

인물관계

티티오스는 제우스와 오르코메노스의 딸 엘라라 사이에서 태어난 거인 아들이다. 전승에 따라 가이아의 아들로 기술되기도 한다.

신화이야기

가이아의 품에서 탄생

제우스는 엘라라와 정을 통한 뒤 그녀가 티티오스를 임신하자 아내 헤라의 질투를 피하기 위해 땅 속 깊숙한 곳에 숨겼다. 하지만 엘라라는 티티오스가 뱃속에서 너무 크게 자라는 바람에 자궁이 터져 죽고 말았고, 티티오스는 대지의 여신 가이아의 품 속에서 산달을 모두 채우고 태어났다.

레토의 겁탈과 죽음

성인이 된 티티오스는 에우보이아 섬에 살았는데, 헤라의 꾐에 넘어가 델포이로 가는 레토를 겁탈하려 하였다. 레토는 제우스의 사랑을 받아 아폴론과 아르테미스 남매를 낳은 탓에 헤라의 미움을 사고 있었던 것이다. 하지만 티티오스는 어머니 레토의 위험을 알아차린 아폴론과 아르테미스가 쏜 화살에 맞아 죽고 말았다. 일설에는 제우스의 벼락을 맞고 죽었다고도 한다.

아폴론, 티티오스, 레토와 아르테미스
적화식 아테네 암포라, 기원전 5~6세기경
루브르 박물관
: 티티오스(가운데 앞쪽)가 레토(가운데 뒤쪽)를 겁탈하려다 여신의 쌍둥이 남매 아폴론(왼쪽)과 아르테미스(오른쪽)에 의해 죽는 장면이다

타르타로스에서의 영원한 형벌

티티오스는 저승에서도 가혹한 벌을 받았다. 『오디세이아』에서 저승에 내려간 오디세우스는 티티오스가 저승의 가장 깊은 나락인 타르타로스에서 아흔 평이나 되는 땅을 뒤덮고 누운 채 두 마리의 독수리에

티티오스의 형벌
미켈란젤로(Michelangelo Buonarroti), 1533년, 영국 왕실 컬렉션

게 간을 쪼아 먹히는 것을 보았다고 했다. 티티오스는 간이 찢어지는
고통에도 불구하고 두 팔이 묶여 있었기 때문에 독수리들을 쫓아버
릴 수가 없었다.

> "그리고 나는 명성도 자자한 가이아의 아들 티튀오스(티티오스)가
> 땅바닥에 누워 있는 것을 보았소. 그는 아흔 평이나 되는 땅 위에
> 누워 있고 그의 양 옆에는 독수리들이 앉아 그의 간을 쪼아 먹으
> 며 내장망막까지 파고 들어갔소. 그러나 그는 두 손으로 독수리들
> 을 막지 못했으니, 제우스의 유명한 소실(少室)인 레토가 아름다운
> 무도장이 있는 파노페우스를 지나 퓌토로 갈 때 그가 그녀를 납치
> 하려 했기 때문이오." (호메로스, 『오디세이아』)

오디세우스처럼 저승을 여행했던 아이네이아스도 티티오스가 타르
타로스에서 고통받고 있는 것을 보았다고 한다.

그리스 신화에서 티티오스는 탄탈로스, 시시포스 등과 함께 타르타로스에서 영원한 형벌을 받는 대표적인 죄인에 속한다. 하지만 에우보이아 섬에서는 티티오스를 영웅으로 숭배하며 제사를 드렸다고 한다.

간을 쪼아 먹히는 티티오스
주세페 데 리베라(Jusepe de Rivera), 1632년, 프라도 미술관

티폰 Typhon

요약

그리스 신화에서 가장 강하고 무서운 힘을 가지고 있는 엄청나게 거대한 괴물이다. 티포에우스라고도 한다.

상반신은 인간이고 하반신은 뱀의 모습을 한 반인반수의 괴물로 어깨와 팔에는 눈에서 불을 뿜어내는 100개의 뱀(혹은 용)의 머리가 솟아나 있다. 제우스는 티폰과의 힘겹고 위험한 싸움에서 극적으로 승리했다.

기본정보

구분	괴물
상징	거대, 강력, 공포
외국어 표기	그리스어: Τυφών
어원	연기를 내다
별칭	티포에우스
관련 신화	제우스, 에키드나
가족관계	가이아의 아들, 타르타로스의 아들, 에키드나의 남편, 케르베로스의 아버지

인물관계

티폰은 가이아와 타르타로스 사이에서 태어난 괴물이다.

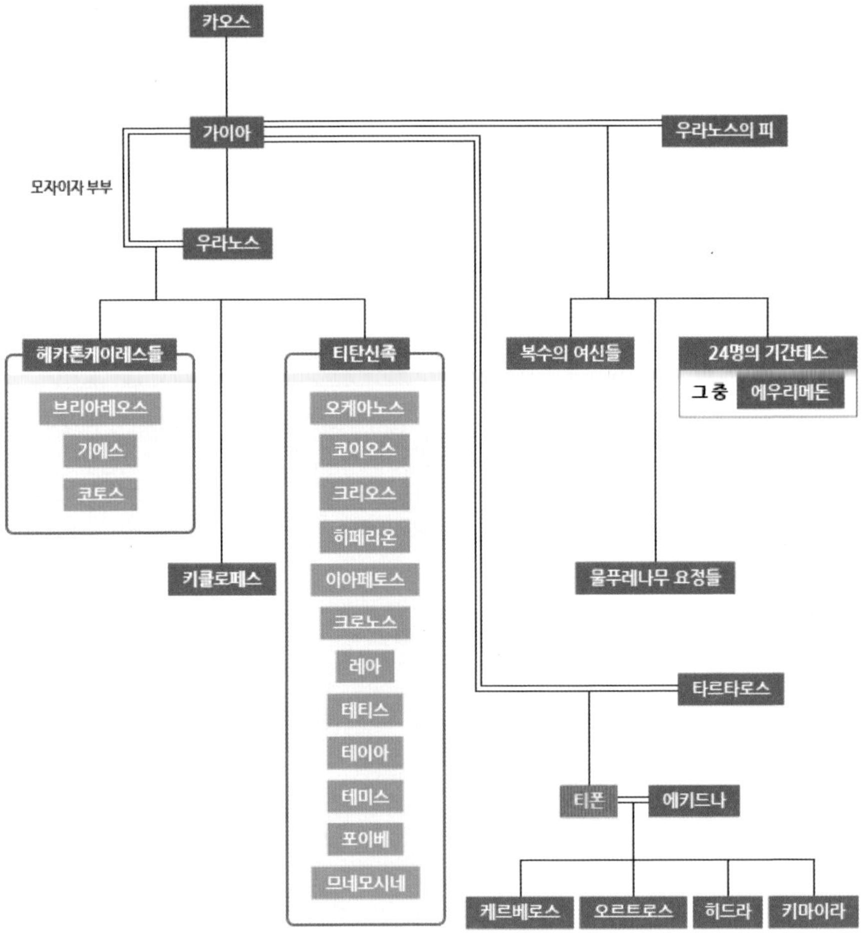

카오스
가이아
우라노스의 피
모자이자 부부
우라노스
헤카톤케이레스들
브리아레오스
기에스
코토스
티탄신족
오케아노스
코이오스
크리오스
히페리온
이아페토스
크로노스
레아
테티스
테이아
테미스
포이베
므네모시네
키클로페스
복수의 여신들
24명의 기간테스
그중 에우리메돈
물푸레나무 요정들
타르타로스
티폰 에키드나
케르베로스 오르트로스 히드라 키마이라

신화이야기

개요

　제우스가 아버지인 크로노스를 비롯하여 티탄 신족을 물리친 후에
그들을 타르타로스에 가두고 나중에 기간테스들까지 제압하자, 분노
에 빠진 대지의 여신 가이아는 제우스에게 복수하기로 결심했다. 이
에 가이아는 타르타로스와 관계를 맺어 그녀의 마지막 자식인 티폰을

낳았다. 티폰에 대해 자세하게 언급하고 있는 『신들의 계보』는 그의 출생에 대해 다음과 같이 전하고 있다.

> "그러나 제우스께서 티탄 신족을 몰아냈을 때 거대한 가이아는 황금의 아프로디테의 도움으로 타르타로스와 사랑으로 결합하여 막내둥이 티폰을 낳았다."

『비블리오테케』에 의하면 티폰은 가이아가 낳은 자식들 중에서 가장 크고 가장 힘이 강하다. 티폰은 상반신은 인간 하반신은 뱀의 모습을 한 반인반수의 괴물인데 하늘에 닿을 정도로 키가 컸고 양팔을 벌리면 동쪽 끝과 서쪽 끝에 닿았다. 끊임없이 거센 폭풍을 만들어내어 "폭풍들의 아버지"로 불리기도 한다.

이런 무시무시한 괴물은 어머니 가이아의 부추김을 받아 "활활 타는 바윗돌을 내던지고 쉿쉿 소리와 함께 고함을 내지르고, 입에서는 강한 불길을 내뿜으며" 하늘에 있는 올림포스 산을 공격했다. 티폰이 공격을 하자 신들은 현재의 이집트 땅인 아이깁토스로 도망을 갔고,

제우스와 티폰
칼카디안식 흑색상 도기 그림. 기원전 540~530년경. 뮌헨 국립고대미술박물관

그를 피하기 위해 동물로 변신했다. 그 정도로 티폰은 신들에게 엄청난 공포의 대상이었다. 『변신이야기』에 의하면 제우스는 양떼의 우두머리 숫양으로, 디오니소스는 염소로, 아르테미스는 고양이로 변신했다고 한다.

그러나 올림포스 산에 남아있던 아테나에게 비난과 조롱을 받은 제우스는 용기를 내어 티폰에 맞서 싸웠다. 처음에는 제우스의 패배였다. 티폰은 제우스를 제압하여 그의 팔과 다리에서 힘줄을 잘라내었고 제우스는 아무 힘도 쓸 수가 없었다. 티폰은 무력해진 제우스를 코리코스 동굴에 감금한 후 뱀의 형상을 한 여인 델피네에게 그를 감시하게 했다. 그러나 헤르메스와 아이기판이라 불리는 또 다른 신이 힘줄을 몰래 훔쳐와 제우스에게 다시 붙여주었다. 이에 기운을 회복한 제우스는 날개 달린 말들이 끄는 수레를 타고 벼락을 던지며 티폰의 뒤를 쫓았고, 마침내 에트나 산을 던져 티폰을 가두어버렸다. 에트나 산은 활화산으로 오늘날에도 불길이 솟아오르는데 『비블리오테케』에 의하면 이는 제우스가 던진 벼락 때문이라고 한다. 『변신이야기』에 의하면 에트나 산이 분화하는 것은 그 속에 있는 티폰이 움직이며 화염을 뿜어내기 때문이라고 한다. 그런데 『신들의 계보』는 또 다른 이야기를 전하고 있다. 제우스가 티폰을 물리친 뒤 땅 속 가장 깊은 곳에 있는 타르타로스에 감금했다는 것이다.

어쨌든 제우스는 티타노마키아와 기간토마키아에 이어 마지막으로 이 무시무시한 티폰과의 싸움에서 승리한 후에 비로소 명실상부 신들과 인간들의 왕이자 통치자가 되었다.

또 다른 출생 이야기

또 다른 이야기에 의하면 제우스가 자신과 관계를 맺지 않고 아테나를 낳은 것에 대한 분노와 반항으로 헤라가 어떤 남신이나 남자와도 관계를 맺지 않고 혼자 자식을 낳았는데, 이 자식이 바로 티폰이라고 한다. 헤라는 티폰을 낳은 후 델포이에 있는 거대한 용에게 맡겨 그를 키우게 했다고 한다.

태풍의 어원

티폰의 어원은 원래 "연기를 내다. 연기를 내뿜다"라는 말에서 유래되었다. 『신들의 계보』에 의하면 티폰에게는 늘 "눅눅하게 불어오는 강풍들"이 생겨난다고 한다. 마치 짙은 연기를 내뿜듯 몰려드는 위험한 태풍 말이다. 영어로 타이푼은 티폰에서 유래되었다.

티폰의 아내와 자식들

티폰은 반은 인간이고 반은 뱀인 에키드나와 관계를 맺어 여러 자식을 남겼다. 『신들의 계보』에서 에키드나는 "몸의 반은 속눈썹을 깜빡이는 볼이 아주 예쁜 소녀이고 나머지 반쪽은 성스러운 대지의 깊은 곳에서 반짝거리며 게걸스럽게 먹어대는 무시무시하고 거대한 뱀"으로 나타난다. 이 무시무시하고 난폭한 무법자 티폰이 속눈썹을 깜빡이는 이 소녀와 사랑으로 한 몸이 되어 여러 괴물들을 낳았다. 머리와 몸이 세 개나 되는 거대한 괴물인 게리온의 맹견 오르트로스, 지하세계를 지키는 개 케르베로스, 레르나의 습지에 사는 물뱀 히드라, 사자와 양의 모습을 모두 가진 전설의 괴물 키마이라가 이들의 자식들이다.

헤라클레스 발 아래 죽은 오르트로스
아티카 적색상 도기, 기원전 510~500년경
뮌헨 국립고대미술박물관

틴다레오스 Tyndareus

요약

그리스 신화에 나오는 스파르타의 왕이다.

레다의 남편이며 헬레네, 클리타임네스트라, 쌍둥이 카스토르와 폴
리데우케스, 포이베 등의 아버지이다.

기본정보

구분	스파르타의 왕
외국어 표기	그리스어: Τυνδάρεως
가족관계	헬레네의 아버지, 클리타임네스트라의 아버지

인물관계

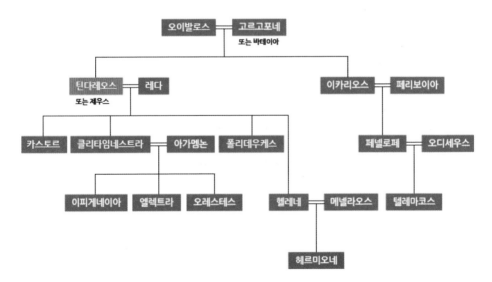

틴다레오스는 스파르타의 왕 오이발로스와 고르고포네 혹은 님페 바테이아 사이에서 난 아들이다. 다른 설에 따르면 틴다레오스의 아버지는 메세네의 왕 페리에레스라고도 한다.

아이톨리아의 왕 테스티오스의 딸 레다와 결혼하여 쌍둥이 아들 카스토르와 폴리데우케스, 그리고 두 딸 헬레네와 클리타임네스트라를 낳았다. 하지만 그의 자식들의 실제 아버지는 제우스 신이라고 한다.

신화이야기

틴다레오스와 레다

오이발로스가 죽은 뒤 스파르타의 왕위는 틴다레오스에게 계승되었지만 그는 얼마 지나지 않아 동생 이카리오스와 함께 이복형제 히포콘에 의해 스파르타에서 쫓겨났다. 스파르타의 왕위는 히포콘의 차지가 되었다.

틴다레오스와 이카리오스는 아이톨리아로 도망가서 플레우론의 왕 테스티오스에게 몸을 의탁했다. 두 형제는 테스티오스 왕이 이웃나라 아카르나니아를 정복할 때 그를 도

레다와 백조
레오나르도 다 빈치(Leonardo da Vinci),
1510∼1515년경, 로마 보르게세 미술관

와주고, 그 공으로 틴다레오스는 왕의 딸 레다와 결혼하였다.

틴다레오스와 결혼한 레다는 백조로 변신한 제우스에게 유혹당하여 사랑을 나눈 뒤 임신했는데, 달이 차자 여자아이 하나와 알 두 개를 낳았다. 한 알에서는 쌍둥이 형제 카스토르와 폴리데우케스가 나

오고, 다른 알에서는 헬레네가 나왔다. 알에서 나온 이 세 아이는 제우스의 자식이고, 처음부터 사람으로 태어난 다른 여자아이는 틴다레오스의 자식인 클리타임네스트라이다. 다른 설에 따르면 레다는 알두 개를 낳았는데, 한 알에서는 두 딸 헬레네와 클리타임네스트라가나오고 다른 알에서는 쌍둥이 형제가 나왔다고 한다. 틴다레오스와레다 사이에서는 그밖에도 필로노에, 티만드라, 포이베 등의 자식들이태어났다.

틴다레오스와 레다, 그리고 디오스쿠로이
흑색상 도기, 기원전 540년, 아테네

스파르타로의 귀환

히포콘과 그 자식들이 헤라클레스의 노여움을 사서 죽임을 당하자틴다레오스는 헤라클레스의 도움으로 다시 스파르타의 왕에 복귀할수 있었다. 얼마 후 스파르타에는 미케네의 왕 아트레우스의 두 아들아가멤논과 메넬라오스 형제가 찾아왔다. 아트레우스 왕이 동생 티에스테스에 의해 살해당하자 그의 손길을 피해 도망쳐온 것이다. 틴다레오스는 두 딸 클리타임네스트라와 헬레네를 이들 형제와 결혼시켰다.그리고 나서 클리타임네스트라와 결혼한 아가멤논에게는 미케네로 가서 티에스테스를 몰아내고 왕권을 되찾도록 도와주었고, 헬레네와 결혼한 메넬라오스에게는 나중에 자신의 왕위를 물려주었다. 하지만 이들의 결혼 과정은 그리 순탄치만은 않았다.

틴다레오스의 딸 클리타임네스트라는 이미 티에스테스의 아들 탄탈로스와 결혼한 사이였는데, 아가멤논은 탄탈로스와 그의 어린 아들을 클리타임네스트라가 지켜보는 가운데 살해하고 그녀를 강제로 욕보인 뒤 결혼하였다고 한다. 나중에 아가멤논은 아내 클리타임네스트라의 손에 살해당했는데, 두 사람의 관계는 시작부터 비극적인 운명을 암시하고 있는 셈이다.

헬레네의 결혼

미녀 헬레네가 결혼할 나이가 되자 그리스 전역에서 구혼자들이 몰려들었다. 그중에는 오디세우스, 메네스테우스, 대(大)아이아스, 파트로클로스, 이도메네우스 같은 불세출의 영웅과 왕들도 있었다. 하지만 가장 유력한 후보는 틴다레오스의 총애를 받는 메넬라오스였다.

틴다레오스의 딸 헬레네
안토니오 카노바(Antonio Canova)
빅토리아앨버트미술관

구혼자들은 하나같이 엄청난 선물들을 가져왔다. 하지만 틴다레오스는 그들의 선물이 달갑지만은 않았다. 그렇다고 구혼자들을 그냥 돌려보낼 수도 없는 노릇이었다. 그들이 모욕을 당했다고 느끼고 전쟁을 걸어올까 두려웠기 때문이다. 이때 오디세우스가 찾아와 자신이 문제를 해결해 줄 테니 그 대신 그가 이카리오스의 딸 페넬로페와 결혼할 수 있도록 도와달라고 했다. 다른 구혼자들처럼 많은 선물을 가져올 수 없었던 오디세우스는 헬레네에 대한 구혼을 일찌감치 포기하고 페넬로페를 마음에 두고 있었던 것이다. 이카리오스는 틴다레오스 왕의 동생이니 페넬로페는 그의 질녀가 된다. 틴다레오스는 기뻐하며 그러겠다고 했고, 오디세우스는 해결 방법을 알려주었다. 그는 틴다레오스에게 결정에 앞서 모든 구혼자들에게 누가 남편으로 선택받든 그 권리를 인정하고 부부를 지켜주겠다는 맹세를 받아내라고 했다. 오디세우스의 묘책은 성공을 거두었고 헬레네는 메넬라오스와 결혼했다. 나중에 헬레네가 파리스와 트로이로 도망쳤을 때 메넬라오스는 그리스의 영웅들에게 이 맹세를 상기시키며 도움을 이끌어낼 수 있었고, 그 결과 트로이 전쟁이 벌어진다.

틴다레오스는 아들들이 이다스, 린케우스 등과 싸우다 모두 전사했기 때문에 사위 메넬라오스에게 왕위를 물려주었다. 틴다레오스는 트로이 전쟁이 시작될 때 아직 살아있었고, 심지어 오레스테스가 어머니를 죽인 죄로 아테네의 아레오파고스에서 재판을 받을 때까지도 장수를 누리고 있었다고 한다.

신화해설

틴다레오스 왕은 그 자신보다 자식들을 통해서 그리스 신화에 이름을 올리는 인물이다. 헬레네는 트로이 전쟁의 원인이 되는 고대 그리스 최고의 미녀이고, 클리타임네스트라는 남편을 죽이고 또 자식에게 죽임을 당함으로써 고대의 작가들이 가장 즐겨 다루는 비극적 인물이다. 쌍둥이 아들 카스토르와 폴리데우케스 역시 이아손과 아르고호 원정을 함께 한 영웅들이다. 이런 빼어난 자식들의 아버지로서 틴다레오스의 행적이 충분치 못했던 걸까? 고대인들은 틴다레오스 대신 백조로 변신한 제우스를 이들의 아비로 삼았다.

ㅍ

그 리 스 로 마 신 화 인 물 사 전

Greek Roman mythology Dictionary

파나케이아 Panacea

요약

  그리스 로마 신화에 등장하는 의술의 신 아스클레피오스의 딸로 모
든 질병을 낫게 하는 보편적 치료의 여신이다.
  만병통치약을 뜻하는 영어 단어 패너시어(panacea)가 여기서 유래
하였다.

기본정보

구분	의술의 신
상징	치유하는 힘
외국어 표기	그리스어: Πανάκεια
어원	만병통치
별칭	파나세아(Panacea)
관련 신화	트로이 전쟁
가족관계	아스클레피오스의 딸, 에피오네의 딸, 포달레이리오스의 남매

인물관계

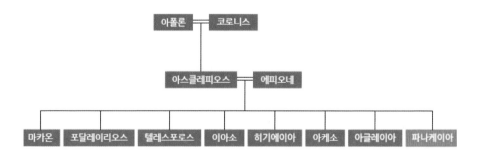

파나케이아는 아스클레피오스와 에피오네 사이에서 태어난 딸로 4명의 자매(히기에이아, 이아소, 아케소, 아글레이아)와 3명의 남자 형제(마카온, 포달레이리오스, 텔레스포로스)가 있다.

신화이야기

의술의 신 아스클레피오스의 자녀들

파나케이아는 아폴론의 아들인 의술의 신 아스클레피오스와 아픈 이들의 고통을 달래주는 여신 에피오네 사이에서 태어난 딸로 '모든 병을 낫게 하는' 만병통치의 여신이다. 아스클레피오스와 에피오네 사이에서는 파나케이아 외에도 4명의 딸이 더 태어났는데 그들도 모두 의술의 한 영역을 담당하고 있다. 히기에이아는 보건과 위생이 의인화된 여신, 이아소는 질병에서 회복되는 치유의 여신, 아케소는 치료의 여신, 아글레이아는 건강한 아름다움을 지닌 생기의 여신이다.

아기에게 약을 주는 파나케이아
가졸라(J. Gazola)의 목판화, 1716년

파나케이아에게는 또한 3명의 남자 형제가 있는데 이들도 모두 의술에 뛰어난 재능을 지닌 인물들이었다. 호메로스의 『일리아스』에 따르면 마카온과 포달레이리오스는 테살리아 병사들을 이끌고 트로이 전쟁에 참여해서 많은 장수들의 부상을 치료했다. 특히 마카온(혹은 포달레이리오스)은 필록테테스의 상처를 치료한 것으로 유명한데, 그는 아폴론의 도움으로 필록테테스를 깊은 잠에 빠뜨린 뒤 상처 부위를 절개하고 썩은 살을 도려내어 치료하였다. 일각에서는 이를 인류 최초의 마취 수술로 보기도 한다.('필록테테스' 참조) 또 다른 아들인 텔레스포로스는 회복의 신으로 아버지 아스클레피오스의 의술을 도우며 살았다. 그는 종종 아버지 아스클레피오스, 누이 히기에이아와 함께 의술을 상징하는 3신으로 언급되기도 한다.

파나케이아의 이름은 아폴론, 아스클레피오스, 히기에이아와 함께 『히포크라테스 선서』의 첫 문장에 등장한다. "나는 의술의 신 아폴론과 아스클레피오스, 히기에이아, 파나케이아, 그리고 모든 남신과 여신의 이름으로 나의 능력과 판단에 따라 이 선서와 계약을 이행할 것을 맹세합니다."

만병통치약

모든 종류의 병을 낫게 하는 만병통치약을 뜻하는 영어 단어 '패너시어(panacea)'는 보편적 치유의 여신 파나케이아에서 유래하였다. 하지만 요즘 이 단어는 의술과 관련된 용어라기보다는 다양하고 복잡한 문제를 단박에 해결하는 묘책을 뜻하는 은유적 표현으로 주로 사용된다.

파로스 Pharos

요약

그리스 신화에 나오는 메넬라오스의 귀향선 선장이다.

트로이 전쟁을 끝내고 귀향하던 메넬라오스 일행이 풍랑에 밀려 이집트 연안의 섬에 표착했을 때 그곳의 뱀에 물려 사망하였다. 나중에 그 섬은 그의 이름을 따서 파로스 섬이라고 불렸다. 하지만 또 다른 이야기에 따르면 그는 트로이에 있는 헬레네를 도와 그녀를 이집트로 데려다 준 뒤 파로스 섬의 뱀에 물려 죽었다고 한다.

기본정보

구분	신화 속 인물
상징	뱃사람
외국어 표기	그리스어: Φάρος
관련 동물	뱀
관련 지명	나일 강 어귀의 파로스 섬
관련 신화	트로이 전쟁, 헬레네, 메넬라오스

인물관계

파로스는 메넬라오스의 수하 중 한 명으로 스파르타 출신이라고도 하고, 소아시아 이오니아 지방의 도시 카리아 출신으로 헬레네가 트로이에서 도망치기 위해 고용한 인물이라고도 한다.

신화이야기

파로스 섬에 이름을 준 파로스 선장의 신화에 관해서는 두 가지 이야기가 있다.

메넬라오스의 귀향선 선장

트로이를 함락시킨 메넬라오스는 데이포보스의 집에서 도망친 아내 헬레네를 찾아냈다. 메넬라오스는 헬레네를 당장에 죽이려 했지만 헬레네의 미모와 아프로디테의 방해로 행동에 옮기지 못하고 결국 다시 아내로 받아들여 함께 스파르타로 귀향길에 올랐다.

이때 이들의 귀향선을 운행한 선장이 파로스다. 메넬라오스와 헬레네를 태운 파로스의 배는 풍랑에 밀려 이집트 나일 강 어귀의 한 섬에 표착하였다. 그런데 그곳은 뱀들이 득실거리는 섬이었고, 파로스는 그만 뱀에 물려 죽고 말았다. 메넬라오스는 파로스의 장례를 치러주고 그곳을 그의 이름을 따서 파로스 섬이라고 이름 붙였다.

헬레네의 도주를 도운 파로스 선장

또 다른 이야기에 따르면 파로스는 소아시아 이오니아 지방의 도시 카리아 출신으로 헬레네가 트로이에서 도망치기 위해 고용한 인물이었다고 한다. 파리스와 함께 트로이로 도망친 (혹은 파리스에 의해 트로이로 납치된) 헬레네는 파리스가 전쟁 중에 죽은 뒤에 다시 그의 동생 데이포보스의 아내가 되었다. 하지만 여전히 메넬라오스를 그리워하던 헬레네는 카리아 출신의 선장 파로스를 매수하여 그녀를 라케다이몬(스파르타)으로 데려다 달라고 했다. 트로이를 떠난 헬레네 일행은 풍랑으로 이집트에 표착하였고 파로스는 나일 강 어귀의 한 섬에서 뱀에 물려 죽고 말았다.

파로스가 죽자 헬레네는 비통해하며 장례를 치러주고 섬에 그의 이름을 붙여주었다. 그 후 헬레네는 계속해서 이집트에 머물다 메넬라오스가 트로이 전쟁을 끝내고 귀향하다 잠시 들렀을 때 비로소 그와 상봉할 수 있었다고 한다. 메넬라오스는 헬레네를 스파르타로 데려가 다시 아내로 삼았다.

파로스 섬의 등대

파로스 섬에는 기원전 3세기경에 거대한 등대가 세워졌다. 프톨레마이오스 2세의 지시로 세워진 이 등대는 높이가 135m에 이르는 거대한 대리석 건물로 불빛이 50킬로미터 밖에서도 보였다고 한다. 파로스 등대는 9세기경 신성로마제국과 이슬람 국가 사이에 벌어진 전쟁의 와중에 일부 파괴되어 등대로서의 역할을 잃었고 14세기 초에 발생한 대지진으로 세상에서 완전히 자취를 감추었다.

등대의 존재는 1994년 바다 속에서 당시 옥탑에 있던 여신상 등 등대 잔해 여러 점이 인양되면서 알려졌다. 하지만 당시 기술로 어떻게 이런 규모의 등대가 세워졌는지, 또 어떤 방법으로 불을 밝혔는지 등이 정확히 알려지지 않아 세계 7대 불가사의 가운데 하나로 꼽힌다.

파로스 등대
요한 베른하르트 피셔 폰 에어라흐(Johann Bernhard Fischer von Erlach), 17921년

파르나소스 Parnassus, Parnassos

요약

파르나소스는 델포이에 있는 아폴론 신전의 예언자로 새점의 발명
자이다.

델포이의 파르나소스 산이 그의 이름에서 유래하였다. 파르나소스
산은 아폴론에게 봉헌된 산이자 무사이 여신들의 고향으로 예술과
문학을 상징하는 곳이기도 하다.

기본정보

구분	예언자
상징	예언, 예술
외국어 표기	그리스어: Παρνασσός
관련 신화	델포이 신전의 건립

인물관계

파르나소스는 님페 클로오도라와 바다의 신 포세이돈 사이에서 태
어난 아들이지만, 그에게는 클레옴폼포스라는 인간 아버지도 있었다
고 한다.

파르나소스
라파엘로 산치오(Raffaello Sanzio), 1509~1510년

신화이야기

예언자 파르나소스

파르나소스는 델포이에 있는 아폴론 신전의 예언자로 님페 클로오도라와 바다의 신 포세이돈 사이에서 태어났다. 그는 처음으로 새를 이용한 점을 치는 등 예언자로서 커다란 명성을 쌓았기 때문에 사람들은 그의 신탁소가 자리한 산에 그의 이름을 붙여 파르나소스 산이라고 불렀다.

다른 설에 따르면 그가 활동하던 신탁소는 아폴론의 신전이 아니라 피톤의 신전이었다고 한다.

피톤은 대지의 여신 가이아가 홀로 낳

아폴론과 아홉 뮤즈
안톤 라파엘 멩스(Anton Raphael Mengs), 1750~1760년경
예르미타시 미술관

은 자식으로 커다란 왕뱀이었는데 가이아로부터 예언 능력을 물려받았다고 한다. 그의 이름을 따서 피톤이라고 불린 그의 신전은 사람들에게 앞일을 예언해주는 신탁소로 유명했다. 피톤은 나중에 아폴론의 화살에 맞아 죽었고, 아폴론은 그 자리에 자신의 신전을 세우고 이름을 델포이라고 지었다.('피톤' 참조)

파르나소스 산

그리스 신화에서 파르나소스 산은 아폴론에게 봉헌된 산이자 예술의 여신들인 무사이가 거처하는 곳으로 유명하다. 그래서 파르나소스라는 지명은 훗날 문학과 예술의 상징이자 은유로 간주되었다. 예를 들어 프랑스 파리의 유서 깊은 예술의 중심지인 몽파르나스 거리는 '파르나소스 산'이라는 뜻이다. 이곳에는 지금도 모딜리아니, 샤갈, 사티, 헤밍웨이 등 예술가들이 즐겨 찾던 카페들이 모여 있다.

그리스 신화에서 파르나소스 산은 또한 대홍수 때 데우칼리온과 피라의 방주가 정박한 곳이며, 모친 살해범으로 복수의 여신들에게 쫓기던 오레스테스가 숨어 지내던 곳이기도 하다.

파르나소스
안드레아 만테냐(Andrea Mantegna), 1497년, 루브르 박물관

파르테노페 **Parthenope**

요약

그리스 신화에 나오는 반인반조(伴人伴鳥)의 괴물 세이레네스 자매 중 한 명이다.

이탈리아 남부의 외딴 섬에 살면서 매혹적인 노래를 불러 근처를 지나는 배들을 좌초시켰다. 트로이 전쟁을 끝내고 귀향하는 오디세우스를 유혹하는 데 실패한 뒤에 분을 이기지 못하고 바다에 뛰어들어 스스로 목숨을 끊었다.

기본정보

구분	괴물
상징	치명적인 유혹
외국어 표기	그리스어: Παρθενόπη
어원	소녀의 음성
관련 지명	나폴리
관련 신화	오디세우스의 귀향, 아르고호 원정
가족관계	아켈로오스의 딸, 테르프시코레의 딸, 레우코시아의 자매, 리게이아의 자매

인물관계

파르테노페는 강의 신 아켈로오스가 무사이 중 하나인 테르프시코레(혹은 멜포메네, 혹은 칼리오페)와 사이에서 낳은 딸로 다른 두 자매 레우코시아, 리게이아와 함께 세이레네스라는 이름으로 불리었다. 세

이레네스는 '휘감는 자', '옴짝달싹
못하게 얽어매는 자'라는 뜻이다.

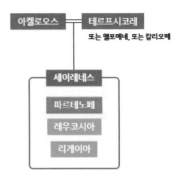

신화이야기

세이레네스 자매

세이레네스(단수형 세이렌)에 관해서 언급된 가장 오래된 문헌인 호
메로스의 『오디세이아』에서 세이레네스는 아직 개별적인 이름으로 불
리지 않았다. 플루타르코스나 트제트제스 같은 후대의 작가들에 와
서야 비로소 세이레네스는 각자의 이름을 얻게 된다. 문헌마다 자매
의 이름과 수에 차이가 있는데, 고대 그리스의 역사가 스트라본은 세
이레네스가 파르테노페, 레우코시아, 리게이아 등 세 자매라고 했다.

그에 따르면 파르테노페는 다른 두 자매와 함께 이탈리아 남부 해안
의 외딴 섬에서 살았으며 자매들의 아버지는 강의 신 아켈로오스라고
한다.

세이레네스의 유혹을 물리친 오디세우스

『오디세이아』에서 오디세우스는 트로이 전쟁을 끝내고 고향 이타카
로 돌아가는 길에 세이레네
스의 섬을 지나게 된다. 그
는 이미 마녀 키르케로부터
세이레네스가 부르는 노래
의 치명적인 위험에 대해 들
었기 때문에 부하들에게 밀
랍으로 귀를 막고 노를 젓
게 하였다. 하지만 자기 자

오디세우스와 세이레네스
아티카 적색상 도기, 기원전 480년경, 영국 박물관

234

신은 그녀들의 노래를 들어보기 위해 돛대에 몸을 묶고 귀를 막지 않은 채로 세이레네스의 섬을 지나갔다.

이아손과 아르고호 원정대도 세이레네스의 섬을 지나갔는데 이때는 오르페우스가 리라를 켜며 노래를 불러 세이레네스가 부르는 노래의 위력을 제압하였다고 한다.

세이레네스는 오디세우스가 자신들의 노래에 유혹되지 않고 무사히 곁을 지나가자 치욕스러운 마음에 분을 이기지 못하고 바다로 뛰어들어 자살하였다.

나폴리의 수호신 파르테노페

그 뒤 파르테노페의 시체는 파도에 밀려 나폴리 연안으로 흘러들었고, 사람들은 그곳에 그녀를 묻어주었다고 한다. 그 후로 나폴리에서는 파르테노페를 도시의 수호신으로 삼아 해마다 그녀를 기리는 제사를 올렸으며, 기원전 5세기 무렵부터는 디오티모스라는 이름의 아테네의 선원이 들었다는 신탁에 따라 횃불 경주도 열리게 되었다.

베르길리우스 등 후대의 시인들은 나폴리의 지명을 파르테노페라고 쓰기도 했으며, 나폴레옹은 이탈리아를 정복한 뒤 나폴리 왕국을 해체하고 세운 나라의 이름을 파르테노페 공화국이라고 지었다.

파르테노페
1833년의 삽화, 영국 도서관
: 파르테노페가 경고의 손짓으로 베수비오 화산을 가리키고 있다

파리스 Paris

요약

트로이의 마지막 왕 프리아모스와 왕비 헤카베의 아들이다.

파리스는 헤라, 아테나, 아프로디테 중 그에게 지상 최고의 미인을 주겠다고 한 아프로디테를 가장 아름다운 여신으로 택하였다. 파리스는 아프로디테가 그에게 약속한 헬레네를 트로이로 데려오고 이로 인해 트로이 전쟁이 일어났다. 그는 트로이 전쟁의 막바지에 필록테테스의 독화살을 맞고 죽었다.

기본정보

구분	왕자
상징	미남, 사랑의 도피
외국어 표기	그리스어: Πάρις
별칭	알렉산드로스
관련 신화	트로이 전쟁, 파리스의 심판, 헬레네

인물관계

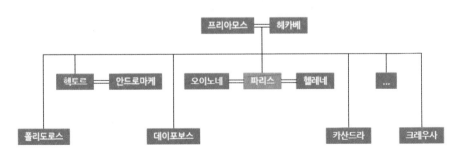

트로이의 마지막 왕 프리아모스와 왕비 헤카베의 아들인 파리스는 트로이 전쟁의 영웅 헥토르와 형제지간이며 트로이의 3대 예언자 중 한 명인 카산드라, 헬레노스와 남매지간이다.

신화이야기

파리스의 출생의 비밀

아폴로도로스는 프리아모스의 둘째 아들 파리스의 운명과 트로이의 운명을 다음과 같이 밝힌다.

헤카베가 파리스를 임신했을 때 불이 붙은 나무토막을 넣자 그 나무토막이 트로이 전체를 불태우는 불길한 꿈을 꾸었다. 헤카베로부터 꿈 이야기를 들은 프리아모스 왕은 외할아버지에게서 해몽을 배운 아들 아이사코스(프리아모스 왕의 첫 번째 아내인 아리스베의 아들이다)를 불렀다. 아이사코스는 자신의 동생이 트로이를 멸망시킬 수 있으니 내다 버리라고 충고하였고, 자식보다 나라의 앞날이 걱정된 프리아모스는 신하인 아겔라오스에게 갓난아이를 이다 산에 갖다 버리라고 했다. 그러나 산 속에서 암곰의 젖을 먹고 5일 동안 살아남은 파리스는 아겔라오스의 보호 아래 훌륭하게 성장하였고, 사람들은 파리스가 도둑을 물리치고 양떼를 지켜주었기 때문에 그를 '보호해주는 남자'라는 뜻을 가진 알렉산드로스라고 불렀다.

히기누스는 프리아모스 왕 내외와 파리스의 재회를 그의 작품 『이야기』에 기록하고 있다.

프리아모스 왕 내외는 갓난아기 때 버린 아들의 제사에 쓸 황소를 구하기 위해 신하들을 이다 산으로 보냈다. 그런데 하필 그들은 파리스가 각별하게 아낀 황소를 가져갔다. 파리스는 희생제식과 함께 열리는 경기에 자신의 황소가 상으로 주어진다는 사실을 알고 소를 되찾기 위해 경기에 참가하여 발군을 실력을 발휘했다. 그가 모든 종목에서 왕의 아들들과 트로이의 청년들을 이기자 화가 난 프리아모스의 아들 데이포보스가 파리스를 죽이려고 했으나 살기를 느낀 파리스는 제우스 신전으로 피신했다. 마침 제우스 신전에 있던 카산드라가 부모조차 알아보지 못한 파리스를 바로 알아보았고, 그를 쫓아 제우스 신전까지 온 데이포보스에게 이 청년이 바로 그들의 동생임을 알려주었다. 아들을 버렸다는 죄책감을 갖고 있던 프리아모스 왕과 헤카베 왕비는 기쁨을 감추지 못하였다.

파리스의 사과

파리스는 이다 산에서 님프 오이노네와 만나 행복한 결혼 생활을 했다.(작가에 따라 파리스가 오이노네를 만난 시기가 다르다. 왕자의 신분을 찾기

사과를 들고 있는 파리스
니콜라 프랑수아 질레(Nicolas Francois Gillet),
1757년, 루브르 박물관
©Marie-Lan Nguyen@Wikimedia(CC BY-SA 2.5)

전에 그녀를 만났다고도 하고 그 후라고도 한다) 파리스와 오이노네가 평온한 삶을 살고 있을 때 이들의 운명을 바꾸어 놓을 사건이 벌어졌다. 펠리온 산에서 여신 테티스와 펠레우스의 결혼식이 열렸고 불화의 신 에리스를 제외한 모든 신들이 초대되었다. 부부의 행복을 위해 초대받지 못한 불화의 여신은 앙심을 품고 헤라, 아프로디테, 아테네 여신 앞에 사과 하나를 던지며 그것이 가장 아름다운 여신의 것이라고 말했다.

파리스의 심판
페테르 파울 루벤스(Peter Paul Rubens), 1639년, 프라도 미술관

아무도 세 여신 중 누가 가장 아름다운지 판정하려 하지 않자 제우스는 헤르메스에게 세 여신(헤라, 아프로디테, 아테나)을 데리고 이다 산의 파리스에게 가라고 했다. 이에 헤르메스는 파리스에게 세 여신 중 누가 가장 아름다운지 판결하라는 제우스의 명령을 전하였다.

세 여신은 파리스로부터 아름다운 여신으로 선택되고자 파리스에게 특별한 선물을 제시했는데, 헤라는 권력을, 아테나는 전쟁의 승리를, 아프로디테는 지상 최고의 미인을 주겠다고 약속했다. 파리스는 세 여신 중 지상 최고의 미인을 주겠다는 아프로디테를 가장 아름다운 여신으로 선택했는데, 이 결정으로 트로이에는 기나긴 전쟁의 광풍이 몰아치고 오이노네의 불행도 시작되었다.

파리스는 절세미인이자 스파르타 메넬라오스 왕의 아내인 헬레네를 데리러 갈 준비를 했다. 레아에게서 예언술을 배운 오이노네는 헬레네가 얼마나 큰 재앙을 가져올 지 파리스에게 경고하면서 그를 말렸다. 카산드라 역시 파리스가 스파르타로 가면 트로이에 큰 재앙이 닥칠 것이라고 말했지만 아무도 그녀의 말을 믿지 않았다.

여전히 파리스를 깊이 사랑하고 있는 오이노네는 파리스에게 닥칠 불행을 예감하고, 생명을 위협하는 상처를 입으면 반드시 그녀를 찾아오라고 그에게 신신당부했다. 왜냐하면 그녀만이 그를 살릴 수 있는 치료제를 가지고 있기 때문이었다. 결국 남편 파리스가 무정하게 그녀를 떠나버리자 오이노네는 아버지에게 돌아갔다.

트로이로 야반도주

스파르타에 도착한 파리스는 헬레네의 남편 메넬라오스의 극진한 대접을 받았다. 10일째 되는 날 메넬라오스가 외조부 카트레우스의 장례식에 참석하기 위해 크레타로 떠나자 그 틈을 이용해 파리스는 헬레네를 설득했다. 그녀는 아홉 살 된 딸 헤르미오네를 남겨두고 재산을 챙겨 한밤중에 파리스와 트로이로 야반도주하였다.(헬레네가 파리스를 사랑해서 스파르타를 떠났다는 설도 있다)

에우리피데스의 『트로이의 여인들』에는 헬레네가 파리스를 따라 트로이로 간 이유를 전남편 메넬라오스에게 변명하는 모습이 그려져 있다. 헬레네는 자신은 아무 잘못도 하지 않았고 모든 문제의 책임은 파리스를 낳은 헤카베와 트로이의 재앙이 될 파리스를 죽이지 않은 프

파리스와 오이노네
피터 라스트만(Pieter Lastman), 1610년, 미국 하이미술관

헬레네와 파리스
자크 루이 다비드(Jacques Louis David)
1788년, 루브르 박물관

리아모스에게 있다고 항변했다. 그들로 인해 그녀와 트로이가 파멸하게 되었다고 한탄하며 자신을 파리스와 함께 스파르타에 남겨두고 크레타로 간 메넬라오스의 어리석음을 탓하였다. 이어 그녀는 알렉산드로스(파리스)가 죽었을 때 메넬라오스에게 돌아오고자 몰래 밧줄을 타고 성벽을 내려오다 몇 번이나 발각되어 돌아갈 수 없었다고 탄식하며, 그 후 강제로 프리아모스의 아들 데이포

보스와 재혼하게 되었다고 말했다. 한편 이 말을 듣고 있던 헤카베는 헬레네가 파리스의 빼어난 용모와 그의 재산에 반해서 부유하지 못한 스파르타를 떠나 트로이로 왔을 뿐이라고 날카롭게 반박했다.

『트로이의 여인들』에서 헬레네의 모습은 호메로스의 『일리아스』에서 자신에게 친절하게 대해주는 프리아모스 집안에 감사하는 헬레네의 모습과는 사뭇 다르다.

또 다른 이야기

일설에 의하면 헤르메스는 제우스의 뜻에 따라 헬레네를 이집트로 데려갔다. 그는 이집트의 왕인 프로테우스에게 헬레네를 맡기고 구름으로 만든 가짜 헬레네를 데리고 트로이로 갔다고 한다. 헤로도토스에 따르면 파리스는 헬레네와 이집트로 갔는데 이집트의 왕 프로테우스가 파리스의 행동에 분노하여 그를 추방했다. 그리고 헬레네의 남편 메넬라오스가 헬레네를 데리러 올 때까지 그녀를 보호했다.

파리스와 메넬라오스

헬레네를 빼앗긴 메넬라오스는 헬레네의 옛 구혼자들을 모아 헬레
네의 남편으로 선택된 사람의 생명과 권리를 존중하겠다는 그들의 서
약을 지키라고 했다. 이리하여 메넬라오스의 형 아가멤논을 중심으로
그리스군이 결성되어 아가멤논이 전군의 사령관이 되고 아킬레우스가
함대를 지휘했다. 이렇게 상상 10년 간의 그리스-트로이 전쟁의 서곡
이 울려 퍼졌다. 그러나 아폴로도로스에 따르면 정작 전쟁은 10년 후
에 진행된다. 2년의 준비 기간과 트로이의 항로를 제대로 찾지 못해
8년의 세월이 흘렀기 때문이다.『일리아스』에서 헬레네 역시 헥토르의
죽음을 헤카베와 더불어 슬퍼하며 자기가 고향을 떠나온 지 20년이
되었다고 말했다.

파리스의 미미한 활약

파리스는 처음에는 전쟁의 선두에 섰다. 그는 그리스군에서 누구든
좋으니 자신과 일대일로 맞대결을 하자고 제안했고, 메넬라오스가 파
리스의 죄를 응징할 기회를 놓치지 않고 앞에 나섰다. 파리스는 메넬
라오스를 보자 뱀을 보고 놀란 사람처럼 뒤로 물러섰는데 헥토르는
외모만 훌륭했지 여자나 유혹하는 못난 인간이며 차라리 태어나지
말았어야 했고 장가들기 전에 죽었어야 했다고 파리스를 맹렬하게 비
난했다. 헥토르의 일리 있는 비난에 파리스는 헬레네와 그녀의 모든
보물을 걸고 메넬라오스와 일대일 결투에 나섰는데, 이 결투는 트로
이 전쟁의 지속을 결정하는 중요한 싸움이었다. 그러나 파리스는 너무
무력했다. 메넬라오스는 땅에 쓰러진 파리스의 투구의 말총 장식을
잡고 그를 질질 끌고 갔다. 그때 그들의 싸움을 지켜보던 제우스의 딸
아프로디테가 짙은 안개로 파리스를 감싼 뒤 그를 헬레네의 방으로

파리스와 메넬라오스의 전투
아티카 적색상 도기, 기원전 490~480년, 루브르 박물관

데려갔다. 헬레네는 비겁하게 싸움터에서 돌아온 파리스를 비난했지만 파리스는 자신을 괴롭히지 말라고 헬레네를 달랬다. 한편 아트레우스의 아들 메넬라오스는 파리스를 찾아 이리저리 다녔지만 결국 찾지 못했고, 전쟁은 잠시 소강상태에 접어들었다.

이들의 싸움을 지켜본 올림포스의 신들이 제우스를 중심으로 이 문제를 놓고 회의를 했다. 헤라와 아테나는 트로이의 판다로스가 메넬라오스에게 활을 쏘도록 했다. 그들이 부상을 입자 분격한 아가멤논은 곧바로 전투 태세를 갖추고 트로이 진영으로 공격해 들어갔다. 이렇게 트로이 전쟁은 다시 시작되었다.

파리스와 아킬레우스

아폴로도로스와 호메로스는 파리스와 아폴론이 아킬레우스를 죽였다고 했다. 친구 파트로클로스의 원수를 갚고자 다시 트로이 전쟁에 참여한 아킬레우스는 아테나 여신의 도움을 받아 헥토르의 목을 창으로 찔러 죽였다. 헥토르는 마지막 숨을 몰아쉬며 아킬레우스도 파리스와 아폴론의 손에 죽게 될 것이라고 예언했다. 아킬레우스는 헥토르의 저주처럼 스카이아이 문 앞에서 파리스와 아폴론이 쏜 화살에 그의 유일한 약점인 발뒷꿈치를 맞아 숨을 거두었다.

베르길리우스와 오비디우스에 따르면 화살은 파리스가 쐈지만 그 화살이 아킬레우스를 관통하도록 도와준 것은 아폴론이라고 한다. 오비디우스의 『변신이야기』를 보면 아폴론은 파리스에게 쓸데없는 병사들에게 화살을 낭비하지 말고 빨리 형제들의 원수를 갚으라고 말했다. 파리스가 펠레우스의 아들 아킬레우스에게 화살을 쏘자 아폴론은 화살이 아킬레우스를 명중하도록 도움을 주었다.

에우리피데스의 『안드로마케』와 『헤카베』에서는 파리스 혼자 아킬레우스를 죽인 것으로 되어 있다. 헤카베는 자신의 딸 폴릭세네를 아킬레우스의 제물로 바치려는 오디세우스에게 어미된 심정으로 울부짖었다. 테티스의 아들 아킬레우스를 화살로 죽인 파리스를 낳은 장본인은 바로 자신이니 폴릭세네 대신 자신을 아킬레우스의 무덤으로 끌고 가서 죽이라고 했다.

히기누스는 아킬레우스의 죽음을 다르게 묘사했다. 아킬레우스는 프리아모스의 딸 폴릭세네에게 반하고, 폴렉세네의 아버지 프리아모스 왕은 그리스군이 트로이에서 물러가면 딸을 아킬레우스에게 주겠다고 했다. 이에 아킬레우스는 무장도 하지 않고 혼자 팀브레의 아폴론 신전으로 갔고, 프리아모스 왕의 아들 데이포보스가 아킬레우스를 우정 어린 몸짓으로 포옹하는 사이에 파리스가 아킬레우스를 칼로 찔렀다. 혹은 그가 신상 뒤에 숨어서 아킬레우스에게 화살을 쏘았다고도 한다.

파리스의 죽음

파리스는 트로이 전쟁의 막바지에 헤라클레스의 독화살을 가지고 있는 필록테테스의 화살을 맞고 치명적인 부상을 입었다. 그때 그는 자신이 버린 아내 오이노네의 말을 떠올리고 이다 산으로 그녀를 찾아갔다.(혹은 전령을 보내 오이노네에게 도움을 청했다는 설도 있다) 목숨이 경각에 달린 파리스를 본 오이노네는 마음이 아프기보다는 자신을 차갑게 버린 남편에 대한 서운함이 앞서 파리스의 치료를 거부했고,(그녀의 아버지가 치료를 거부했다는 설도 있다) 결국 파리스는 트로이로 돌아오는 길에 목숨을 잃고 말았다.(혹은 사신의 소식에 실망하여 죽었다는 설도 있다)

남편을 무정하게 돌려 보내고 오이노네는 이내 후회를 하고 남편을 끝까지 외면할 수 없어서 서둘러 치료제를 챙겨 파리스에게 갔으나 이미 파리스는 숨을 거둔 후였다. 싸늘한 남편의 시신을 본 오이오네는 목을 매 자살했다. 다른 설에 의하면 오이노네는 파리스를 화장하는 장작더미에 몸을 던져 함께 화장되었고 같이 묻혔다고 한다.

파리스를 치료하기를 거부하는 오이노네
앙투안–밥 티스트 토마스(Antoine Jean Baptiste Thomas)
1816년, 파리 국립고등미술학교
©Antoine–Jean–Baptiste Thomas@Wikimedia(CC BY–SA)

245

파마 Fama

요약

파마는 로마 신화에서 소문 및 명성의 여신으로 그리스 신화에서는 페메로 표현된다.

매우 빠르게 속도로 퍼져 나가는 소문을 의인화한 것이다.

기본정보

구분	개념이 의인화된 신
상징	소문
그리스 신화	페메(Φήμη)
어원	말하다, 명성, 불명예, 여론
가족관계	가이아의 딸

인물관계

베르길리우스에 의하면 파마는 대지의 여신인 가이아의 자식으로 가이아가 코이오스와 엔켈라도스 다음에 낳은 딸이다.

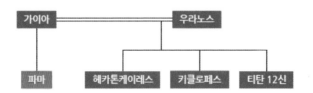

신화이야기

파마는 로마 신화에 나오는 신으로 빠른 속도로 퍼져 나가면서 점점 커져가는 소문을 의인화한 신이다. 파마는 그리스 신화에서는 페메로 나타나는데 헤시오도스는 『일과 날』에서 페메를 소문을 의인화하여 비유적으로 묘사하고 있으며 페메(소문)는 본성상 나쁜 것이라 언급하면서 영원히 죽지 않는다는 점에서 "신과도 같은 존재"라고 지칭한다.

『아이네이스』는 파마를 출생 이야기와 함께 좀 더 생생하게 묘사하면서 "소문은 세상에서 가장 빠른 악"이라고 규정한다.

> "페메(소문)는 세상의 악 중에서 가장 빠르다. 그녀는 움직이면서 강해지고 나아가면서 힘을 얻는다. 페메는 처음에는 겁이 많아 몸집이 작지만 금방 하늘로 솟고, 발로는 땅 위를 걸으면서 머리는 구름에 가려져 있다. 전하는 이야기에 의하면 대지의 여신이 신들에게 분노하여 코이우스와 엔켈라도스의 누이로 막내둥이 페메를 낳았다고 한다."

인용한 바와 같이 파마는 대지의 여신 가이아가 티탄 신족(코이오스의 남매들)과 기간테스(엔켈라도스의 남매들)가 제우스를 비롯한 올림포스 신들에 의해 쫓겨나자 그에 대한 분노 때문에 낳은 막내딸이다. 베르길리우스는 파마에 대해 "사실을 전하기도 하지만 그에 못지않게 조작되고 왜곡된 것을 퍼트리기" 때문에 부정적인 측면을 부각시킨다.

오비디우스도 『변신이야기』에서 파마에 대해서 기술하고 있다. 소문의 여신 파마는 산꼭대기에 있는 "메아리가 울리는 놋쇠 궁전"에 거처하고 있는데 이 궁전은 대지와 바다와 하늘의 중간에 우주의 세 세계가 서로 만나는 장소에 있어서 아무리 멀리 떨어져 있어도 무엇이든 볼 수 있고 무엇이든 들을 수 있다. 거기에는 군중이 몰려있고, 진실과 거짓말, 수천 가지 소문과 혼란스런 말들이 떠돌고 그 곳에 도달한 말들은 증폭된다.

오비디우스는 다른 신들에 대해서는 풍부한 상상력을 발휘하여 여러 다른 신들이나 인간들과의 관계 속에서 생생하게 구체적으로 묘사했지만 소문의 여신 파마에 대해서는 구체적인 사건들을 통해서 묘사하는 것이 아니라 그녀가 살고 있는 궁궐을 중심으로 일반적인 상황만을 묘사하고 있다. 이러한 맥락에서 볼 때 파마는 아테네에 신전이 있기는 하지만 소문을 의인화한 신으로 후대에 만들어진 것으로 추측된다. 근대에 이르러 파마는 좀 더 긍정적인 의미에서 명성을 의인화한 표현으로 사용된다. 파마의 상징은 나팔이며 그녀는 고대의 문헌이 전하는 것과는 달리 명예로운 행동을 큰 소리로 전파하는 여신으로 나타난다. 예술 영역에서 파마는 드레스덴 미술 대학의 육각지붕 위에 있는 조각상에 나타난 바와 같이 날개가 있는 아름다운 여성이 나팔을 불고 있는 모습으로 묘사된다. 여기서 그녀가 쓰고 있는 월계관은 예술가의 명성을 구현한다.

의인화된 파마의 모습
실베스트르(Louis de Silvestre), 18세기

파시파에 Pasiphae

요약

크레타의 왕 미노스의 아내이다.

그녀는 포세이돈이 보내준 아름다운 황소에 욕정을 느끼게 됐고 마침 크레타 섬에 머물던 다이달로스가 파시파에 왕비의 부탁으로 실제와 똑같은 암소를 만들어주었다. 왕비는 그 안에 들어가 황소와 관계를 맺어 반은 소이고 반은 인간인 괴물 미노타우로스를 낳았다.

기본정보

구분	왕비
상징	마법, 수간
외국어표기	그리스어: Πασιφάη
어원	널리 빛나는
별자리	목성의 파시파에 위성
관련 동물	황소
관련 신화	미노스, 미노타우로스, 다이달로스

인물관계

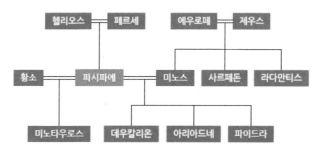

『신들의 계보』에 의하면 파시파에는 태양신 헬리오스와 대양의 신 오케아노스의 딸 페르세(혹은 페르세이스) 사이에서 태어난 딸이자 크레타의 왕 미노스의 아내이다. 미노스와의 사이에서 카트레우스, 데우칼리온, 아리아드네, 파이드라 등의 자식을 낳았다.

신화이야기

개요

파시파에는 태양신 헬리오스의 딸들을 지칭하는 헬리아데스의 하나로 미노스의 아내이다. 미노스는 왕위 계승을 두고 형제들과 싸우던 중 바다의 신 포세이돈의 도움으로 왕이 되었다. 그는 백성들에게 자신이 왕권을 부여받았다고 주장하면서 그 증거로 자신이 구하는 것은 무엇이든 이루어진다고 말하며 이를 입증하기 위해 포세이돈에게 깊은 바다에서 황소를 한 마리 보내달라고 간청했다. 미노스가 간청한 대로 포세이돈은 멋있는 황소를 보내주었고, 이에 미노스는 왕이 될 수가 있었다. 그러나 미노스는 왕이 된 후에 황소를 다시 포세이돈에게 제물로 바치겠다는 약속을 지키지 않았고, 『비블리오테케』에 의하면 포세이돈은 그에 대한 벌로 파시파에로 하여금 그 황소에게 감당할 수 없는 욕정을 느끼게 했다고 한다. 파시파에의 기이한 욕정 또한 신의 저주에 의함이었던 것이다.

파시파에에게 목조 암소를 건네주는 다이달로스
폼페이 베티 저택의 벽화, 1세기

파시파에는 마침 크레타 섬에 머물던 다이달로스에게 도움을 청했고, 이에 다이달로스는 왕비에게 속이 비어 있는 실물과 똑같은 암소를 만들어주었다. 파시파에는 이 암소 안으로 들어가 황소와 관계를 맺을 수 있었고, 이 이상한 관계에서 반은 인간이고 반은 소인 괴물 미노

파시파에와 미노타우로스
아티카 적회식 술잔, 파리 메달박물관

타우로스가 태어났다. 미노타우로스는 다이달로스가 만든 미궁에 갇힌 채 아테네에서 7년마다 공물로 보내는 소년소녀들을 먹고 살다가 아테네의 왕자 테세우스 손에 죽었다.

파시파에의 자식들

미노타우로스를 낳은 파시파에는 미노스 왕과의 사이에서 여러 명의 자식을 낳았는데 그 중 데우칼리온은 크레타 섬의 왕위를 물려받았고, 아리아드네는 테세우스를 도와주었지만 버림을 받았다. 후에 디오니소스의 아내가 되었다는 이야기가 있다. 그런데 아리아드네의 동생 파이드라는 바로 아리아드네를 버린 테세우스의 두 번째 아내가 되었다.

파시파에의 마법

파시파에의 조카인 메데이아는 신비스러운 약초를 다루는 마법에 능했다고 하는데 파시파에 또한 마법에 능했다고 한다. 미노스 왕은 파시파에 몰래 여러 여인들과 관계를 맺었는데 『비블리오테케』에 의하면 질투심과 소유욕이 강한 파시파에는 미노스가 다른 여인들과

동침을 할 때마다 마법을 걸어 미노스의 몸에서 뱀이나 전갈을 나오게 해서 그 여인들을 죽게 했다고 한다. 에레크테우스 왕의 딸인 프로크리스만이 미노스와 무사하게 동침을 했다고 한다. 그녀는 약초뿌리로 만든 음료를 먹여 미노스를 치료해주었다.

파시파에 별

1908년 멜로트가 발견한 목성의 위성에는 파시파에의 이름이 붙여졌다.

파에톤 **Phaethon**

요약

그리스 신화에서 태양신 헬리오스의 아들이다.

태양신의 마차를 함부로 몰다가 제우스의 벼락을 맞고 추락하여 죽었다.

기본정보

구분	신화 속 인물
상징	추락, 만용
외국어 표기	그리스어: Φαέθων
어원	빛나는, 눈부신
관련 신화	파에톤의 추락

인물관계

『신들의 계보』에서 파에톤은 케팔로스와 태양신 헬리오스의 누이인 새벽의 여신 에오스 사이에서 난 아들이다. 나중에는 태양신 헬리오스와 오케아니스(오케아노스의 딸) 클리메네 사이에서 난 아들로 여겨졌다. 플라톤은 『티마이오스』에서 파에톤을 태양신의 아들로 언급하였다. 후대의 설에서는 태양신 헬리오스가 종종 아폴론으로 바뀌기도 한다.

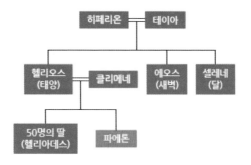

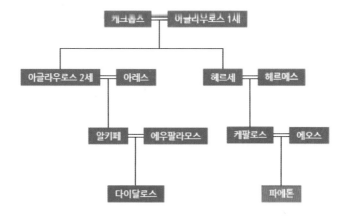

신화이야기

　태양신의 아들 파에톤은 아버지가 누구인지 모른 채로 홀어머니 밑에서 자랐다. 어머니는 아들이 사춘기가 되자 아버지에 대해서 말해주었다. 파에톤은 이 사실을 친구 에파포스에게 말했다가 거짓말쟁이라고 놀림을 당하고는 직접 아버지를 찾아가 자신이 태양신의 아들임을 증명하고자 했다.

　오랜 여행 끝에 해가 떠오르는 동방의 헬리오스 궁전에 도착한 파에톤은 드디어 아버지 헬리오스를 만나 자신이 태양신의 아들임을 인정받았다. 헬리오스는 그동안 아들을 돌보지 않은 미안함에 무엇이든 들어줄 테니 소원을 말해 보라고 했고, 파에톤은 아버지의 태양마차를 하루만 직접 몰아보고 싶다고 말했다. 헬리오스는 아차 싫었지만 이미 한 약속을 뒤집을 수는 없었다.

헬리오스가 아침마다 몰고서 너른 하늘을 지나 다시 오케아노스 속으로 뛰어드는 태양마차는 4마리의 날개 달린 거친 천마들이 끄는 거대한 마차로 파에톤이 몰기에 너무나 위험했다. 헬리오스는 무엇이든 다른 소원을 말해보라고 했지만 파에톤은 마음을 바꾸지 않았다.

다음날 아침 헬리오스는 아들에게 마차를 내주며 절대로 정해진 길에서 벗어나면 안 된다고 신신당부하였

파에톤의 추락
요제프 하인츠(Joseph Heintz the Elder)
1596년. 라이프치히 조형예술박물관

다. 그러나 파에톤의 힘으로는 거친 천마들을 마음대로 조종할 수가 없었다. 마차가 궤도를 벗어나 너무 하늘 높이 올라가자 대지는 온기를 잃고 꽁꽁 얼어버렸고 반대로 대지에 너무 가까워지자 너무 뜨거워져 불이 붙을 지경이 되었다. 세상은 재앙에 휩싸였다.

"대지는 가장 높은 곳부터 화염에 휩싸이며 습기를 모두 빼앗겨 쩍쩍 갈라져 터지기 시작했다. 풀밭은 잿빛으로 변했고, 나무는 잎과 더불어 불탔고, 마른 곡식은 제 파멸을 위해 땔감을 대 주었다. (…) 대도시들이 성벽과 더불어 파괴되고, 화재는 전 민족들을 그

들의 부족들과 함께 잿더미로 바꿔 놓았다."

(오비디우스, 『변신이야기』)

북아프리카에 사막이 생기고 에티오피아인들의 피부가 까맣게 된 것도 이 때문이었다.

보다 못한 제우스는 벼락을 내려 파에톤이 초래한 혼돈을 끝냈다. 제우스의 벼락을 맞은 마차는 산산조각이 났고 파에톤은 새카맣게 그을린 채 추락하여 에리다노스 강으로 떨어졌다. 오비디우스에 따르면 파에톤의 누이인 헬리아데스(헬리오스의 딸)들은 동생의 죽음을 슬퍼하며 하염없이 눈물을 흘리다 포플러나무로 변했고, 그들이 흘린 눈물은 호박(보석의 일종)이 되었다고 한다. 히기누스는 헬리아데스가 포플러나무로 변한 것은 아버지 헬리오스의 허락 없이 파에톤을 위해 전차에 멍에를 씌운 짓 때문이라고 했다.

파에톤의 추락
미켈란젤로 부나로티(Michelangelo Buonarroti),
1533년경, 윈저 왕립도서관

신화해설

파에톤은 흔히 자신의 분에 넘치는 만용을 부리다가 감당하지 못하고 파멸하는 어리석음을 상징하는 인물로 해석된다. 실제로 아버지

파에톤의 추락
페테르 파울 루벤스(Peter Paul Rubens), 1604~1605년, 런던 내셔널갤러리

헬리오스 신이 걱정하며 생각을 바꾸도록 권했을 때 한치 앞을 내다
보지 못하고 고집을 부리는 모습은 보는 이의 답답함을 불러일으키기
에 충분하다.

　하지만 오비디우스는『변신이야기』에서 파에톤의 비석에 이런 문구
를 새겨 넣었다. "여기 파에톤이 잠들다. 아버지의 마차를 몰던 그는
비록 그것을 제어하지는 못했지만 큰일을 감행하다 떨어졌도다."

　겁 없이 자신의 한계를 넘어서고자 하는 욕망은 인간을 보다 높은
영역으로 이끄는 힘이기도 하다. 설사 그 과정에서 새카맣게 탄 시체
가 되어 강물에 추락하는 일이 있더라도 말이다. 괴테는『파우스트』
에서 주인공 파우스트가 악마와 계약을 맺은 행위도 타락이 아닌 위
대한 도약의 시도로 해석할 여지를 남겨 두고 있다.

파에톤의 추락
시모네 모스카(Simone Mosca), 16세기
베를린 보데박물관

독일 폭스바겐에서 2007년에 새로 선보인 고급 승용차에 '파에톤'이란 이름이 붙은 것은 파에톤의 신화를 생각해 보면 아무래도 아이러니하다. 물론 에오스 여신이 모는 전차의 말 이름도 파에톤이지만, 아무래도 가장 먼저 떠올리게 되는 것은 자신이 모는 마차를 제대로 제어하지 못해 사고를 일으키고 추락하고 마는 이 신화의 파에톤일 테니까.

파우나 Fauna

요약

로마 신화에 등장하는 전원의 신 파우누스의 아내 또는 누이로 알려진 여신이다.

다산을 관장하는 여신 보나데아와 동일시되기도 한다. 헤라클레스와 사이에서 라티움의 건설자인 라티누스를 낳았다고도 한다.

기본정보

구분	전원의 신
상징	모든 생명을 보살피는 좋은 여신
어원	파우니(말하다), 파베오(호의), 파베레(양육)
별칭	보나데아(Bona Dea: '좋은 신')
관련 신화	헤라클레스
가족관계	헤라클레스의 아내, 라티누스의 어머니, 파우누스의 딸

인물관계

파우나는 전원의 신 파우누스의 아내 혹은 누이로서 여신 보나데아와 동일시된다. 한편 헤라클레스와 사이에서 라티움의 건설자 라티누스를 낳은 파우나는 히페르보레이오이족의 처녀로 나중에 라티움의 통치자 파우누스의 아내가 된 여인이거나 파우누스의 딸이다.

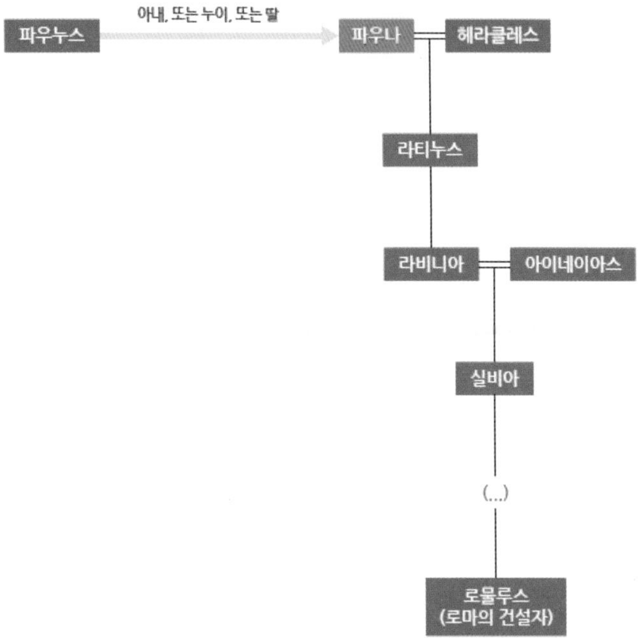

파우누스 ─── 아내, 또는 누이, 또는 딸 ──→ 파우나 ─── 헤라클레스

라티누스

라비니아 ─── 아이네이아스

실비아

(...)

로물루스
(로마의 건설자)

신화이야기

좋은 여신

파우나는 그리스 신화의 목신 판과 동일시되는 전원의 신 파우누스
의 누이이자 아내 혹은 딸로 알려진 여신이다. 파우나는 파우누스와
짝을 이루어 '파우니(Fauni)'라고 불리기도 했다. 파우나와 파우누스
는 미래의 운명을 일러주는 예언의 신으로도 여겨졌다. 파우나는 또
한 모든 생명을 보살피는 '좋은 여신' 보나데아와 동일시되곤 했는데
이는 파우나라는 이름에 담긴 '호의' 또는 '양육'이라는 의미와도 관련
이 있다. 이 경우 파우나는 좋은 여신 보나데아를 수식하는 명칭에
불과하다고 볼 수 있다.

　파우나는 로마에 전해지는 헤라클레스 신화에도 등장한다. 여기서 파우나는 라티움의 왕 파우누스의 아내이다. 헤라클레스는 12과업 중 하나로 게리온의 소떼를 빼앗아 돌아오는 길에 트라키아 북부에 산다는 전설적인 부족 히페르보레이오이족의 처녀인 파우나를 인질로 데려왔다.(또 다른 전해오는 이야기에 따르면 인질로 잡힌 히페르보레이오이족 처녀의 이름은 팔란토이다) 헤라클레스는 이탈리아를 지날 때 그곳 원주민을 다스리던 파우누스에게 이 처녀를 아내로 주었는데, 파우누스의 아내가 되었을 때 그녀는 이미 헤라클레스의 아이를 임신하고 있었다고 한다. 이 아이가 바로 훗날 라티움을 건설한 라티누스다. 하지만 또 다른 설에 따르면 헤라클레스가 이탈리아에 들렀을 때 파우누스의 아내 혹은 딸로 알려진 파우나와 관계를 가져 라티누스를 낳은 것이라고도 한다.

회의를 집전하는 라티누스
웬세슬라우 홀러(Wenceslaus Hollar), 17세기
토마스 피셔 희귀도서 도서관
: 베르길리우스의 『아이네이스』에 수록된 에칭화

파우스툴루스 **Faustulus**

요약

 로마 신화에 등장하는 알바 롱가 왕가의 목동이다.

 로마의 건설자로 알려진 로물루스와 레무스가 갓 태어나 뒤 티베리
스 강기에 버려졌을 때 이들을 거두어 기르고 좋은 교육도 받게 해주
었다.

기본정보

구분	신화 속 인물
상징	선량한 양육자
어원	친절하다, 행운의, 신의 호의를 받은
관련 신화	로마 건국, 로물루스와 레무스

인물관계

 파우스툴루스는 아르카디아의 왕 에우안드로스가 이탈리아로 건너
와 팔라티누스 언덕에 정착할 때 동생 파우스티누스와 함께 에우안드
로스를 따라 이탈리아로 이주하였다고 한다. 그는 파울라(암늑대)라는
별명을 지닌 아내 아카 라렌티아와 함께 쌍둥이 형제 로물루스와 레
무스를 양육하였다.

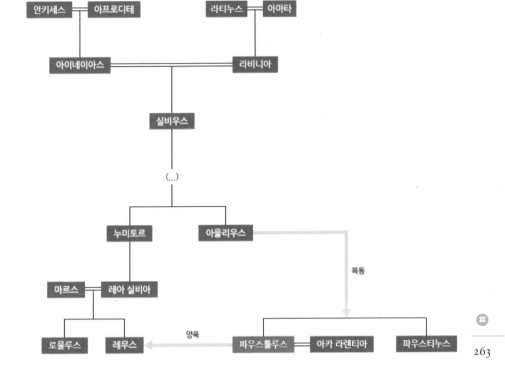

신화이야기

로물루스와 레무스 형제의 탄생

　로물루스와 레무스는 아이네이아스의 후손인 누미토르의 딸 레아 실비아가 낳은 쌍둥이 형제다. 알바 롱가 왕국의 13대 왕인 프로카스의 맏아들이었던 누미토르는 부왕에 뒤이어 왕위를 물려받았지만 동생 아물리우스에 의해 왕좌에서 쫓겨나게 되었다. 아물리우스는 왕위 찬탈의 후환을 없애기 위해 누미토르의 아들들을 모두 죽이고 딸 레아 실비아는 베스타 여신의 사제로 만들었다. 베스타 여신을 모시는 사제는 평생 처녀로 지내야 하므로 누미토르의 후손이 태어날 염려가 없었기 때문이었다.

로물루스와 레무스
페테르 파울 루벤스(Peter Paul Rubens), 1616년
로마 카피톨리니 박물관

하지만 레아 실비아는 제단에 바칠 물을 기르러 신성한 숲으로 갔다가 군신 마르스와 사랑을 나누어 쌍둥이 아들을 낳았다.(일설에는 그녀가 잠든 사이에 마르스가 겁탈하였다고도 한다)

아물리우스는 레아 실비아가 낳은 쌍둥이를 티베리스 강에 내다버리게 하였다. 아물리우스의 시종들은 쌍둥이를 광주리에 넣어 강물에 띄워 보냈다. 하지만 홍수로 강물이 불어 광주리는 바다로 흘러가는 대신 상류인 팔라티누스 언덕 기슭에 있는 무화과나무 아래로 밀려갔고, 거기서 로물루스와 레무스는 암늑대의 젖을 먹으며 목숨을 부지하다가 왕의 가축을 돌보는 목동 파우스툴루스에게 발견되었다.

로물루스와 레무스의 양육자 파우스툴루스

파우스툴루스는 두 아이를 자기 집으로 데려가 자식처럼 키웠다. 일설에 따르면 두 아이는 목동 파우스툴루스의 아내 아카 라렌티아가 젖을 먹여 키웠는데, 그녀는 부정한 행실 때문에 '암늑대'라는 별명을 얻었다고 한다. 라틴어로 암늑대는 창녀를 뜻하는 말이기도 하다.

파우스툴루스가 로물루스와 레무스를 기르게 된 연유에 대해서는 다른 설도 있다. 그에 따르면 선량한 파우스툴루스는 우연히 아물리우스 왕의 시종들에 의해 강가에 버려진 아이들을 발견하고는 다른 목동들이 아이들을 데려가려 하자 자기 아내가 아이를 잃어 슬퍼하고 있으니 자신이 젖먹이들을 데려가게 해달라고 간청하여 아이들을 기르게 되었다고 한다. 또 아물리우스에 의해 왕위에서 쫓겨난 누미토르가 레아 실비아의 두 아들을 죽음에서 구해내서 파우스툴루스에게 은밀히 양육을 부탁하였다는 설도 있다.

로물루스와 레무스 형제를 거두는 파우스툴루스
피에트로 다 코르토나(Pietro da Cortona), 1643년경, 루브르 박물관

로물루스와 레무스의 반란

두 아이는 파우스툴루스의 집에서 건장한 청년으로 자라났다. 파우스툴루스는 두 아이를 라티움의 중심지인 가비이에 보내 신분에 걸맞는 공부도 시켰다고 한다.(파우스툴루스는 이미 두 아이가 고귀한 집안의 후손이란 걸 알고 있었던 듯하다) 공부를 마치고 고향인 팔라티누스의

마을로 돌아온 두 형제는 어느 날 누미토르의 목동들과 싸움이 붙었다. 로물루스가 그들에게서 빼앗은 양떼를 몰고 집으로 돌아가는 사이에 레무스는 다시 공격해온 누미토르의 목동들에게 붙잡히는 신세가 되었다. 누미토르는 레무스를 심문하다가 이들 쌍둥이 형제가 자신의 손자들일 수도 있다는 생각이 들었지만 더 이상의 증거를 찾을 수는 없었다.(누미토르가 파우스툴루스에게 두 아이의 양육을 부탁하였다는 설에 따르면 쌍둥이 형제와 누미토르의 목동들 사이에 벌어진 싸움은 손자들을 통해 왕권을 되찾기 위해 누미토르가 의도적으로 붙인 것이라고 한다)

한편 레무스가 붙잡혀간 사실을 알게 된 파우스툴루스와 로물루스는 레무스를 구출하기 위해 누미토르의 집으로 갔다. 이때 누미토르는 파우스툴루스로부터 쌍둥이의 출생에 관한 이야기를 듣고 그들이 레아 실비아가 낳은 자신의 손자들이란 사실을 확인하게 된다.

자신들의 출생과 관련된 모든 이야기를 듣고 난 로물루스와 레무스는 반란을 일으켜 아물리우스 왕을 알바 롱가의 왕좌에서 몰아내고 누미토르를 다시 알바 롱가의 왕위에 복귀시켰다. 아물리우스는 이때 로물루스와 레무스의 손에 목숨을 잃었다.

로마의 건설과 파우스툴루스의 죽음

누미토르는 두 손자의 공로를 치하하여 그들이 파우스툴루스에게 발견된 티베리스 강 기슭의 땅을 하사하였고, 로물루스와 레무스는 그곳에 새로운 도시 로마를 건설하였다. 그런데 이 과정에서 로물루스와 레무스 사이에 싸움이 벌어졌고, 파우스툴루스는 이들을 말리려고 애쓰다가 목숨을 잃고 말았다. 형제간의 싸움은 레무스가 로물루스(혹은 그의 부하)에 의해 목숨을 잃고 나서야 끝이 났다.

파이드라 Phaedra

요약

영웅 테세우스의 후처이다.

전 부인의 소생 히폴리토스에 대한 사랑이 거절당하자 스스로 목숨
을 끊었다.

기본정보

구분	왕비
상징	금지된 사랑
외국어 표기	그리스어: Φαίδρα
어원	눈부시게 빛나는 여인
별칭	페드라(Phaedra)

인물관계

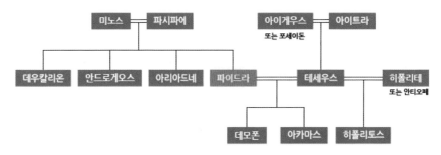

파이드라는 크레타의 왕 미노스와 왕비 파시파에 사이에서 태어난
딸로 데우칼리온, 아리아드네와 형제지간이다.

신화이야기

개요

파이드라는 크레타와 아테네 사이의 정략결혼으로 테세우스의 두 번째 아내가 되어 데모폰과 아카마스를 낳았다. 전처의 아들 히폴리토스를 사랑했지만 자신의 소망이 이루어지지 않자 그를 모함하는 편지를 남기고 자살하였다. 파이드라는 고전시대부터 현대에 이르기까지 수많은 예술 작품의 주제가 되었다.

테세우스와 히폴리테

아테네의 왕자 테세우스는 미노스 왕의 미궁(迷宮) 라비린토스에서 괴수 미노타우로스를 죽인 뒤 왕의 딸 아리아드네의 도움으로 미궁을 빠져나와 그녀와 함께 아테네로 떠났다. 하지만 아리아드네는 아테네로 가는 도중에 낙소스 섬에 버려지는 신세가 되었다. 아테네로 돌아

파이드라
작자 미상. 폼페이 벽화. 기원전 60년경. 영국 박물관
©Finn Bjørklid@Wikimedia(CC BY-SA)

온 테세우스는 아버지의 뒤를 이어 왕위에 오른 다음 아마조네스 원정에 나섰는데, 이때 아마존의 여왕 히폴리테(혹은 그녀의 여동생 안티오페)를 사로잡아 아내로 삼았다. 하지만 히폴리테는 납치된 여왕을 되찾기 위해 아마조네스들이 아테네를 공략했을 때 그 전투 과정에서 죽고 말았다. 히폴리테는 그 사이에 테세우스와 사이에서 아들 히폴리토스를 낳았다.

의붓아들을 사랑한 파이드라

한편 미노스 왕이 죽고 나서 크레타의 왕위에 오른 미노스의 아들 데우칼리온은 아테네와 동맹을 맺기 위해 누이동생 파이드라를 아테네의 왕 테세우스와 결혼시켰다. 하지만 새 왕비 파이드라는 그 사이 아름다운 청년으로 성장한 전처의 아들 히폴리토스를 보고 첫눈에 반하고 말았다. 일설에 따르면 파이드라가 히

파이드라와 히폴리토스
니콜라 다 우르비노(Nicola da Urbino), 1524년
©Valerie McGlinchey@Wikimedia(CC BY-SA)

폴리토스를 사랑하게 된 것은 미의 여신 아프로디테의 작품이라고 한다. 아프로디테는 아름다운 히폴리토스를 사랑하여 구애하지만 거절당했는데, 히폴리토스는 처녀 신 아르테미스 여신의 열렬한 숭배자로 동정을 맹세하였기 때문에 아프로디테의 사랑을 받아들일 수가 없었던 것이다. 아프로디테는 이에 앙심을 품고 파이드라로 하여금 의붓아들에게 연심을 품게 만들었다는 것이다.

아무튼 파이드라는 히폴리토스를 향해 끓어오르는 연심을 억누르지 못하고 고백을 했지만 역시 냉정하게 거절당했다. 절망감과 수치심

을 참을 수 없었던 파이드라는 오히려 히폴리토스가 자신을 유혹하고 겁탈하려 했다는 유서를 남기고 목을 매고 자살해버렸다. 아내의 죽음과 유서를 발견한 테세우스는 아들 히폴리토스를 저주하면서 포세이돈에게 아들의 죽음을 빌었다. 얼마 뒤 히폴리토스는 해변에서 전차를 몰고 달리다 갑자기 나타난 괴수에 말들이 놀라는 바람에 낙마하여 즉사했는데, 그 괴수는 포세이돈이 테세우스의 기도를 듣고 보낸 것이었다.

신화해설

페드라 콤플렉스

늙은 아비가 젊은 후처를 들였는데 이 젊은 어미와 장성한 의붓아들 사이에 연심이 싹터서 집안이 풍비박산 나는 이야기는 동서고금을 막론하고 쉽게 찾아볼 수 있는 소재다. 요즘도 TV의 이른바 막장드라마에서 줄기차게 이런 관계를 다루고 있는 것을 보면 이것이 얼마나 우리의 삶과 가까운 현상인지 짐작할 수 있다. 정신분석학에서는 계부모와 의붓자식 간에 애정 관계가 생겨나는 이런 현상을 '페드라 콤플렉스'라고 부르며 연구 대상으로 삼고 있다. '페드라 콤플렉스'는 경우에 따라 성인 남성이 어린 여자에게 성적으로 끌리는 도착적 소아성애를 이르는 '로리타 콤플렉스(로리타 신드롬)'에 대비되는 개념으로 이해되기도 한다.

파이드라
알렉상드르 카바넬(Alexandre Cabanel), 1880년
파브르 미술관

관련 작품

문학

파이드라는 고대부터 현대까지 수많은 비극 작품으로 만들어졌다.

에우리피데스:『화관을 바치는 히폴리토스』, 그리스 비극, 기원전 428년

세네카:『파에드라』, 로마 비극, 서기 1세기

장 라신:『페드라』, 프랑스 고전주의 비극, 1677년

가브리엘레 단눈치오:『페드라』, 비극, 1909년

마리나 츠베타예바:『페드라』, 비극, 1927년

사라 케인:『페드라의 사랑』, 연출 작품

미구엘 드 우나무노:『페드라』, 희곡, 1918년

음악

장 필리프 라모: 〈히폴리테와 아리시에〉, 오페라, 1733년

조반니 시모네 마이르: 〈페드라〉, 오페라, 1820년

벤저민 브리튼: 〈페드라 주제에 의한 칸타타〉, 1976년 초연

리 헤이즐우드: 〈Some velvet morning〉, 낸시 시내트라 노래, 1967년

영화

줄스 대신(감독), 〈페드라(국내 개봉 제목: 죽어도 좋아)〉, 1962년 – 파이드라 신화를 모티브로 한 이 영화에서 주인공 알렉시스는 젊은 계모 페드라와의 금지된 사랑에 괴로워하다 자동차를 몰고 절벽으로 추락한다. 페드라는 수면제를 먹고 자살한다.

파이아 Phaea

요약

그리스 신화에서 영웅 테세우스가 코린토스 지협을 따라 아테네로 가면서 무찌른 암퇘지, 혹은 암퇘지의 형상을 한 괴물이다.

크롬미온 지방에 살고 있었기 때문에 크롬미온의 암퇘지라고 불렸다.

기본정보

구분	괴물
외국어 표기	그리스어: Φαία
어원	잿빛
별칭	크롬미온의 암퇘지
관련 신화	테세우스의 모험
가족관계	티폰의 딸, 에키드나의 딸, 케르베로스의 남매, 히드라의 남매

인물관계

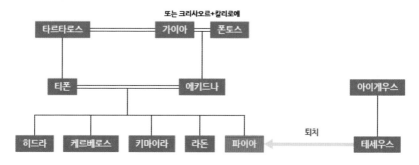

파이아는 티폰과 에키드나 사이에서 태어났는데 그들은 그밖에도

그리스 신화의 수많은 괴물들
을 낳았다.

신화이야기

테세우스의 모험

파이아는 테세우스가 아버
지를 찾아 아테네로 가는 모
험에 등장하는 괴물이다. 테세우스는 아테네의 왕 아이게우스가 신탁
의 의미를 물으러 트로이젠의 예언자 피테우스를 찾아갔을 때 그의
딸 아이트라와 동침하여 낳은 아들이다. 아이게우스는 아이트라가 임
신한 걸 알고는 커다란 바위가 있는 곳으로 데려가 바위를 들어 올리
고 그 밑에 칼과 신발을 넣은 다음 아이가 바위를 들어 올릴 수 있을
만큼 자라면 아테네로 보내라고 말하고 트로이젠을 떠났다.

테세우스는 열여섯 살 때 벌써 그 바위를 들어 올려 그 밑에 있던
칼과 신발을 꺼내들고 아버지에게로 떠났다. 이때 테세우스는 헤라클
레스와 같은 업적을 쌓으려는 야심을 품고 손쉬운 바닷길 대신 온갖
괴물과 악당들이 들끓는 육로를 선택했다.

크롬미온의 암퇘지

메가라와 코린토스 사이에 위치한 크롬미온에 사는 암퇘지로 반인
반수의 괴물 티폰과 에키드나 사이에서 태어난 파이아는 원래 이 암
퇘지를 키운 노파였는데 그냥 암퇘지의 이름으로 불리게 되었다. 또
다른 설은 파이아가 크롬미온의 암퇘지라고 불리던 여자 산적이었다
고 한다. 파이아는 성질이 포악하여 크롬미온의 마을들을 공격하고
사람을 해치는 등 악명이 높았는데 테세우스에 의해 퇴치되었다.

파이아케스 Phaeacians

요약

  스케리아 섬에 사는 전설상의 해양 부족이다.

  배가 난파되어 그 섬에 오게 된 오디세우스를 따뜻하게 맞이하고, 그를 무사히 고향인 이타케로 데려다주었다. 이에 분노한 포세이돈이 오디세우스를 데려다주고 돌아온 배들을 모두 바위로 만들어버렸다.

기본정보

구분	부족
상징	해양 부족
외국어 표기	그리스어: Φαίακες
관련 신화	알키노오스, 나우시카, 아레테, 오디세우스

인물관계

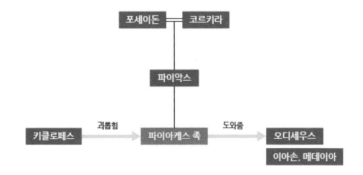

파이아케스족은 『오디세이아』와 『아르고호 이야기』에 나오는 전설상의 부족이다. 이 두 권의 책에 나오는 파이아케스족의 왕은 알키노오스다.

신화이야기

신들의 피가 흐르는 사람들

『오디세이아』에 의하면 파이아케스족은 스케리아 섬에 살고 있는 전설상의 부족이다. 이 섬은 오디세우스가 트로이 전쟁에서 승리한 후 고향인 이타케로 돌아가던 중에 배가 난파하여 가게 된 마지막 여정지이다. 『오디세이아』 6권에서 전하는 바에 의하면 파이아케스족은 원래 히페리아에 살았는데 키클로페스에게 끊임없이 약탈을 받아 시달려왔고, 이에 알키노오스 왕의 아버지 나우시토스가 그들을 스케리아 섬으로 이주하게 했다고 한다.

스케리아 섬은 파라다이스라 할 수 있을 만큼 축복의 땅으로 묘사되어 있다. 『오디세이아』에 의하면 파이아케스 사람들이 제물을 바치면 신들은 제사가 끝난 다음 공공연히 나타나서 잔치에 함께 하고, 사람들이 길을 가다 마주치면 신들이 모습을 숨기지 않을 정도로 파이아케스족은 신들과 가까운 친족으로 신들의 피가 흐르는 사람들이다. 그들은 활과 화살통 즉, 전쟁에는 관심이 없는 평화로운 사람들로 포세이돈이 부러워할 만큼 항해술이 뛰어난 민족이다. 이에 대해 파이아케스족의 왕 알키노오스는 오디세우스에게 다음과 같이 말한다.

"우리 파이아케스족은 키잡이가 없으며 다른 배들 안에 있는 키 비슷한 것도 없습니다. 우리 배들은 사람들의 생각과 마음을 이미 스스로 알고 있습니다. 우리 배들은 인간들이 사는 모든 도시와 기름진 들판을 알고 있기 때문에 어둠과 안개에 싸여도 가장 빠르게 바다 깊은 곳을 지나고 손상이나 파선에 대해서는 일찍이 우려해본 적이 없습니다."

파이아케스족은 한마디로 신들의 축복과 사랑을 받은 사람들로 묘사되어 있다.

파이아케스 사람들의 왕 알키노오스 또한 현명하고 공정한 왕으로 국민들의 존경과 사랑을 한 몸에 받고 있다.

알키노오스의 왕궁에 있는 오디세우스
프란체스코 하예즈(Francesco Hayez), 1814~1815년
카포디몬테 국립미술관

"나그네와 탄원자는 형제와 마찬가지라고 믿고 있는 파이아케스족의 왕 알키노오스 또한 정성을 다해 이방인들을 대접하고, 특히 난파당한 사람들에게는 최선을 다해 도움을 제공해준다. 이때 오디세우스가 배가 난파하여 표류하다 스케리아 섬으로 휩쓸려온다. 알키노오스 왕은 오디세우스를 정성껏 대접하고 부하들에게 많은 선물과 함께 그를 고향으로 돌려 보내주게 한다."

포세이돈의 경고

알키노오스 왕과 파이아케스족의 이야기는 『오디세이아』에서 장장 6권에서 13권에 걸쳐 상세하게 묘사되어 있다.

바다의 신 포세이돈은 오디세우스를 무사히 고향으로 데려다준 파이아케스족에 대해 진노했는데, 그는 이미 오래 전에 파이아케스족이 모든 사람들을 안전하게 호송해주는 것에 대해 분노하며 언젠가는 호송에서 오는 배를 부숴버리고 도시를 큰 산으로 둘러싸겠다고 경고한 바가 있었다. 진노한 포세이돈은 이번에는 '정말' 그렇게 하리라 마음먹고 제우스에게 허락을 구했다. 이에 제우스는 자신에 버금하는 권력을 가진 다혈질의 포세이돈에게 허락을 했다.

"오! 대지를 흔들며 광대한 영토를 가지신 분이여! 그게 무슨 말씀이십니까? 신들은 결코 당신을 업신여기지 못할 겁니다. 우리 가운데 가장 나이가 많으시며 가장 고귀하신 당신을 무시할 수는 없으니까요. 그리고 당신은 인간들 중에 자신의 힘을 누르지 못하고 당신께 존경을 바치지 않는 사람이 있으면 훗날에라도 반드시 그 사람에게 벌을 주시곤 하셨습니다. 그러니까 당신은 당신이 원하는 대로 하십시오."

제우스는 일단 허락을 하지만 오디세우스를 호송하고 돌아온 배를 돌로 만들어버리면 도시를 산으로 둘러싸는 것과 마찬가지 아니냐고 포세이돈을 달랬다. 포세이돈은 제우스의 조언에 따라 호송에서 돌아온 배를 돌로 만들어버렸고, 파이아케스족 사람들은 포세이돈의 경고를 전하는 예전의 전설을 생각해내고는 '예언과 같이' 도시가 산으로 둘러싸이는 일은 없게 해달라고 포세이돈에게 제사를 지냈다.

"나그네와 탄원자는 형제나 마찬가지"라고 믿는 마음씨 고운 파이아케스 사람들은 그 섬에 들른 이아손과 메데이아도 성심성의껏 도와주었다. 이아손을 선두로 아르고호를 타고 황금의 양털 가죽을 찾아 원정을 떠난 사람들, 즉 아르고나우타이가 메데이아와 함께 고향으로 가는 도중에 파이아케스족이 사는 스케리아 섬에 들렀다. 『아르고호 이야기』에 의하면 이아손과 메데이아는 파이아케스 사람들의 도움으로 그곳에서 결혼식을 올리고 무사히 이아손의 고향으로 돌아갈 수 있었다.

또 다른 이야기

또 다른 전설에 의하면 파이아케스족을 스케리아 섬으로 인도한 사람은 파이악스라고 한다. 포세이돈은 아소포스 강의 신의 딸 코르키라를 보고 첫눈에 반해 그녀를 무인도로 납치했다. 그리고는 그 섬을 코르키라라고 이름 지었다. 그 둘 사이에서 태어난 아들이 바로 파이악스이다. 파이악스는 히페리아에서 키클로페스에게 시달림을 당하는 파이아케스족을 그 섬으로 인도했고, 파이아케스라는 이름도 그의 이름을 띤 것이다 한다. 이 설에 의하면 파이악스는 파이아케스족의 할아버지인 셈이다.

코르키나 섬은 현재의 그리스 서부 이오니아 해에 있는 코르푸 섬으로 스케리아 섬과 동일한 곳으로 추측된다.

파이안 Paean

요약

파이안 혹은 파이온은 그리스 신화에 나오는 치유의 신으로 약초를 이용해 신들의 상처를 치료해주는 신들의 의사이다. 하계의 신 하데스와 군신 아레스의 상처를 치료해주었다. 파이안은 의술의 신 아폴론과 아스클레피오스를 형용하는 별칭으로도 사용되었다.

기본정보

구분	의술의 신
상징	치유, 구원자, 치료자
외국어 표기	그리스어: 파이온(Παιών), 파이에온(Παιήων) 라틴어: Paean
어원	어원학적인 어원은 확실하지 않다. 1) 보살피다, 치료하다 2) 어려울 때 도와주는 사람, 구원자 3) 마법을 통해서 병을 치료해주는 사람(R.S.P. Beekes)
별칭	도리스에서는 Paian(Παιάν) 이오니아에서는 Paion(Παιών), 아이올리스에서는 Paon(Πάων)이라 한다.
관련 신화	아폴론, 아스클레피오스
관련 식물	작약

신화이야기

치유의 신, 신들의 의사

『일리아스』에서 파이안(파이온)은 올림포스에서 신들의 상처를 치료해주는 치유의 신으로 등장한다. 상처 입은 불멸의 신들을 치료하는 '신들의 의사' 파이안은 그리스의 지역에 따라 불리는 이름이 다르다. 도리스에서는 Paian, 이오니아에서는 Paion, 아이올리스에서는 Paon 이라 한다. 그리스어로 Παιάν, Παιών, Πάων이고 뜻은 '어려울 때 도와주는 사람', '구원자, 치료자'이다.

『일리아스』를 보면 헤라클레스는 12번째 마지막 과제인 저승을 지키는 머리 셋 달린 케르베로스를 잡기 위해 지하세계로 간다. 하데스가 헤라클레스를 서시아시 헤라클레스는 그에게 화살을 쏘았고, 하데스는 어깨 부상을 당했다. 그러자 그는 상처를 치료하기 위해 곧장 제우스의 궁전이 있는 올림포스로 파이안을 찾아갔다. 파이안은 상처에 고통을 멎게 하는 연고를 발라 그를 낫게 해주었다.

파이안은 또 트로이 전쟁 때 아르고스의 왕이자 그리스군의 용장 디오메데스에게 아랫배가 찔려 부상당한 군신 아레스의 상처도 치료해주었다. 디오메데스의 창에 찔린 아레스가 비명을 지르고 급히 올림포스로 달아나 아버지 제우스에게 울면서 한탄을 했다. 그러자 제우스는 밤낮 전쟁과 말다툼만 좋아하는 그가 밉지만 자신의 아들이 괴로워하는 것을 아비로써 차마 볼 수 없어 그를 파이안에게 치료하도록 명하였다. 파이안은 그의 상처에 고통을 멎게 하는 약초를 붙여 그를 치료해주었다. 이때 그가 사용한 약초가 작약이라고 한다. 탐스러운 꽃을 피워 진한 향기를 내뿜는 작약은 약초로 효과가 좋다. 작약의 속명 Paeonia는 신들의 의사 'Paeon'의 이름에서 유래되었음을 짐작할 수 있다.

작약
속명 Paeonia는 그리스 신화의 신들의 의사 'Paeon'의 이름에서 유래되었다

의술의 신 아폴론을 형용하는 별칭

헤시오도스의 『단편』에서도 파이안은 개별적인 신으로 등장한다. 하지만 고전시대에 들어서면서 파이안은 한 명의 독자적인 신이라기보다는 의술의 신 아폴론을 형용하는 별칭으로 여겨지기 시작했다. 가령 '아폴론 파이온'이라고 하면 두 명의 신을 이르는 것이 아니라 '치유의 신 아폴론'이라는 뜻이 된다. 나중에 파이안이라는 별칭은 아스클레피오스에게도 사용되었다.

승리의 노래, 찬가 파이안

파이안은 특히 아폴론 신을 숭배하기 위해 부른 장엄한 찬가이고 무엇보다도 전쟁의 승리를 기원하고 승리를 기리기 위해, 또는 추수의 풍요로움을 신들에게 감사드릴 때 부르는 노래를 지칭하기도 했다. 이 노래에는 사람들이 '파이안'이라고 소리쳐 부르는 대목이 있는데 이것이 치유의 신 파이안을 의미하는 것인지는 확실치 않다. 후에 사람들은 병을 낫기를 기원하는 아스클레피오스의 치료제식에서도 파이안을 불렀다.

키프로스의 가난한 목동 이피스는 귀족 가문의 처녀 아낙사레테에 대한 그의 구애가 조롱과 경멸 속에 거절당하자 아낙사레테의 집 문 앞에서 목을 매고 죽으며 다음과 같이 파이안을 언급한 바 있다.

> "아낙사레테여, 그대가 이겼소. 나는 이제 더 이상 그대를 귀찮게 하지 않을 것이오. 즐거운 개선 행렬을 준비하시구려!
> 머리에 번쩍이는 월계관을 쓰고 파이안(승리의 노래)을 부르시구려!
> 그대는 이겼고, 나는 기꺼이 죽으니까요. 자, 무쇠 같은 여인이여 기뻐하시구려!" (오비디우스, 『변신이야기』)

파툼 Fatum

요약

로마 신화에 나오는 운명의 신이다.

그리스 신화의 운명의 여신 세 자매 모이라이, 신탁을 전하는 무녀 시빌레 등과 동일시되었다. 민간에서는 남성형 파투스, 여성형 파타 등으로 불리며 개인의 수호신 역할을 하였다.

파르카이
알프레드 아가체(Alfred Agache), 1885년경
프랑스 릴 미술관

기본정보

구분	개념이 의인화된 신
상징	운명, 숙명
어원	말하다(fari)
별칭	파르카이, 파투스, 파타
그리스 신화	모이라이
가족관계	제우스의 딸

인물관계

로마 신화에서 파툼은 대개 그리스 신화의 모이라이와 동일시되는 파르카이 자매로 표현된다. 모이라이는 제우스와 테미스 사이에서 태

어난 것으로 전해지지만 파르카이의 가계에 관해서는 알려진 바가 없다. 파르카이 세 자매의 이름은 노나, 데시마, 모르타이다.

신화이야기

운명의 신

로마 신화에 나오는 운명의 신 파툼(fatum)은 원래 말하다는 뜻을 지닌 단어 'fari'에서 유래한 것으로 신의 말씀, 되돌릴 수 없는 신의 결정, 신탁 등의 개념이 의인화된 형태이다.

로마 신화의 파툼은 그리스 신화의 운명의 여신 모이라이, 신탁을 전하는 무녀인 시빌레 등과 동일시되었다. 그리스 신화의 모이라이에 해당하는 로마 신화의 파르카이는 흔히 '트리아 파타(운명의 세 여신)'로 불리었으며, 로마 광장의 원로원 건물에 있는 세 개의 시빌레 상도 '파타'라고 불리었다고 한다. 여기서 파타는 파툼의 복수형이다.

파르카이
페테르 파울 루벤스(Peter Paul Rubens),
1622~1625년, 루브르 박물관

파르카이

로마 신화에서 '트리오 파타'라고 불린 운명의 여신 파르카이 자매는 그리스 신화의 모이라이 자매와 성격이 거의 비슷하다. 파르카이는 본래 출생의 여신들이었던 것으로 보이지만 그리스 신화의 모이라이와 동일시되면서 이러한 원시적 성격이 희미해진 듯하다.(파르카이는 '아기를 낳는 자'라는 뜻이다)

파르카이는 모이라이와 마찬가지도 세 자매로, 운명의 실을 잣는 노나는 출생을, 운명의 실을 감는 데시마는 결혼을, 운명의 실을 자르는 모르타는 죽음을 각각 주관하였다.

파르카이
일 소도마(Il Sodoma), 1525년경, 로마 국립회화관

파툼, 파투스, 파타

로마의 하층민들은 파툼의 남성형인 파투스라는 신을 만들어내기도 했는데, 파투스는 남성 개개인의 운명을 관장하는 수호신 게니우스와 유사한 역할을 하였다.('게니우스' 참조) 마찬가지로 파툼의 복수형이던 '파타(Fata)'도 차츰 여성 단수로 통용되면서 게니우스에 대응하는 여성의 수호신인 유노와 동일시되었다.(라틴어에서 파툼의 복수형과 여성 단수형은 모두 '파타'로 똑같다)

트리오 파타
요한 고트프리트 샤도(Johann Gottfried Schadow), 1789년
베를린 구(舊)국립미술관
: 알렉산더 폰 데어 마르크 백작의 묘비 부조

파트로클로스 Patroclus

요약

그리스 신화에 나오는 트로이 전쟁의 영웅으로 아킬레우스의 절친
한 친구이다.

파트로클로스의 죽음은 아킬레우스의 분노를 불러일으켜 그를 다시
전쟁터로 내몰았다.

기본정보

구분	영웅
상징	친구의 죽음
외국어 표기	그리스어: Πάτροκλος
어원	아버지의 영광
관련 신화	트로이 전쟁

인물관계

파트로클로스는 메노이티오스의 아들이자 아이기나의 손자로, 마찬가지로 아이기나의 후손인 펠레우스의 아들 아킬레우스와는 친척 지간이자 절친한 친구다. 엄밀히 말하면 파트로클로스는 아킬레우스의 삼촌뻘이다. 나이는 둘이 비슷하거나 파트로클로스가 좀 더 많은 것으로 전해지며, 두 사람의 관계는 친구 이상의 것이었다고도 한다.

신화이야기

어린 시절

파트로클로스는 어린 시절 고향 오푸스에서 친구들과 주사위 놀이를 하다가 암피다마스의 아들 클레이토니모스를 실수로 죽였다. 복수를 우려한 아버지 메노이티오스는 아들을 친척인 펠레우스에게 피신시켰고, 파트로클로스는 그곳에서 펠레우스의 아들 아킬레우스와 깊은 우정을 맺었다. 이후 두 사람은 둘도 없는 친구가 되어 트로이 전쟁에도 함께 참가했다.

파트로클로스의 죽음

트로이 전쟁에서 파트로클로스는 많은 공적을 쌓았지만 아킬레우스가 아가멤논과의 불화로 전투에서 손을 떼자 함께 싸움터에서 물러나야 했다. 그리스군이 헥토르가 지휘하는 트로이군에게 고전을 면치 못하자 파트로클로스는 울면서 아킬레우스에게 참전을 요청하지만 아킬레우스의 마음을 돌리지는 못하였다. 이에 파트로클로스는 그리스군의 최고 연장자이자 조언자인 네스토르의 제안에 따라 아킬레우스에게 갑옷과 무기를 빌려 달라고 했다. 아킬레우스는 차마 이 부탁마저 거절하지는 못하고 갑옷과 무기를 내주며 싸움터에 나가 적들을 물리치되 절대로 후퇴하는 적들을 추격하지 말라고 당부했다.

파트로클로스가 아킬레우스의 무장을 갖추고 싸움터에 나가자 트로이군은 아킬레우스가 나타난 줄 알고 사기가 꺾여 후퇴하기 시작했다. 파트로클로스는 사르페돈을 죽이고 헥토르의 마부인 케브리오네마저 죽이자 아킬레우스의 당부를 무시하고 후퇴하는 트로이군을 쫓아 적진으로 뛰어들었다. 그러나 곧 트로이군의 반격을 받아 에우포르보스에게 부상을 당하였고 결국 헥토르의 창에 찔려 숨을 거두었다.

파트로클로스의 시체를 되찾아오는 메넬라오스
1세기 경, 기원전 3세기 무렵에 제작된 헬레니즘 조각의 로마 시대 복사품, 피렌체의 로지아 회랑
©Yair Haklai@Wikimedia(CC BY-SA)

아킬레우스의 분노

파크로클로스가 죽자 시체를 둘러싸고 오랜 전투가 벌어졌고 아킬레우스의 갑옷은 헥토르의 손에 들어갔다. 하지만 시체는 메넬라오스와 대(大)아이아스가 결국 되찾아왔다. 파트로클로스의 죽음으로 아킬레우스는 아가멤논에 대한 묵은 원한을 지우고 오로지 친구에 대한 복수만을 다짐하며 트로이군과 헥토르에게 복수할 때까지 친구의 장례를 치르지 않겠다고 맹세했다.

결국 헥토르를 죽이고 나서 치러진 파트로클로스의 장례에서 아킬레우스는 말 4마리와 개 2마리, 그리고 사로잡은 트로이 청년 12명도 함께 장작더미에 던져 화장했다. 화장이 끝난 뒤 아킬레우스는 많은 포상을 걸고 성대한 추모 경기를 개최했다.

아킬레우스는 트로이 전쟁에 참가하면 반드시 죽을 수밖에 없는 운명이었다. 그래서 여인으로 변장하면서까지 한사코 이를 피하려 했다. 그래서 어찌 보면 아가멤논과의 불화가 아킬레우스에게는 죽을 운명을 피할 수 있는 좋은 구실이었을 수도 있었다. 그런 그를 다시 전쟁터로 끌어낸 것이 바로 친구 파트로클로스다 더 정확히 말하면 파트로클로스의 죽음이다. 사랑하는 친구의 죽음은 영웅 아킬레우스를 스스로 죽음의 불구덩이 속으로 뛰어들게 한 것이다.

　두 사람의 이런 치명적인 우정은 때로 친구 관계 이상의 것으로 생각되기도 하였다. 호메로스는 『일리아스』에서 두 사람을 그냥 다정한 친구 사이로 묘사했지만, 플라톤의 『향연』에서는 둘의 동성애 관계를 언급하고 있다. 고대 그리스에서 동성애 관계는 성인 남성과 10대 소년 사이의 관계인데, 성인 남성이 '사랑하는 쪽'이고 소년은 '사랑받는 쪽'이었다. 이때

파트로클로스
자크 루이 다비드(Jacques Louis David), 1780년
토마스 앙리 미술관

성인 남성은 연인이자 동시에 교육자 역할도 했던 것으로 보인다. 『향연』에서는 비극 시인 아이스킬로스가 아킬레우스를 사랑하는 쪽, 파트로클로스를 사랑받는 쪽으로 묘사한 것이 틀렸다면서, 호메로스가 둘 중 연장자로 기술한 파트로클로스가 당연히 사랑하는 쪽이고, 젊은 아킬레우스는 사랑받는 쪽이었다고 주장한다.

파트론 **Patron**

요약

로마 신화에 등장하는 영웅이다.

고귀한 신분임에도 주변의 약자와 빈자들을 정성껏 돌봐주어, 이들의 후원자로 신망이 높았다. 나중에 로마의 귀족들이 수하의 사람들을 돌보는 제도에 그의 이름이 붙여졌다.

기본정보

구분	영웅
상징	보호자, 후원자
외국어 표기	그리스어: Πάτρων
어원	아버지, 수호하다, 보호하다
관련 신화	아이네이아스의 이탈리아 정착

인물관계

파트론은 아이네이아스의 이탈리아 정착을 도운 에반드로스(그리스식: 에우안드로스)의 친구로만 알려져 있다. 아이네이아스의 아버지 안키세스의 장례경기에 참석한 이들 중에도 파트론이 있는데 두 사람은 같은 인물이 아닌 것으로 보인다.

신화이야기

약자들의 후원자

플루타르코스의 『영웅전』에 따르면 파트론은 아이네이아스보다 먼저 라티움에 정착하여 아이네이아스를 도왔던 에반드로스(그리스식 표기로는 '에우안드로스')의 벗이었다. 아르카디아 출신인 에반드로스는 팔라티누스 언덕에 고향 아르카디아의 도시 팔라티온이 이름을 딴 팔라티비움 시를 건설한 바 있다.

파트론은 높은 신분임에도 주변의 가난하고 불우한 사람들을 정성껏 돌봐주어 높은 신망을 얻었던 것으로 알려져 있다. 훗날 로마에서는 귀족들이 자기 주변 사람들을 돌보고 어려운 처지에 있는 사람을 후원하는 제도에 그의 이름을 붙이고 후원자를 '파트로누스(patronus)'라고 불렀다.

파트론은 또한 화가나 작가 등 예술가에 대한 후원자를 뜻하는 말로 쓰였다.

또 다른 파트론

베르길리우스의 『아이네이스』에는 또 한 명의 파트론이 등장한다. 그는 아르카디아의 테게아 출신으로 친구 살리우스와 함께 아이네이아스 일행에 합류하여 그의 이탈리아 정착을 도왔고, 아이네이아스의 부친 안키세스의 장례 경기에도 참여하였다. 나중에 그는 시칠리아의 알룬티움에 정착하였다고 한다.

파포스 **Paphos**

요약

　그리스 신화에 등장하는 키프로스의 왕 피그말리온의 딸이다.

　피그말리온은 자신이 아프로디테를 본떠서 상아로 만든 여인상에게 사랑을 느꼈는데, 아프로디테가 이를 가엾게 여겨 여인상에 생명을 불어넣어 주었다. 파포스는 이 둘의 결합으로 태어났다.

기본정보

구분	공주
외국어 표기	그리스어: Πάφος
관련 신화	피그말리온과 갈라테이아

인물관계

　파포스는 키프로스 왕 피그말리온이 상아 조각상이 사람으로 변한 여인 갈라테이아와 결혼하여 낳은 딸로, 아폴론과의 사이에서 파포스 시의 건설자 키니라스를 낳았다.

　하지만 또 다른 설에 따르면 피그말리온과 갈라테이아 사이에서는 아들 파포스와 딸 메타르메가 태어났으며 키니라

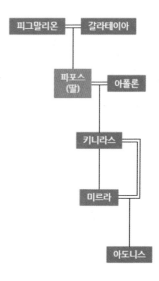

스는 메타르메의 남편이라고
한다.

키니라스는 친딸 미르라와
관계하여 아도니스를 낳았다.

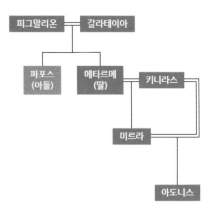

신화이야기

상아로 조각된 여인을 사랑한 피그말리온

키프로스 섬의 여인들은 아프로디테의 저주를 받아 나그네에게 몸을 파는 방탕하고 문란한 생활을 하게 되었다고 한다. 피그말리온은 이를 혐오해서 독신으로 살면서 상아로 아프로디테를 본뜬 아름다운

피그말리온과 갈라테이아
에티엥 모리스 팔코네(Etienne Maurice Falconet),
1763년, 예르미타시 미술관

여인상을 만들어 곁에 두고 지냈다. 그는 상아 조각상을 마치 살아있는 여인처럼 갈라테이아라는 이름으로 부르고 예쁜 옷도 입히고 입맞춤도 하며 아끼다가 정말로 사랑하게 되었다.

상아 여인에 대한 사랑으로 애를 태우던 피그말리온은 아프로디테 축제 때 여신에게 정성껏 제물을 바치며 조각상을 진짜 여인으로 바꾸어달라고 기도했다. 아프로디테는 아들인 사랑의 신 에로스를 보내 그의 소원을 들어

주었다. 축제를 마치고 집으로 돌아온 피그말리온이 평소처럼 조각상에 입을 맞추자 볼에 발그레 생기가 돌며 살결이 상아처럼 희고 고운 아름다운 여인으로 변했다.

피그말리온과 갈라테이아는 아프로디테 여신의 축복을 받으며 결혼하였고, 두 사람 사이에서는 아름다운 딸 파포스가 태어났다.

파포스와 키니라스

파포스는 신화에 피그말리온의 자식이자 키니라스의 부모로서 등장할 뿐 독자적인 역할을 하는 이야기는 전해지지 않는다. 키니라스는 파포스가 아폴론과 정을 통해서 낳은 아들로 나중에 미르라라는 딸을 두게 되는데, 미르라는 아버지를 너무나 사랑하여 한밤중에 몰래 아버지 침실에 들어 아도니스를 낳았다.('미르라' 참조)

또 다른 전승에 따르면 파포스는 딸이 아니라 아들이며, 피그말리온과 갈라테이아 사이에서는 파포스 외에 메타르메라는 딸도 태어났다고 한다. 그리고 키니라스는 파포스의 자식이 아니라 메타르메와 결혼하여 키프로스의 왕권을 물려받은 인물이라고 한다.

키니라스는 아프로디테가 태어난 곳으로 전해지는 키프로스 서쪽 해안에 파포스라는 이름의 도시를 건설하고 아프로디테 신전을 지어 여신에 대한 숭배를 퍼뜨렸다고 한다.

팍스 Pax

요약

로마 신화에서 평화의 여신으로 대개 평화를 의인화한 형태로 묘사된다. 그리스 신화의 에이레네와 짝을 이룬다.

기본정보

구분	개념이 의인화된 신
상징	평화, 승리, 풍요
어원	평화
그리스 신화	에이레네(Eirene, 그리스어: Εἰρήνη)
관련 자연현상	계절의 변화
관련 상징	과일과 곡식이 담긴 풍요의 뿔
가족관계	제우스의 딸, 테미스의 딸

신화이야기

평화의 제단

팍스는 로마에서 평화를 관장하는 여신으로 숭배되었는데, 특히 기원전 1세기 무렵 내전의 혼란 속에서 팍스 여신의 가호를 비는 관습이 성행하였다. 내전을 종식시킨 아우구스투스 황제는 '팍스 로마나'의 기치 아래 팍스 여신 숭배를 장려하여 많은 신상과 제단을 여신에게 바쳤으며, 기원전 9년에는 마르스 광장(현재의 나보나 광장 부근)에 평화의 제단 '아라 파키스(Ara Pacis)'를 건축하여 팍스 여신께 봉헌하였다.

평화의 제단 (Ara Pacis)
기원전 9년, 로마

베스파시아누스 황제는 서기 75년에 평화의 광장(Forum Pacis)을 건설하고 그 위에 팍스 여신에게 바치는 평화의 신전(Templum Pacis)를 지어 유대 전쟁의 승리를 기념하였다.

풍요의 상징

팍스 여신은 주로 올리브 가지와 홀을 들고서 평화와 승리를 상징하는 여왕의 모습으로 표현된다. 또한 헤시오도스가 기술하였듯이 평화는 풍요를 싹트게 하는 봄의 이미지와 연결되어 과일과 곡식이 가득 담긴 '풍요의 뿔'과 함께 풍요를 상징하는 여신으로 묘사되기도 한다.

에이레네와 어린 플루토
: 싹트는 풍요(플루토)의 어머니로 표현된
평화의 여신
아테네 케피소도토스 작품(기원전 370년)의
로마 시대 복사품, 뮌헨 글립토테크 미술관

계절과 평화

팍스 여신은 그리스 신화에서 제우스와 테미스 사이에 태어난 여신 에이레네와 짝을 이룬다. 헤시오도스는 호라이라고 불리는 계절의 세 여신에 에우노미아, 디케와 함께 에이레네를 포함시킨다. 세 여신은 각각 질서, 정의, 평화를 뜻한다. 시간의 흐름 가운데 변함이 없는 '질서'와 올바른 관계(정의)에 의해서 계절이 반복되고, 그 결과 풍요로운 '평화'가 찾아온다는 것이다.

아레스로부터 에이레네를 보호하는 아테나
페테르 파울 루벤스(Peter Paul Rubens), 1629~1630년, 런던 내셔널갤러리

팍톨로스 **Pactolus**

요약

그리스 신화에 나오는 강의 신이다.

아프로디테 여신의 신비의식에 참가하여 상대가 누군지 모른 채 자신의 누이동생 데모디케와 관계를 맺었다가 사실을 깨달은 후 강물에 뛰어들어 죽었다. 그때부터 그 강은 팍톨로스 강이라고 불리었다. 팍톨로스 강은 터키의 에게 해 연안을 흐르는 강이다.

기본정보

구분	강의 신
상징	황금의 강
외국어 표기	그리스어: Πακτωλός
별칭	크리소로아스 강
관련 지명	팍톨로스 강
관련 신화	미다스의 손
가족관계	제우스의 아들, 레우코테아의 아들, 데모디케의 남매

인물관계

팍톨로스는 제우스가 바다의 여신 레우코테아와 관계하여 낳은 아들로 데모디케와 남매지간이며 에우리아나사라는 딸이 있었다.

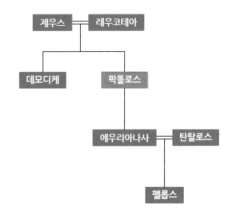

에우리아나사는 나중에 탄탈로스의 아내가 되었는데 펠롭스가 그
녀가 낳은 아들이라는 설이 있다.(일반적으로 펠롭스는 탄탈로스와 아틀
라스의 딸 디오네 사이의 아들로 알려져 있다)

신화이야기

강의 신이 된 팍톨로스

제우스와 레오코테아의 아들 팍톨로스는 아프로디테 여신의 신비의
식에 참가했다가 황홀경에 빠져 상대가 누구인지도 모른 채 한 여인
과 사랑을 나누었다. 하지만 나중에 알고 보니 그 여인은 자신의 누이
동생 데모디케였고, 충격을 받은 팍톨로스는 괴로움을 이기지 못하고
크리소로아스 강에 몸을 던졌다. 그 후 팍톨로스는 이 강의 신이 되었

팍톨로스 강의 미다스
니콜라 푸생(Nicolas Poussin), 1626~1628년경, 프랑스 페슈 미술관

고, 강의 이름은 팍톨로스 강으로 바뀌었다.

팍톨로스 강이 황금의 강이 된 이유

팍톨로스 강의 이전 이름인 크리소로아스는 '황금의 강'이라는 뜻이다. 팍톨로스 강이 황금의 강으로 불리게 된 이유는 프리기아의 전설적인 왕 미다스와 관계가 있다.

미다스는 디오니소스의 양육자인 실레노스가 술에 취해 길을 잃었을 때 그에게 친절을 베푼 덕분에 디오니소스로부터 무엇이든 소원을 한 가지 들어주겠다는 제안을 받았다. 고민하던 미다스는 자기가 만지는 것은 무엇이나 황금으로 변하게 해달라고 하였다. 디오니소스는 그의 소원이 탐탁지 않았으나 약속한대로 이루어주었다. 하지만 미다스는 곧 견딜 수 없는 고통에 빠지게 된다. 손에 닿는 것은 모두 황금으로 변하는 통에 먹을 수도 마실 수도 없었기 때문이다. 미다스는 눈물을 흘리며 디오니소스에게 자신의 어리석음을 용서해달라고 빌었고, 디오니소스가 일러준 대로 팍톨로스 강으로 가서 강물에 손을 씻고 원래대로 돌아올 수 있었다.

미다스가 손을 씻은 강에서는 그때부터 금이 나오기 시작해서 '황금의 강' 크리소로아스라고 불리게 되었다.

판 Pan

요약

그리스 신화에 나오는 반인반수의 모습을 한 목신(牧神)이다.
산과 들판에 살며 미소년이나 님페를 쫓아다니는 호색한이다.

기본정보

구분	전원의 신
상징	호색한, 갑작스런 공포(패닉)
외국어 표기	그리스어: Πάν
어원	먹이를 주는 자, 모든 것
로마 신화	파우누스(Faunus)
별자리	토성의 위성
관련 상징	시링크스(피리, 팬플루트, 팬파이프)
관련 동물	숫양
가족관계	헤르메스의 아들, 제우스의 아들, 크로노스의 아들, 디오니소스의 아들

인물관계

판의 아버지로는 헤르메스, 제우스, 크로노스, 디오니소스 등이 거론되고, 어머니로는 님페 드리옵스, 페넬로페, 칼리스토, 히브리스 등이 거론된다.

신화이야기

개요

판은 목동과 가축의 신으로 아르카디아 지방에서 유래한 것으로 여겨지지만 점차 그리스 전역에서 숭배의 대상이 되었다. 부모는 확실치 않아서 아버지로는 헤르메스, 제우스, 크로노스, 디오니소스 등이 물망에 오르고, 어머니는 님페 드리옵스, 페넬로페, 칼리스토, 히브리스 등이 거론된다. 수염이 난 얼굴은 야수적 교활함을 띠고 있고, 이마에

판의 얼굴
로마 시대 모자이크, 138~192년
마시모 궁전 국립 박물관

난 뿔과 발굽이 달리고 털이 북슬북슬한 굽은 다리는 염소나 양을 연상시킨다. 성격이 변덕스럽고 화를 잘 내기 때문에 조심스럽게 대해야 하며, 특히 그의 낮잠을 방해하는 것은 아주 위험한 일이다. 자기 기분이 언짢을 때는 사람이나 동물에게 갑작스러운 공포를 불어넣어 패닉 상태에 빠뜨리기도 한다. 판은 갈대피리 시링크스(Syrinx, 팬파이프라고도 한다)를 늘지니고 다니며 춤과 음악을 즐기고, 여색을 몹시 밝혔다. 이 점 때문에 그는 가축의 번식을 책임지는 신으로 간주되기도 한다.

로마인들은 판을 숲의 신 실바누스와 동일시하기도 했다.

탄생

판은 헤르메스와 나무의 님페 드리옵스 사이에서 태어난 아들인데, 판의 어머니는 자신이 낳은 아기를 보고 깜짝 놀라 내다 버렸다고 한다. 머리에 뿔이 나고 수염과 털과 발굽이 있는 산양의 모습이었기 때

문이다. 하지만 아버지 헤르메스는 아이를 올림포스로 데려가 다른 신들에게 자랑스럽게 보여주었고, 디오니소스를 비롯한 신들은 모두 아이를 보며 즐거워하였다. 신들은 '모두'를 즐겁게 만들었다고 하여 아이에게 '판'이라는 이름을 붙여 주었다.

다른 설에 따르면 판은 제우스와 칼리스토, 혹은 제우스와 님페 히브리스 사이에서 난 자식이라고도 하고, 크로노스와 아말테이아 사이에서 난 제우스의 배다른 형제라고도 한다. 아말테이아는 제우스의 유모도 님페라고도 하고 염소라고도 한다.

판의 탄생을 오디세우스 신화와 결부시킨 설화도 있다. 오디세우스가 오랜 시간 집을 비운 사이 그의 아내 페넬로페가 수많은 구혼자들에게 시달리다가 결국 안티노오스에게 마음을 주었고, 집으로 돌아온 오디세우스가 그 사실을 알고 페넬로페를 아버지 이카리오스에게 돌려보냈다. 친정으로 간 페넬로페는 만티네이아로 가서 헤르메스와 관계하여 판을 낳았다. 또 다른 설에 의하면 모든 구혼자들이 차례로 페넬로페의 연인이 되었으며, 이 모든 관계를 통해서 태어난 것이 판이라고 한다.

판에게 사냥물을 선물하는 아르테미스
페테르 파울 루벤스(Peter Paul Rubens), 1615년, 드레스덴 알테 마이스터 회화관

피리의 발명

판이 틈만 나면 불어대는 피리(시링크스)는 원래 아르테미스를 모시는 아름다운 숲의 님페였다. 특히 사냥옷을 차려입은 시링크스의 모습은 아르테미스 못지않게 아름다워서 모두들 그녀를 사랑하였다. 시링크스

판과 시링크스
프랑수아 부셰(Francois Boucher), 1743년, 개인 소장

는 어느 날 숲 속에 사냥을 나갔다가 판과 마주쳤다. 그렇잖아도 호색한으로 유명한 판은 시링크스를 보자 첫눈에 반해서 추근거리며 유혹하기 시작했고, 시링크스는 판에게 아무런 대꾸도 하지 않고 서둘러 그 자리를 피했다. 하지만 판은 물러서지 않고 그녀를 뒤쫓았고, 시링크스는 판의 손길을 피해 있는 힘을 다해 도망쳤다. 그렇지만 발이 빠른 판은 곧 그녀를 따라잡았다. 강가에 이르러 거의 붙잡을 지경이 되자 다급해진 시링크스는 친구인 물의 님페들에게 구원을 청했고, 물의 님페들은 그녀의 청을 들어주었다. 시링크스는 판의 팔이 그녀의 목을 휘감는 순간 한 묶음의 갈대로 변해버렸다. 판이 아쉬움에 한숨을 내쉬자 갈대에서는 구슬픈 소리가 울려 나왔고, 판은 그 신기하고 감미로운 소리에 완전히 매료되었다. 판은 시링크스가 변한 갈대를 가지고 피리를 만들고는 그것에 시링크스라는 이름을 붙여서 늘 몸에 지니고 다녔다.

한편 판은 달의 여신 셀레네에게 희고 아름다운 양털을 선물하고 숲으로 유혹하여 그녀와 사랑을 나누기도 했고, 님페 에코와도 염문을 뿌렸다.

  시링크스를 손에 넣은 판의 음악 솜씨는 나날이 늘었다. 들판을 쏘다니며 흥겹게 피리를 불던 판은 제 연주 솜씨에 스스로 도취되어 급기야는 음악의 신 아폴론에게 도전장을 내기에 이르렀다. 판과 아폴론은 여러 관객이 모인 트몰로스 산에서 음악 경연을 펼쳤고, 심판은 트몰로스 산신이 맡았다. 하지만 판의 더없이 자연스럽고 고혹적인 피리 소리도 아폴론의 우아하고 섬세한 리라 연주에 견주기는 힘들었다. 둘의 연주가 끝나자 심판은 지체 없이 아폴론의 승리를 선언했다. 다른 관객들도 모두 산신의 판결에 동의하는 분위기였다. 하지만 한 사람이 이의를 제기했다. 손에 닿는 모든 것이 황금으로 바뀌는 고초를 겪었던 미다스 왕이었다. 자기가 듣기에는 판의 피리 소리가 훨씬 더 훌륭했다는 것이다. 순간 아폴론의 눈가에 노기가 서리더니 "네 귀가 좀더 똑똑히 잘 듣게 해주겠다."고 말하며 미다스 왕의 귀를 잡아당겼다. 왕의 귀는 순식간에 늘어나며 커다란 당나귀 귀가 되었다.

아폴론과 판의 음악 경연을 심판하는 미다스 왕
필리포 라우리(Filippo Lauri), 17세기 중반, 개인 소장

패닉

  '당황', '공포'를 의미하는 패닉(panic)은 '판'에서 유래한 말이다. 판에게는 사람이나 가축을 갑작스런 공포에 사로잡히게 하는 능력이 있었기 때문이다. 페르시아 전쟁 때 판은 이 능력을 이용하여 아테네인들을 도왔다고 한다. 마라톤 전투에서 페르시아인들을 패닉에 빠뜨려

도망치게 만들어 아테네가 승리하도록 한 것이다. 그 이후 아테네에는 판을 모시는 신전이 세워지고 판에게 제물을 바치는 행렬이 줄을 이었다. 판은 심지어 거인족 기간테스에게도 공포심을 일으켜 패닉 상태에 빠뜨렸다고 한다.

다프니스

판에게는 배다른 형제인 다프니스가 있었는데, 판은 그에게 노래와 피리를 가르쳐주었다. 시칠리아에 살았던 다프니스는 예술을 몹시 사랑하여 나중

판과 다프니스
헬레니즘 시대 석상. 루도비시 컬렉션
(Ludovisi Collection), 로마 국립박물관

에 목가의 창시자가 되었다. 판은 자신이 무척 아끼고 사랑하던 다프니스가 죽자 매우 슬퍼하였다고 한다.

판의 죽음

플루타르코스가 전하는 이야기에 따르면 로마의 티베리우스 황제 치세에 타무스라는 이름의 이집트 선원이 그리스 연안을 항해하고 있는데 갑자기 어디선가 커다란 음성이 들려왔다고 한다. 그 음성은 선원에게 "위대한 판은 죽었다"고 사람들에게 전하라고 명령했다. 선원은 배가 육지에 접근하자 지시받은 대로 "위대한 판은 죽었다"고 소리쳤다. 그러자 육지에서는 이에 응답하는 수많은 탄식의 소리들이 들려왔다는 것이다. 이 이야기를 들은 티베리우스 황제는 신기하게 여겨 조사를 지시했다고 한다. 후대 사람들은 이 이야기를 위대한 신화의 시대가 저물어 가는 신호로 받아들이기도 했다.

판다레오스 Pandareus, Pandareos

요약

그리스 신화에 나오는 도둑의 명수로 유명한 밀레토스의 왕이다.

그는 제우스 신전을 지키는 황금 개를 훔쳐 리디아의 왕 탄탈로스에게 맡겼다가 제우스의 진노를 사게 되어 목숨을 잃었다. 탄탈로스도 개를 맡은 적이 없다고 시치미를 떼다 제우스에게 벌을 받았다.

판다레오스에 관한 밀레토스의 전설 중에는 그와 딸들이 모두 새로 변하는 이야기도 있다.

기본정보

구분	밀레토스의 왕
상징	도둑의 명수
외국어 표기	그리스어: Πανδάρεως
관련 상징	황금개, 흰꼬리수리
가족관계	메롭스의 아들, 아에돈의 아버지, 켈리돈의 아버지

인물관계

판다레오스는 밀레토스의 왕 메롭스와 님페 사이에서 태어난 아들로 암피다마스의 딸 하르모토에와 결혼하여 세 딸 아에돈, 클레오테라, 메로페(혹은 아에돈, 카미로, 크리티에)를 낳았다.

밀레토스의 한 전설에 따르면 판다레오스와 하르모토에 사이에 태어난 딸은 아에돈과 켈리돈 두 명이었다.

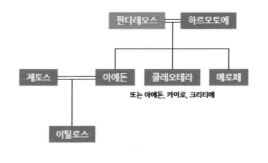

또는 아에돈, 카미로, 크리티에

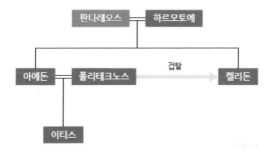

겁탈

신화이야기

제우스 신전의 개를 훔친 판다레오스

크레타의 제우스 신전에는 그곳을 지키는 황금 개가 있었다. 이 개는 레아 여신이 어린 아들 제우스를 크로노스로부터 보호하기 위해 크레타의 동굴에 숨겨 두고 문지기로 삼았던 개로, 헤파이스토스가 만들었다고 한다. 그런데 이 개를 밀레토스의 전설적인 왕 메롭스의 아들 판다레오스가 훔쳤다.(이 설에 따르면 판다레오스의 아버지는 도둑의 신 헤르메스라고도 한다) 판다레오스는 신들의 눈을 피하기 위해 이 개를 리디아의 시필로스 산으로 데려가 탄탈로스에게 맡겼다.

나중에 헤르메스가 제우스의 명령으로 개를 찾으러 왔을 때 탄탈로스는 그런 개를 본 적이 없다며 시치미를 뗐고, 심지어 판다레오스에게도 개를 맡은 적이 없다고 잡아뗐다. 하지만 헤르메스는 결국 탄탈로스의 궁에서 황금 개를 찾아냈고 제우스는 거짓말을 한 벌로 탄탈로스를 벼락을 내리쳐 쓰러뜨린 뒤 시필로스 산으로 눌러버렸다.

탄탈로스의 처벌을 전해들은 판다레오스는 겁을 먹고 아내 하르모토에와 딸들을 데리고 시칠리아로 도망쳤다. 하지만 제우스는 그를 찾아내어 아내 하르모토에와 함께 죽였다. 이 설에 따르면 제우스는 판다레오스를 돌로 만들어버렸다고도 한다.

이 신화에 등장하는 판다레오스는 데메테르 여신의 각별한 총애를 받아 아무리 먹어도 배탈이 나지 않게 되었다고 한다.

판다레오스의 딸들

판다레오스와 하르모토에 사이에는 세 딸이 있었는데 맏딸 아에돈은 이미 제토스와 결혼한 상태였고, 나머지 두 딸 클레오테라와 메로페(혹은 카미로와 크리티에)는 아직 어린아이들이었다. 올림포스의 여신들은 하루아침에 고아가 된 두 여자아이를 측은하게 여겨 자신들이 돌봐주었다. 아프로디테는 아이들을 맡아 기르며 달콤한 꿀과 치즈 등 먹을 것을 주었고, 헤라는 지혜와 아름다움을, 아르테미스는 우아한 몸매를, 아테나는 뛰어난 손재주를 선사하였다. 두 자매가 나무랄

판다레오스의 딸들
요한 하인리히 퓌슬리(Johann Heinrich Fussli), 1795년,
호메로스 「오디세이아」 수록 삽화

데 없는 처녀로 자라나자 아프로디테는 올림포스로 올라가 제우스에게 이들의 남편감을 찾아달라고 청하였다. 하지만 아프로디테가 없는

사이 괴조 하르피이아이가 두 자매를 납치하여 하계에 있는 복수의 여신 에리니에스에게로 데려가 그들의 하녀로 삼았다.

아에돈은 제토스와 사이에서 외아들 이틸로스를 낳았는데 암피온의 아내 니오베에게 아들과 딸이 많은 것을 시기하였다. 그래서 니오베의 장남 아말레우스를 잠든 사이에 죽이려 했지만 실수로 침대를 혼동하여 같은 방에서 자고 있던 이틸로스를 죽이고 말았다. 나중에 사실을 알고 난 아에돈은 아들 이틸로스의 이름을 부르며 울부짖다가 제우스에 의해 꾀꼬리로 변했다. 고대 그리스어로 아에돈은 꾀꼬리를 뜻하고 이틸로스는 꾀꼬리 울음소리의 의성어이다.

밀레토스의 전설

밀레토스의 전설에서 판다레오스의 신화는 제비와 꾀꼬리의 변신담에 연결된다. 그에 따르면 판다레오스에게는 두 딸 아에돈과 켈리돈이 있었다. 맏딸 아에돈은 목수 폴리테크노스와 결혼하여 아들 이티스를 낳고 행복하게 살았다. 하지만 이들은 행복에 취한 나머지 자만에 빠져 자신들이 제우스와 헤라보다 더 행복하다고 신들을 모욕하였고, 화가 난 헤라는 불화의 여신 에리스를 보내 이들 부부의 사이를 갈라놓았다. 불화의 여신은 부부의 경쟁심을 부추겨 내기를 하게 만들었다. 진 사람이 이긴 사람에게 여종을 한 명 바치는 내기였는데, 아내에게 진 폴리테크노스는 마음속 깊이 앙심을 품게 되었다.

그는 복수를 계획하고 장인을 찾아가 아내 아에돈이 동생 켈리돈을 몹시 보고 싶어 하니 데리고 가게 해달라고 청했다. 그리고 함께 돌아가는 길에 켈리돈을 강제로 욕보인 뒤 머리를 자르고 여종의 옷을 입혀 집으로 데려갔다. 그는 켈리돈에게 이 일을 발설하면 죽여버리겠다고 위협하고는 아에돈에게 내기에 이긴 상이라며 그녀를 여종으로 내주었다. 아에돈은 남편이 새로 데려온 여종이 오랫동안 보지 못한 동생 켈리돈이란 사실을 전혀 눈치 채지 못했다.

그러던 어느 날 켈리돈이 근처에 아무도 없는 줄 알고 혼자 신세한 탄을 하는 소리가 아에돈의 귀에 들어갔고, 사실을 알게 된 아에돈은 여동생 켈리돈과 함께 복수를 다짐했다. 그들은 아에돈이 폴리테크노스에게 낳아준 아들 이티스를 죽여 음식으로 만들어 폴리테크노스에게 먹이고는 밀레토스로 달아났다. 뒤늦게 자신이 먹은 음식의 정체를 알게 된 폴리테크노스는 자매를 잡으러 쫓아갔지만 오히려 딸들로부터 사위의 악행을 전해들은 판다레오스의 손에 붙잡히는 신세가 되었다. 판다레오스는 폴리테크노스를 꽁꽁 묶은 다음 전신에 꿀을 발라 들판에 던져버렸다. 미친 듯이 달라붙는 파리들 때문에 비명을 지르는 남편을 불쌍히 여긴 아에돈이 파리를 쫓아주려 하자 그녀의 형제들과 아버지는 화가 나서 아에돈마저 죽여버리려 하였다. 보다 못한 제우스는 처참한 불행에 빠진 이들 가족을 모두 새로 만들어버렸다. 폴리테크노스는 펠리컨, 판다레오스는 흰꼬리수리, 켈리돈은 제비, 아에돈은 꾀꼬리가 되었다.

판도라 Pandora

요약

그리스 신화에 나오는 최초의 여성
이다.

제우스가 프로메테우스로부터 불
을 얻은 인간을 벌하기 위해 헤파이
스토스를 시켜 진흙을 빚어서 만들
게 하였다. 인간으로 태어난 판도라
가 온갖 불행을 가두어 둔 상자를
호기심에 못 이겨 여는 바람에 인류
의 모든 불행이 시작되었다고 한다.

판도라
단테 가브리엘 로세티(Dante Gabriel
Rossetti), 1869년, 개인 소장

기본정보

구분	신화 속 인물
상징	사악한 아름다움, 치명적인 호기심
외국어 표기	그리스어: Πανδώρα
어원	모든 선물
별자리	토성의 판도라 위성
관련 상징	상자 또는 단지
관련 신화	프로메테우스, 인류의 창조, 판도라의 상자

인물관계

판도라는 제우스가 헤파이스토스를 시켜 창조하였다. 판도라는 인간을 창조하고 불을 준 프로메테우스의 동생 에피메테우스와 결혼하여 새 인류의 조상이 되는 딸 피라를 낳았다. 피라는 프로메테우스의 아들 데우칼리온과 결혼하여 그리스인의 시조인 헬렌을 비롯하여 여러 명의 자식을 낳았다.

프로메테우스와 에피메테우스는 티탄 신족 이아페토스의 아들이다.

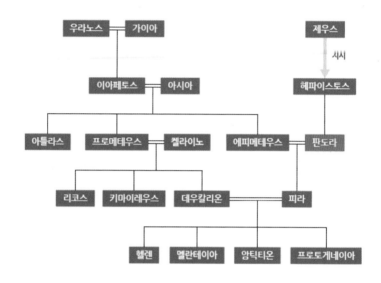

신화이야기

인류의 탄생

만물이 창조될 때 에피메테우스는 형 프로메테우스와 함께 모든 짐승과 인간에게 각각 재주와 능력을 부여하는 일을 담당했다. 하지만 '뒤늦게 생각하는 자'인 에피메테우스가 앞뒤를 충분히 고려하지 않고 짐승들에게 좋은 재능을 다 써버린 나머지 가장 늦게 만들어진 인간에게 줄 것이 남아있지 않았다. 이에 프로메테우스는 제우스가 금지한 명령을 어기고 인간에게 몰래 불과 지혜를 선사했다. 프로메테우스는 이로 인해 코카서스의 바위산에 쇠사슬로 묶인 채 독수리에게 날

마다 간을 쪼아 먹히는 벌을 받아야 했다. 프로메테우스의 간은 밤새 온전히 회복되어 계속해서 새롭게 고통 받았다.

결박된 프로메테우스
페테르 파울 루벤스(Peter Paul Rubens), 1618년
필라델피아 미술관

판도라의 탄생

제우스는 프로메테우스의 도움을 받은 인간을 벌하기 위해 에피메테우스에게 한 가지 선물을 했다. 그것은 다름 아닌 헤파이스토스에게 진흙을 빚어서 만들게 한 최초의 여성인 아리따운 판도라였다.

헤파이스토스는 판도라를 불멸의 신들과 똑같은 모습으로 만들었다. 판도라가 만들어질 때 신들은 저마다 한 가지씩 그녀에게 선물을 주었다. 아테나는 옷과 손재주를 주었고, 아프로디테는 인간이 이 새로운 존재를 사랑하도록 아름다움을 주었고, 헤르메스는 그녀 마음속에 거짓과 속임수를 넣어주었다.(판도라는 '모든 선물'이라는 뜻이다)

판도라의 상자

제우스의 의도를 미리 짐작했던 프로메테우스는 동생 에피메테우스에게 절대로 제우스가 주는 선물을 받지 말라고 신신당부했지만, 판도라의 아름다움에 반한 에피메테우스는 덜컥 선물을 받아들여 판도라를 아내로 삼았다. 제우스가 헤르메스를 시켜 판도라에게 상자를 하나 전달했는데 그 안에는 인간에게 불행을 가져오는 온갖 나쁜 재앙과 악덕이 다 들어있었다. 헤르메스는 상자를 건네주며 판도라에게 호기심을 불어넣어 그것을 열어보게 하였고, 그 결과 인간 세상에는 온갖 불행이 퍼지게 되었다. 하지만 상자 안에는 희망도 들어 있어 인간이 온갖 불행에도 불구하고 계속 살아갈 수 있게 하였다.

일설에 따르면 판도라의 상자는 헤르메스가 선물로 준 것이 아니라 에피메테우스의 집에 있던 것이라고 한다. 에피메테우스가 형 프로메테우스와 함께 인간과 동물을 만들 때 그들에게 온갖 좋은 재능을 다 부여하고 남은 나쁜 것들을 죄다 담아 놓은 상자였는데, 판도라가 그만 그것을 열어버렸다는 것이다.

판도라
질 조제프 르페브르(Jules Joseph Lefebvre), 1882년, 개인 소장

피라와 데우칼리온

에피메테우스와 판도라 사이에는 딸 피라가 태어났는데 피라는 나중에 프로메테우스의 아들인 데우칼리온과 결혼하였다. 피라와 데우칼리온은 제우스가 인간들을 벌하기 위해 대홍수를 내렸을 때 프로메테우스의 귀띔으로 미리 방주를 만들어둔 덕에 유일하게 살아남아 새 인류의 조상이 되었다. 두 사람 사이에서는 그리스인의 시조인 헬렌이 태어났다.

판도라
해리 베이츠(Harry Bates), 1891년
테이트브리튼 갤러리
©Lee M@Wikimedia(CC BY-SA)

판디온 Pandion, 판디온 1세

요약

　고대 아테네의 왕으로, 두 딸 필로멜로와 프로크네의 신화에 등장하면서 유명해졌다.

　두 딸의 참혹한 운명에 상심하다 결국은 죽음에 이르렀다.

기본정보

구분	아테네의 왕
외국어	그리스어: Πανδίων
관련 신화	필로멜라, 프로크네, 테레우스, 에리크토니오스
가족관계	에리크토니오스의 아들, 프락시테아의 아들, 에레크테우스의 아버지, 프로크네의 아버지

인물관계

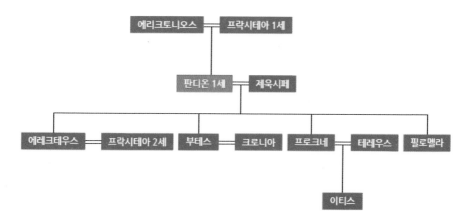

에리크토니오스와 프락시테아의 아들이다. 이모인 제욱시페와 결혼하여 쌍둥이 아들 에레크테우스와 부테스, 그리고 딸 프로크네와 필로멜라를 낳았다.

신화이야기

개요

『비블리오테케』에 의하면 판디온 왕은 아테네의 5번째 왕이다. 그는 에리크토니오스와 샘의 님페 프락시테아의 아들로 헤파이스토스의 후손이다. 에리크토니오스의 아들인 판디온 왕 이외에도 고대 아테네에는 에리크토니오스 왕조에 속하는 또 한 명의 판디온 왕(판디온 2세)이 있는데, 그는 에리크토니오스의 아들 즉 판디온 1세의 증손자인 판디온 2세이다.

판디온 1세는 어머니의 동생, 즉 이모인 제욱시페와 결혼하여 쌍둥이 아들 두 명과 딸 두 명을 낳았다. 아들은 에레크테우스와 부테스이고 딸은 프로크네와 필로멜라이다.

판디온 1세가 통치하는 동안 그의 공적에 대해서는 특별히 전해지는 바는 없다. 『비블리오테케』에 의하면 그는 국경 문제로 테바이의 왕 라브다코스와 전쟁을 했다고 한다. 이 전쟁에서 판디온 1세는 트라키아의 왕 테레우스에게 원군을 청하였다. 판디온 1세는 테레우스의 도움으로 전쟁에서 승리하였고, 이에 대한 답례의 표시로 장녀인 프로크네를 테레우스의 아내로 주었다. 테레우스와 프로크네 사이에 아들 이티스가 태어났다.

판디온 왕이 죽고 나서 두 아들이 권력을 나누어 갖는데, 왕권은 에레크테우스가 물려받고 아테네와 포세이돈을 섬기는 사제직은 부테스가 물려받았다.

대지의 여신 데메테르와 포도주의 신 디오니소스가 아티카 지방(고대 아테네)에 온 적이 있는데, 『비블리오테케』에 의하면 이 시기가 바로 판디온 1세가 통치하는 시기였다고 한다. 데메테르는 아티카 지방에 있는 엘레우시스라는 도시에서 켈레오스의 환대를 받고 곡물을 주었다고 한다. 그리고 디오니소스는 이카리오스의 환대를 받고 그에게 포도나무 가지를 주고 포도주 만드는 법을 가르쳐주었다고 한다.

참혹한 운명의 딸들: 프로크네와 필로멜라

판디온 왕은 그리스 신화에서 두 딸 프로크네와 필로멜라의 신화에 등장한다. 앞에서 언급한 바와 같이 장녀 프로크네를 트라키아의 왕 테레우스와 결혼시킨 사람이 바로 판디온 왕이다. 그러나 프로크네의 남편 트라키아의 왕 데레우스는 아내의 동생 필로멜라를 탐하여 그녀를 겁탈하였고, 필로멜라가 진실을 밝힐까 두려워 그녀의 혀를 잘라 낸 뒤 외딴 집에 감금했다. 필로멜라는 천에 수를 놓아 언니인 프로크네에게 진실을 전하였고, 이 참혹한 진실을 알게 된 프로크네는 복수를 다짐했다.

프로크네는 복수심에 사로잡혀 남편과 꼭 닮은 아들 이티스를 죽여 음식으로 만든 후 남편에게 먹였다. 한참을 먹고 나서 진실을 알게 된 테레우스가 자매를 뒤쫓았지만 그들은 이미 날갯짓을 하면서 하늘로 올라갔다. 『변신이야기』에 의하면 자매는 신들에게 테레우스로부터 도망가게 해달라고 기도했고, 신들은 프로크네를 제비로 필로멜라를 나이팅게일로 변하게 했다고 한다. 그리고 그들을 뒤쫓던 테레우스 왕도 오디새로 변했다. 오디새는 지금도 칼날처럼 긴 부리를 갖고 있다.

판디온 1세는 딸들의 불행한 운명에 크게 상심하다 이로 인해 죽음에 이르렀다.

테레우스에게 이티스의 머리를 보여주는 필로멜라와 프로크네
안토니오 템페스타(Antonio Tempesta), 17세기, 동판화
샌프란시스코 미술관

또 다른 판디온들

앞에서 언급한 바와 같이 고대 아테네에는 또 다른 판디온 왕이 있다. 판디온 왕의 증손자 이름도 판디온(판디온 2세)이다. 판디온 2세의 손자가 아테네의 영웅 테세우스이다.

고대 아테네에는 또 한 명의 판디온이 있는데, 판디온 1세의 고손녀인 클레오파트라와 피네우스 사이에 태어난 아들 중 한 명도 판디온이다. 그는 아버지의 후처인 이티아의 모함으로 아버지에 의해 장님이 되었다.

판디온 Pandion, 판디온 2세

요약

고대 아테네에서 에리크토니오스 왕조에 속하는 두 번째 판디온 왕이다.

판디온 2세는 숙부 메티온의 아들들, 즉 사촌들에 의해 왕위에서 축출되어 메가라로 피신했다. 그곳에서 필라스 왕의 딸 필리아와 결혼하여 후에 메가라의 왕위를 이어받았다.

기본정보

구분	메가라의 왕
외국어	그리스어: Πανδίων
관련 신화	아이게우스, 테세우스
가족관계	케크롭스의 아들, 필리아의 남편, 아이게우스의 아버지

인물관계

아테네 왕 케크롭스 2세와 메티아두사 사이에 태어난 아들로 판디온 1세의 증손자이다. 메가라의 왕 필라스의 딸 필리아와 결혼하여 아이게우스 등을 낳았다. 아테네 영웅 테세우스가 판디온 2세의 손자로 아이게우스의 아들이다.

신화이야기

개요

고대 아테네에서 에리크토니오스 왕조에 속하는 두 번째 판디온 왕, 즉 판디온 2세는 첫 번째 판디온(판디온 1세)의 증손자이다. 판디온 2세의 아버지 케크롭스(II)는 판디온 1세의 아들 에레크테우스의 아들이다. 어머니 메티아두사는 아버지 케크롭스 2세의 형제인 에우팔라모스의 딸로 판디온 2세와는 사촌간이 된다.

『비블리오테케』에 의하면, 판디온 2세는 사촌들 즉 숙부인 메티온의 아들들에 의해 왕위에서 쫓겨나고 아테네에서 추방되었다. 판디온 2세는 메가라의 왕 필라스에게 가서 피신하였고 필라스 왕은 그를 딸 필리아와 결혼시켰다. 그런데 필라스 왕이 숙부를 살해하여 메가라를 떠나야 하는 상황을 맞자 판디온 2세가 메가라 왕위를 물려받았다. 필라스 왕은 일부 백성들과 함께 펠로폰네소스로 가서 자신의 이름을 딴 도시 필로스를 건설했다.

판디온 2세와 필리아 사이에는 아이게우스, 팔라스, 니소스, 리코스 이렇게 4명의 아들이 태어났는데, 판디온 2세가 죽은 후 메가라의 왕위는 니소스가 물려받았다.

판디온 2세의 아들 아이게우스와 손자 테세우스

아이게우스는 판디온 2세의 장남이다. 그런데 판디온이 죽은 후 메가라의 왕위를 니소스가 이어받자, 아이게우스는 다른 동생들과 함께 아테네로 돌아가서 아버지의 왕위를 빼앗은 메티온의 아들들을 쫓아냈다. 그러나 왕권을 분할하기로 한 처음의 약속은 저버리고 아이게우스는 아테네의 왕이 되어 전권을 행사하였다.

두 번의 결혼에도 자식을 얻지 못했던 아이게우스는 트로이젠의 왕 피테우스의 딸 아이트라와 동침하였고, 아이트라는 임신을 했다.

아버지의 검을 찾아낸 테세우스
니콜라 푸생(Nicolas Poussin), 장 르마이어(Jean Lemaire),
1638년경, 콘데 박물관

아이게우스는 아이트라와 이별하면서 바위 밑에 자신의 샌들과 검을 숨겨두고, 아이가 자라 그 바위를 들 수 있게 되면 그 물건들을 찾아 자기를 찾아오게 하라고 당부했는데, 이 아들이 바로 판디온 2세의 손자이자 아테네의 영웅 테세우스이다.

판크라티스 Pancratis

요약

그리스 신화에 나오는 거인 형제 알로아다이의 이복여동생이다.

트라키아의 해적들에게 붙잡혀 낙소스 섬으로 끌려갔을 때 해적의 우두머리 두 명이 서로 아름다운 그녀를 차지하겠다고 싸움이 벌어져 둘 다 죽고 말았다. 그녀는 이복오빠 알로아다이에 의해 구출되었지만 얼마 지나지 않아 죽고 말았다.

기본정보

구분	공주
외국어 표기	그리스어: Παγκράτις
별칭	판크라토(Pancrato)
관련 신화	낙소스 섬 초기 역사

인물관계

판크라티스는 포세이돈의 후손인 알로에우스와 트리오파스의 딸 이피메데이아 사이에서 난 딸이다. 어머니 이피메데이아가 포세이돈과 정을 통해서 낳은 두 아들 알로아다이 형제와는 이부남매 사이다.

```
          포세이돈 ── 카나케

      ┌─────────────┼─────────────┐
   에포페우스   알로에우스   트리오파스 ── 히스칼라
                                  ┌────┬────┬────┐
               이피메데이아   포세이돈  포르바스  에리시크톤

   낙소스 섬의 해적     납치
  (시켈로스와 헤케토로스)  ───▶  판크라티스    이고비디이

                                         오토스
                                        에피알테스
```

신화이야기

낙소스 섬으로 끌려간 이피메데이아와 판크라티스

이피메데이아가 알로에우스와 사이에서 낳은 딸 판크라티스는 빼어난 미모로 유명했다. 이피메데이아와 판크라티스는 아카이아의 드리오스 산에서 열리는 디오니소스 축제에 참가했다가 트라키아 출신의 해적들에게 붙잡혀 스트론길레(훗날의 낙소스) 섬으로 끌려갔다. 당시 그 섬에 정착하여 살고 있던 트라키아인들에게 여자가 부족했기 때문이었다.

그런데 판크라티스의 미모가 워낙 뛰어나서 트라키아 해적들의 우두머리인 시켈로스와 헤케토로스 사이에 다툼이 벌어졌다. 서로 판크라티스를 차지하려고 했던 것이다. 하지만 싸움 끝에 두 사람 다 죽어버렸고, 판크라티스는 낙소스의 왕 아가사메노스의 차지가 되었다.

이 이야기는 후대에도 사람들의 흥미를 끌어 여러 가지 버전으로 전해졌으며 그 과정에서 판크라티스는 판크라토로 바뀌고 서로 싸우다 죽은 두 해적의 이름도 스켈리스와 카사메노스로 바뀌었다.

어머니와 누이를 구하기 위해 낙소스 섬으로 쳐들어간 알로아다이 형제

　아내와 딸을 빼앗긴 알로에우스는 곧 두 아들 오토스와 에피알테스를 보내 모녀를 찾아오게 하였다. 포세이돈의 자식이지만 알로아다이(알로에우스의 자손)라 불린 두 거인 형제는 낙소스 섬을 공격하여 트라키아인들의 손에서 어머니와 누이동생을 구해냈다. 하지만 아름다운 판크라티스는 이복 오라비들에게 구출되고 얼마 지나지 않아서 죽고 말았다.

　알로아다이 형제는 트라키아인들을 낙소스 섬에서 완전히 몰아내고 그곳을 직접 다스렸다. 나중에 두 사람은 낙소스 사람들에게 신으로 추앙받았다.

팔라디온 **Palladium**

요약

　그리스 신화에서 팔라스 아테나 여신을 상징하는 신상으로, 그것이 모셔져 있는 도시를 지켜주는 주술적인 힘이 있다고 믿었다. 아테나 여신이 직접 만들어 올림포스에 두었던 것을 제우스가 지상으로 던졌는데 그것이 당시 한창 건설 중이던 트로이 성으로 떨어졌다고 한다. 트로이 패망 후 팔라디온은 아이네이아스에 의해 이탈리아로 갔다고도 하고, 아테네 시에 모셔졌다고도 한다.

기본정보

구분	사물, 신상(神像)
상징	도시의 수호자
외국어 표기	그리스어: Παλλάδιον
어원	팔라스 여신의 상
관련 신화	트로이 건국, 트로이 전쟁

신화이야기

기원

　팔라디온은 팔라스 여신의 신상으로 그것을 간직하고 숭배하는 도시를 지켜주는 힘이 있다고 믿어졌다. 팔라디온 신상의 기원에 대해서는 여러 가지 설이 있다.

　팔라스는 바다의 신 트리톤의 딸로 아테나가 어렸을 때 함께 자랐

니케와 전사
헬레니즘 시대 원본 모사 조각. 기원전 30년경
루브르 박물관
: 가운데 있는 뱀이 감싼 기둥 위에 팔라디온 상이 있다

다고 한다. 어느 날 두 소녀는 함께 무술을 연마하다가 다투게 되었는데, 딸을 걱정한 제우스의 개입으로 팔라스는 아테나의 창에 찔려 죽고 말았다. 친구의 죽음을 슬퍼한 아테나는 그 뒤로 자신의 이름에 '팔라스'라는 별칭을 붙이기 시작했고, 또 그녀를 기리기 위해 팔라디온 상

을 만들어 올림포스에 갖다 놓고 팔라스를 신으로 예우하였다. 그 후 팔라디온은 아테나 여신을 상징하는 신상이 되었다.

트로이로 간 팔라디온

올림포스에 있던 팔라디온 상은 제우스가 지상으로 던져버리는 바람에 트로이 성에 있게 되었다고 한다. 제우스는 플레이아데스 중 하나인 아름다운 엘렉트라를 겁탈하려다 그녀가 팔라디온 신상 뒤로 숨자 화가 나서 이를 던져버렸다고 한다. 제우스가 던진 팔라디온 상은 한창 트로이 성을 건설 중이던 일로스의 장막으로 떨어졌고, 일로스는 이를 신들이 도시의 건설을 인정한다는 뜻으로 받아들여 성 안에 아테나 신전을 짓고 그 안에 정성스럽게 모셨다.(일설에는 팔라디

팔라디온을 든 디오메데스
뮌헨 글립토텍 박물관

온 상이 아직 지붕이 완성되지 않은 아테나 신전 안으로 곧장 떨어졌다고도 한다) 트로이 성에 떨어진 팔라디온 상은 약 3큐빗(1큐빗은 50센티미터) 크기의 입상으로, 발을 모은 자세였고 손에는 아테나 여신을 상징하는 창과 실패가 들려 있었다고 한다.

또 다른 전승에 따르면 팔라디온 상은 데메테르 여신이 모르고 먹어버린 펠롭스의 어깨뼈로 만들어졌다고 하며, 스파르타에 있던 것을 파리스가 헬레네를 납치해가면서 함께 트로이로 가져갔다고 한다.

팔라디온을 훔치는 오디세우스와 디오메데스
아풀리아 적색상 도기, 기원전 360~350년
루브르 박물관

트로이 패망 이후의 행적

트로이인들은 팔라디온이 성 안의 아테나 신전에 모셔져 있는 한 트로이가 멸망하지 않는다고 굳게 믿었으며, 그렇기 때문에 도둑맞을 것을 염려하여 똑같이 생긴 가짜 신상을 신전에 세워두고 진짜는 깊은 곳에 감춰두었다고 한다. 트로이 전쟁이 벌어졌을 때 그리스군에서 오디세우스와 디오메데스를 트로이 성 안으로 몰래 들여보내 팔라디온 신상을 훔쳐냈는데 이것이 가짜였다는 설도 있다. 진짜는 트로이 성에 남아있다가 함락되던 날 밤 아이네이아스가 신전에서 꺼내 이탈리아로 가져갔다는 것이다. 아이네이아스가 가져온 팔라디온 상은 로마의 베스타 여신 신전에 모셔졌고, 이때부터 로마인들은 베스타 신전 안의 팔라디온을 로마의 안전을 지켜주는 수호신으로 숭배하였다.

다른 전승에 따르면 팔라디온 상은 아이네이아스가 가져간 것이 아니라 디오메데스의 수중에 떨어졌는데, 디오메데스가 나중에 그것을 라티움으로 가져가 아이네이아스에게 주었다고 한다.

그밖에도 아테네인들은 팔라디온이 아테네 시에 있다고 주장하였다. 트로이 전쟁에 참가했던 아테네의 왕 데모폰이 디오메데스로부터 전해 받았는데 아가멤논이 신상을 탐하는 것을 알고 가짜를 만들어 두었다가 아가멤논에게는 그것을 주고 진짜는 아테네로 가져왔다는 것이다. 하지만 아르고스인들은 아가멤논이 진짜 팔라디온 상을 손에 넣은 뒤 아르고스로 가져왔다고 주장하였다.

이러한 일련의 이야기들은 고대인들이 아테나 여신을 도시의 수호자로 열렬히 숭배하였음을 보여준다.

팔라디온에 매달린 카산드라를 겁탈한 아이아스

트로이가 함락될 때 프리아모스 왕의 딸 카산드라는 오일레우스의 아들 소(小)아이아스가 겁탈하려 하자 아테나 신전으로 도망쳐 팔라디온을 끌어안고 화를 피하려 했다. 하지만 아이아스는 아랑곳하지 않고 카산드라를 겁탈했으며 그 과정에서 신상이 쓰러지기까지 했다. 이 때문에 그리스군은 아테나 여신의 노여움을 사서 전쟁이 끝난 뒤 무사히 고향으로 귀환하지 못하고 숱한 고통을 받아야 했다. 아이아스는 고향으로 돌아가지 못하고 귀향길에 바닷물에 빠져 죽고 말았다.

팔라디온에 매달리는 카산드라를 끌어내는 아이아스
폼페이 벽화, 1세기

팔라메데스 **Palamedes**

요약

그리스 신화에 등장하는 트로이 전쟁의
영웅이다.

오디세우스를 능가하는 지략가로 알려
졌으나, 팔라메데스에게 앙심을 품은 오디
세우스의 부당한 모함에 의해 배신자로
몰려 자기 편 병사들이 던지는 돌에 맞아
죽었다.

팔라메데스
빌라 카를로타 박물관
©Carloalberto2014@
Wikimedia(CC BY–SA)

기본정보

구분	영웅
상징	모함에 의한 부당한 죽음
외국어 표기	그리스어: Παλαμήδης
어원	편리한, 재치 있는
관련 신화	트로이 전쟁

인물관계

팔라메데스는 클리토네오스의 아들 나우플리오스가 크레타 왕 카
트레우스의 딸 클리메네와 결혼하여 낳은 아들로 오이악스, 나우시메
돈 등과 형제지간이다.

신화이야기

개요

　팔라메데스는 그리스 신화의 다른 걸출한 영웅들처럼 켄타우로스족의 현자 케이론의 제자로서, 인간 중에 가장 영리한 자로 손꼽히는 인물이었다. 그는 트로이 전쟁이 벌어지려 할 때 사태를 평화적으로 수습하기 위한 사절단의 일원으로 트로이에 갔고, 그리스연합군이 전쟁에 참가할 장수와 병사들을 모을 때도 중요한 역할을 했다. 그는 오디세우스의 거짓 미치광이 행세를 탄로 나게 하고, 여장을 하고 리쿠르고스 왕의 궁정에 숨어 있던 아킬레우스를 찾아내기도 했다. 또 전쟁 초기에는 군사들이 일식을 불길한 징조로 여겨 두려워할 때 지혜로운 해석으로 군의 사기를 끌어올리고, 진영에 퍼진 역병을 물리치고 기근에도 현명하게 대처하는 등 뛰어난 활약을 펼쳤다.

팔라메데스는 또한 많은 발명을 한 인물로도 알려져 있다. 그는 낯게의 일파벳 글자와 숫자, 척도, 저울, 동전, 역법 등을 발명했다고 하며, 기근이 들었을 때 병사들이 너무 음식 생각만 하지 않도록 소일거리로 장기놀이도 고안했다고 한다. 소포클레스는 그리스인들이 무척 좋아하는 장기놀이인 타블리(Tavli)가 바로 팔라메데스의 발명품이라고 했다.

탄로난 오디세우스의 거짓 광기

팔라메데스의 영리함은 책략과 술수로 유명한 오디세우스에게 질투심을 불러 일으켰는데, 이 질투는 곧 증오로 변하여 팔라메데스의 파멸을 가져오게 된다. 사건의 발단은 트로이 전쟁의 참전 문제였다.

헬레네의 문제로 메넬라오스가 트로이와 전쟁을 벌이게 되었을 때 헬레네의 옛 구혼자들은 '구혼자의 맹세'에 따라 트로이 원정에 동참해야 할 의무가 있었다. 하지만 오디세우스는 광기를 가장하여 이 의무를 회피하려 했다. 사람들이 참전을 요구하기 위해 찾아왔을 때 그는 당나귀와 황소를 한데 묶어 쟁기질을 하고 밭에 씨앗 대신 소금을 뿌리면서 미친 척했다. 하지만 오디세우스의 술수를 간파한 팔라메데스가 어린 아들 텔레마코스를 오디세우스의 쟁기 앞에 데려다 놓았다. 오디세우스는 아이를 피해 쟁기질을 할 수밖에 없었고, 이로써 그의 거짓 광기는 탄로 나고 말았다. 이제 어쩔 수 없이 원정길에 오르게 된 오디세우스는 팔라메데스에게 깊은 원한을 품었다.

트로이에 도착한 오디세우스는 무서운 보복을 실행하였다. 그는 팔라메데스의 천막 밑에 많은 양의 금을 감추어 두고는 포로로 잡힌 트로이 병사를 협박하여 팔라메데스에게 트로이의 왕 프리아모스가 보낸 것처럼 가짜 편지를 쓰게 하였다. 편지에는 팔라메데스가 그리스군을 배반하면 숨겨 놓은 금과 같은 양의 금을 또 주겠다는 내용이 적혀 있었다. 편지는 트로이 동맹군의 한 노예에게서 입수한 것처럼 꾸며서 아가멤논에게 전달되었다. 편지를 읽은 아가멤논은 수색을 명령했고, 팔라메데스의 천막 밑에서 실제로 금이 발견되자 그리스 병사들에게 그를 돌로 쳐 죽이라고 했다.

또 다른 전승에 따르면 팔라메데스는 그의 진영에 있는 우물에 금이 있다는 오디세우스의 거짓말에 속아 우물 속으로 들어갔다가 생매장을 당해 죽었다고도 한다.

하지만 베르길리우스의 『아이네이스』에서 이 사건은 그리스 진영에서 꾸며낸 이야기에 불과했다. 그에 따르면 트로이군은 그리스군이 거

333

아가멤논 앞의 팔라메데스
렘브란트(Rembrandt Harmenszoon van Rijn), 1626년, 라켄할 박물관

짓으로 퇴각한 뒤 자신을 팔라메데스의 조카라고 말하는 시논이라는 이름의 병사를 붙잡았다. 이 그리스 병사는 팔라메데스가 오디세우스의 모함으로 죽고 난 뒤 자신도 오디세우스에게 쫓기는 신세가 되었다고 말했다. 이렇게 해서 트로이군의 신뢰를 얻은 시논은 목마를 트로이 성 안으로 들여놓는 데 결정적인 역할을 하게 된다.

나우플리오스의 복수

팔라메데스의 아버지 나우플리오스 왕은 부당한 누명을 쓰고 억울하게 죽은 아들에 대한 보복에 나섰다. 그는 전쟁에 나간 영웅들의 아내를 차례로 꾀어 남편을 배반하고 정부와 간통하게 만들었는데, 아가멤논의 아내 클리타임네스트라, 이도메네우스의 아내 메다, 디오메데스의 아내 아이기알레이아가 모두 그의 꾐에 넘어가 부정을 저질렀다. 결국 아가멤논은 고국으로 귀향하자마자 아내 클리타임네스트라와 그녀의 정부 아이기스토스의 손에 무참히 살해되었다. 나우플리오스는 오디세우스의 아내 페넬로페도 유혹하여 구혼자들의 품에 안기게 하려 했지만 그녀는 그의 꾐에 넘어가지 않았다.

나우플리오스는 또 그리스 함대가 전쟁에 승리하고 귀향할 때 에우보이아 남쪽 타파레우스 곶 부근의 암초에 큰 불을 피워 등대처럼 보이게 했다. 이를 보고 항구가 가까워졌다고 믿은 그리스 함대가 안심하고 불빛 쪽으로 배를 돌렸다가 대부분 암초에 부딪혀 침몰하고 말았다.

팔라스 Pallas, 거인

요약

그리스 신화에 등장하는 기간테스 중의 한 명이다.

기간테스와 올림포스 신들 사이에서 벌어진 전쟁, 기간토마키아에서 아테나 여신에 맞서 싸우다가 죽음을 맞이하였다. 아테나는 그의 몸 가죽을 벗겨, 전투에서 자신을 몸을 보호하기 위해 사용했다.

기본정보

구분	거인
외국어 표기	그리스어: Παλλας 라틴어, 영어: Pallas
어원적 의미	'창을 휘두르다'란 뜻을 지닌 그리스어 pallô에서 유래. 이름의 어원적 의미는 '창을 휘두르는 자'이다.
관련 신화	기간토마키아

인물관계

『신들의 계보』와 『비블리오테케』의 조합에 따른 팔라스의 계보

우라노스의 거세된 남근에서 흘러내린 핏방울이 대지, 즉 가이아(대지)에 스며들어 태어났다.

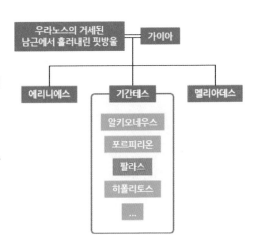

『이야기』 서문에 따른 팔라스의 계보

어머니 가이아와 아버지 타르타로스 사이에
서 기간테스가 태어났는데, 기간테스 중의 한
명이 팔라스이다.

신화이야기

팔라스의 탄생

기가스 팔라스는 대지의 여신 가이아의 자식들인 기간테스 중 한
명으로 그리스 신화에서 가장 오래된 등장인물에 속한다. 엄청난 크
기의 몸집을 가진 기간테스의 탄생과 관련하여 가장 대표적인 두 가
지 설명이 있다. 그 중 오늘날 더 널리 받아들여지고 있는 설명은 『신
들의 계보』이다.

이 전승문헌에 따르면 기간테스는 크로노스가 아버지인 하늘의 신

기가스의 모습
부조, 2세기경, 이스탄불 고고학박물관, 아프로디시아스, 터키에서 발굴
: 아테나 여신(왼쪽)이 기간토마키아에서 뱀 형상의 하반신을 가진 기간테스와 싸우고 있다. 작품에
묘사된 두 명의 기가테스는 엔켈라도스와 팔라스를 나타내는 듯하다.

우라노스를 거세할 때 잘린 남근에서 흘러나온 핏방울이 대지에 스며들면서 태어났다. 이때 기간테스뿐만 아니라 복수의 여신들인 에리니에스와 물푸레나무의 님페들인 멜리아데스도 태어났다. 따라서 에리니에스와 멜리아데스는 기간테스의 여자 형제들이다.('기간테스' 참조) 그런데 『신들의 계보』에서는 기간테스의 이름과 그들의 행적이 구체적으로 언급되지 않아 기가스 팔라스에 대한 정보를 얻을 수 없다.

한편 『이야기』의 서문에 따르면, 기간테스는 혈연관계에 의해 태어난 존재로 대지의 의인화된 신 가이아와 그녀의 아들인 타르타로스 사이에서 태어난 자식들이다. 이 자식들 중 한 명이 팔라스이다.

팔라스의 죽음

『비블리오테케』에 따르면, 팔라스는 기간테스와 올림포스 신들 사이의 전쟁, 기간토마키아에서 아테나 여신을 상대로 전투를 벌였다. 이 싸움은 아테나의 승리로 끝났고, 싸움에서 이긴 아테나는 팔라스의 몸 가죽을 벗겨 전투에서 자신의 몸을 보호하는 데 사용하였다. 그러나 영생불멸의 신이 아니라 필멸의 인간만이 기간테스를 죽일 수 있기 때문에 팔라스를 완전히 죽게 한 것은 헤라클레스의 화살이라고 해석해야 할 듯하다.

부상당한 기가스
4세기경, 카살레 빌라 로마나
: 1997년 유네스코 세계문화유산으로 지정된 '카살레 빌라 로마나'는 이탈리아 시칠리아에 소재한 로마 시대의 저택으로, 모자이크로 장식한 내부가 유명하다. 이 작품은 내부 장식 모자이크의 일부이다. 화살을 맞아 부상당한 기가스의 모습이 잘 묘사되어 있다.

아테나 여신의 또 다른 이름 팔라스의 유래

아테나 여신은 '팔라스'라고도 불린다. 아테나가 이 이명(異名)을 갖게 된 이유는 기가스 팔라스를 죽여 그의 가죽을 자신의 보호 장구로 사용한 데서 기인하는 듯하다. 10세기 말경 고대 그리스에 관한 방대한 백과사전 한 권이 비잔틴에서 출간된다. 이 백과사전의 제목은 『수다』이다. 이 백과사전의 표제어 '팔라스'의 기술 내용에 따르면, 아테나의 이명 팔라스는 '창을 휘두르다'라는 뜻을 지닌 그리스어 팔로(pallô)에서 유래되거나 그녀가 죽인 '기간테스 중 한 명인 팔라스'에서 유래된다.

팔라스 **Pallas**, 리카온의 아들

요약

그리스 신화에 등장하는 아르카디아의 시조 리카온의 아들이다.

아르카디아의 도시 팔란티온이 그의 이름에서 유래하였다. 팔라스의 딸 크리세는 다르다노스와 결혼하여 트로이 왕가의 시조가 되었고, 팔라스의 손자 에우안드로스는 이탈리아의 라티움에 정착하여 티베리스 강변의 팔라티노스 언덕에 아르카디아의 팔란티온을 본 딴 도시 팔란티움을 건설하였다.

기본정보

구분	왕자
외국어 표기	그리스어: Πάλλας
관련 신화	아르카디아의 건설, 트로이의 건설, 아이네이아스의 이탈리아 정착

인물관계

팔라스는 아르카디아의 시조로 꼽히는 전설적인 왕 리카온이 낳은 50명의 아들 중 하나로, 아르카디아의 시조 아르카스를 낳은 칼리스토와 남매지간이다. 트로이의 시조 다르다노스의 첫째 부인으로 팔라디온을 트로이로 가져온 크리세는 팔라스의 딸이다.

팔라스는 아르카디아에서 이탈리아로 옮겨가 정착한 에우안드로스의 조부로 간주되기도 한다.

신화이야기

늑대로 변한 리카온

　팔라스의 아버지 리카온은 아르카디아가 아직 아르카디아라는 지
명을 얻기 이전에 그 지역에 리코수라라는 최초의 도시를 건설하고
제우스 신전을 세운 전설적인 왕이다. 리카온은 아르카디아에 최초로
정착한 인물인 펠라스고스의 아들로, 아버지에 뒤이어 이 지역의 통
치자가 된 뒤 여러 명의 아내에게서 50명의 아들을 두었는데 그 중
하나가 팔라스다.

　리카온에 대해서는 훗날의 늑대인간 전설과 관련된 한 가지 흥미로

운 신화가 전해진다. 이에 따르면 리카온은 아들들과 함께 신의 권능을 시험해보려고 제우스에게 사람 고기를 제물로 바쳤다고 한다. 리카온과 그 자식들의 이런 불경한 짓에 격노한 제우스가 벼락을 내려 그의 집안과 자식들을 모조리 태워버리고 리카온은 늑대로 만들어버렸다. 그 뒤로 아르카디아

제우스와 리카온
얀 코시에르(Jan Cossiers), 17세기, 프라도 미술관

의 제우스 신전에서는 인간 제물이 바쳐질 때마다 그 고기를 먹은 사람이 늑대로 변했는데 그가 다시 인간의 모습으로 돌아오려면 8년 동안 사람 고기를 먹지 말아야 했다고 한다. 또 다른 전승에 따르면 제우스는 리카온과 그 자식들의 극악무도한 짓을 보고는 아예 타락한 인간 종족을 모조리 쓸어버리려고 대홍수(데우칼리온의 홍수)를 일으켰다고 한다.

팔라스의 딸 크리세와 다르다노스의 결혼

팔라스는 딸 크리세를 트로이 왕가의 시조인 다르다노스와 결혼시켰다. 다르다노스는 제우스와 아틀라스의 딸인 님페 엘렉트라 사이에서 태어난 아들로 아르카디아 출신이었는데 소아시아로 건너가 트로아스에 전설적인 도시 다르다니아를 세우고 다르다니아인들과 트로이인들의 시조가 된 인물이다. 다르다노스와 크리세 사이에서는 데이마스와 이다이오스가 태어났는데, 데이마스는 나중에 아르카디아의 왕이 되었고 이다이오스는 아버지 다르다노스와 함께 소아시아로 건너

갔다. 트로이 인근의 이데 산은 이다이오스의 이름에서 유래한다.

크리세는 다르다노스와 결혼할 때 아테나 여신으로부터 신상(神像) 팔라디온을 선물로 받았는데 다르다노스는 이 신상을 트로이로 가져가서 트로이를 지키는 수호신상으로 삼았다. 트로이인들은 팔라디온이 트로이 성의 아테나 신전 안에 모셔져 있는 한 트로이가 멸망하지 않는다고 믿었다. 하지만 트로이를 지켜주는 힘이 있다는 팔라디온 신상이 트로이 성의 아테나 신전에 서 있게 된 연유에 대해서는 그밖에 다른 설도 있다.('일로스' 참조)

이탈리아로 건너간 팔라스의 손자 에우안드로스

트로이 전쟁이 일어나기 60년 전에 이미 이탈리아의 라티움에 정착한 에우안드로스(로마식 표기로 '에반드로스')는 아르카디아 출신으로 리카온의 아들 팔라스의 손자라고 한다. 이 경우 로마와 트로이의 연관관계는 아이네이아스 이전으로 거슬러 올라가게 된다. 왜냐하면 팔라스의 딸 크리세가 다르다노스와 함께 소아시아로 건너가서 트로이의 시조가 되었기 때문이다.

에우안드로스는 이탈리아로 건너가 티베리스 강 좌안에 있는 팔라티누스 언덕에 정착하고 그곳에 팔란티움이라는 도시를 건설했는데, 이 도시명은 고향 아르카디아에 있는 팔란티온 시의 이름에서 따온 것이었다.

에우안드로스는 트로이가 패망한 뒤 그 유민들을 이끌고 이탈리아로 건너온 아이네이아스의 정착을 도와주었다. 그는 아이네이아스가 원주민 루툴리족과 전쟁을 벌이게 되었을 때 아들 팔라스의 지휘 하에 군대를 보내 아이네이아스의 승리를 도왔다. 하지만 에우안드로스의 아들 팔라스는 이 전투에서 루툴리족의 왕 투르누스에게 목숨을 잃었다.

팔라스 Pallas, 아테나 여신의 호칭

요약

그리스 신화에서 아테나 여신에게 가장 자주 붙는 호칭이다.

아테나의 이름 앞에 붙는 팔라스는 해신 트리톤의 딸을 뜻하거나, 아테나가 죽인 기간테스를 뜻하거나, 단순히 '창을 휘두르는 자'라는 의미를 지닌 단어라고 한다.

기본정보

구분	명칭
상징	아테나 여신
외국어 표기	그리스어: Παλλάς
어원	창을 휘두르는 자
관련 신화	기간토마키아

관계도

아테나에게 가장 빈번히 사용되는 호칭인 '팔라스'의 세 가지 기원.

'팔라스' 아테나

| 해신 트리톤의 딸 팔라스 | 기간테스 중 한 명인 팔라스 | '창을 휘두르는 자'라는 뜻의 팔라스 |

신화이야기

그리스 신화에서 아테나 여신은 흔히 '팔라스 아테나'라는 이름으로 불린다. 이 호칭의 본래 의미는 알 수 없으나 이를 설명하기 위해 여러 가지 이야기들이 전해진다.

트리톤의 딸 팔라스

팔라스는 바다의 신 트리톤의 딸로 아테나가 어렸을 때 함께 자랐다고 한다. 그런데 아테나는 팔라스와 창던지기 놀이를 하다가 실수로 그녀를 죽이고 말았다. 친구의 죽음을 슬퍼한 아테나는 그 뒤로 자신의 이름에 '팔라스'라는 별칭을 덧붙였다고 한다. 또 아테나는 팔라스를 기리기 위해 신상 팔라디온도 만들었다. 팔라디온은 아테나 여신을 상징하는 신상이 되었다.

팔라디온 신상은 훗날 하늘에서 일로스가 다스리는 트로이로 떨어져 트로이의 수호신상이 되었다. 트로이인들은 팔라디온이 트로이 성의 아테나 신전 안에 모셔져 있는 한 트로이가 멸망하지 않는다고 믿었다.

방패 아이기스를 걸치고 창을 든 아테나
아티카 흑색상도기, 기원전 540년, 파리 메달 박물관

기간테스의 한 명인 팔라스

기간테스는 크로노스에 의해 잘린 우라노스의 성기에서 흘러나온 피가 대지(가이아)에 떨어져 생겨난 거인족이다. 제우스가 아버지 크

로노스와 티탄 신족을 물리치고 신들의 지배자가 된 뒤 전쟁에서 패한 티탄들을 모두 저승의 감옥 타르타로스에 유폐시키자, 이를 못마땅하게 여긴 가이아가 기간테스들을 부추겨 제우스에게 대항하게 하였다. 이로 인해 신들의 세계에서는 다시 전쟁이 벌어졌는데 이를 '기간토마키아', 즉 거인들의 전쟁이라 부른다.

이 전쟁에서 아테나는 가장 무섭고 힘이 센 기간테스인 팔라스를 죽이고 그 껍질을 벗겨 자신의 방패 아이기스에 씌웠는데, 이때부터 팔라스라는 별칭이 아테나 여신의 이름 앞에 붙었다고 한다.

또 다른 전승에 따르면 팔라스는 아테나 여신의 아버지였는데 자기 딸을 겁탈하려 했다. 이에 아테나는 팔라스를 죽이고 껍질을 벗겨 아이기스에 씌운 다음 이를 걸치고 다녔다고 한다.(하지만 아테나 여신은 제우스와 메티스의 딸로 제우스의 머리를 쪼개고 세상에 나왔다는 설이 일반적이다)

창을 휘두르는 자

팔라스라는 별칭에 대한 또 한 가지 설은 아테나가 무기로 사용하는 창과 관련된다. '팔라스'에는 '창을 휘두르는 자'라는 의미가 있기 때문에 전쟁의 여신이기도 한 아테나의 이름 앞에 팔라스라는 별칭이 붙었다는 것이다.

팔라스 Pallas, 에우안드로스의 아들

요약

그리스 신화에서 아르카디아 출신으로 이탈리아 라티움에 정착하여 팔란티움 도시를 건설한 에우안드로스 왕의 아들이다. 트루이 유민든 놀 이끌고 이탈리아에 도착한 아이네이아스를 도와 원주민 루툴리족의 왕 투르누스와 대결하다 그의 창에 목숨을 잃었다.

기본정보

구분	왕자
상징	청년 장수
외국어 표기	라틴어: Pallas
관련 신화	아이네이아스의 이탈리아 정착

인물관계

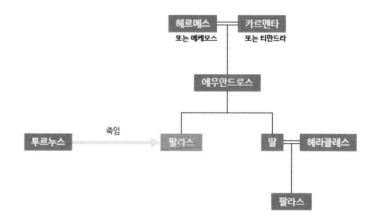

팔라스는 아르카디아 출신인 에우안드로스 왕의 아들이다. 에우안 드로스는 헤르메스가 강의 신 라돈의 딸 카르멘타와 사이에서 낳은 아들이라고도 하고, 테게아의 왕 에케모스와 틴다레오스의 딸 티만드 라 사이의 아들이라고도 한다.

신화이야기

팔라티누스 언덕에 팔란티움 시를 건설한 에우안드로스

에우안드로스(로마식 표기로는 '에반드로스')는 아르카디아의 도시 팔 란티온 출신으로, 트로이 전쟁이 일어나기 전에 이탈리아로 이주하여 티베리스 강 좌안에 있는 팔라티누스 언덕에 정착하였다. 그는 팔라 티누스 언덕에 팔란티움이라는 도시를 건설했는데 이 도시명은 고향 아르카디아에 있는 팔란티온 시의 이름에서 따온 것이었다.

아이네이아스와 투르누스의 전쟁에 지원군으로 참전한 팔라스

트로이가 패망한 뒤 아이네이아스는 트로이의 유민들을 이끌고 이 탈리아 중부 라티움 지방에 도착했다. 당시 그곳은 라티누스가 다스 리고 있었는데, 그는 딸을 이방인과 결혼시키라는 신탁에 따라 아이 네이아스를 사위로 맞았다. 하지만 라티누스의 딸 라비니아는 이미 이웃부족인 루툴리 족의 왕 투르누스와 결혼하기로 약속이 되어 있 었기 때문에 이로 인해 라티누스의 지지를 받는 아이네이아스와 투르 누스 사이에 전쟁이 벌어졌다.

아이네이아스는 그에 앞서 라티움에 정착하여 루툴리족과 대립하고 있던 에우안드로스를 찾아가 도움을 청했다. 에우안드로스는 예전에 자신이 아이네이아스의 부친 안키세스에게 융숭한 대접을 받았던 일 을 잊지 않고 아이네이아스를 환대했다. 하지만 에우안드로스는 트로이 전쟁이 일어나기 60년 전에 라티움으로 갔으므로 이미 나이가 아주 많은 노인이었다. 그는 자신이 늙어 직접 전투에 참여할 수 없음을 사과하면서 아들 팔라스를 시위관으로 삼아 지원군을 보내주었다.

에우안드로스와 아이네이아스
바츨라프 홀라(Wenceslas Hollar)
토마스 피셔 희귀서 도서관

팔라스의 죽음

청년 장수 팔라스는 루툴리족과의 전투에서 아르카디아 군을 이끌며 혁혁한 공을 세웠지만 투르누스와 일대일로 맞서다 그의 창에 목숨을 잃고 말았다. 팔라스는 투르누스를 맞아 용맹하게 싸웠으나 애당초 그의 상대가 되지 못했던 것이다. 투르누스는 죽어가는 팔라스를 비웃으며 그의 몸에서 황금 장식이 달린 띠를 벗겨 자기 몸에 둘렀다. 하지만 투르누스의 이런 행위는 자신에게 치명적인 결과를 가져왔다.

전쟁의 막바지에 투르누스는 아이네이아스와 일대일로 맞붙게 되었다. 하지만 이번에는 투르누스가 트로이 최고의 영웅 아이네이아스에게 상대가 되지 못했다. 아이네이아스의 창에 허벅지가 찔려 쓰러진 투르누스는 자비를 빌었고, 아이네이아스는 이미 전의를 상실한 투르누스의 목숨을 살려주려고 했다. 하지만 그 순간 아이네이아스의 눈에 투르누스가 어깨에 두르고 있는 황금 띠가 들어왔다. 아이네이아스가 자기 자식과 진배없다고 했던 팔라스의 띠였다. 아이네이아스는 분을 참지 못하고 투르누스를 죽여 팔라스를 위한 제물로 삼았다.

아이네이아스와 투르누스
루카 조르다노(Luca Giordano), 17세기, 코르시니 미술관

베르길리우스의 서사시 『아이네이스』에 묘사된 아이네이아스의 분노 장면은 호메로스의 『일리아스』에서 아킬레우스가 파트로클로스를 죽인 헥토르에게 분노하는 장면을 연상시킨다.

헤라클레스의 아들 팔라스

에우안드로스의 아들 팔라스와 자주 혼동되는 인물로 그의 외손자이자 헤라클레스의 아들인 팔라스가 있다. 이 팔라스는 헤라클레스가 미케네의 왕 에우리스테우스로부터 부여받은 12과업 중 하나인 게리온의 소떼를 훔쳐오면서 이탈리아를 지날 때 얻은 자식이다.

헤라클레스가 팔라티움에 도착할 무렵 에우안드로스는 팔라티누스 언덕의 동굴에 살면서 사람들을 잡아먹는 괴물 카쿠스 때문에 골치를 썩고 있었다. 카쿠스가 헤라클레스의 소들도 잡아먹자 헤라클레스는 괴물이 사는 동굴로 찾아가 카쿠스를 죽여버렸다. 에우안드로스는 크게 기뻐하며 헤라클레스를 환대하였는데 이때 그의 딸이 헤라클레스와 사랑을 나누어 오빠와 이름이 같은 아들 팔라스를 낳았다. 이 팔라스 역시 젊은 나이로 세상을 떠났는데 팔라티누스 언덕의 지명은 그의 이름에서 유래하였다고 한다.

팔라스 Pallas, 티탄 신족

요약

그리스 신화에 등장하는 티탄 신족의 한 명이다.

저승을 흐르는 강의 여신 스틱스와 결혼하여 니케(승리), 크라토스(힘), 비아(폭력), 젤로스(경쟁심)을 낳았다. 거인족 기간테스의 하나인 팔라스와 혼동하기 쉽다.

기본정보

구분	티탄 신족
외국어 표기	그리스어: Παλλάς
가족관계	크리오스의 아들, 에우리비아의 아들

인물관계

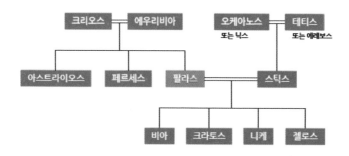

팔라스는 우라노스와 가이아의 아들이자 티탄 12신의 하나인 크리오스가 폰토스와 가이아의 딸 에우리비아와 결혼하여 낳은 아들로,

2세대 티탄 신족에 속하며 아스트라이오스, 페르세스 등과 형제지간이다. 팔라스는 저승을 둘러싸고 흐르는 강의 여신 스틱스와 결혼하여 니케(승리), 크라토스(힘), 비아(폭력), 젤로스(경쟁심)를 낳았다. 새벽의 여신 에오스와 달의 여신 셀레네도 팔라스의 딸로 보는 설이 있지만 이들은 히페리온과 테이아 사이에서 난 딸로 보는 것이 정설이다.

신화이야기

그리스 신화에서 티탄 신족의 일원인 크리오스의 아들 팔라스가 독자적인 등장인물로 나오는 이야기는 전해지는 것이 없다. 팔라스는 저승을 흐르는 강의 여신 스틱스의 남편으로서만 신화에 이름을 올리고 있다.

스틱스와 그 자녀들

스틱스는 세상을 둘러싸고 흐르는 대양강 오케아노스의 물줄기에서 갈라져 나와 아르카디아의 케르모스 산의 험한 협곡을 지나 저승으로 흘러드는 강을 지배하는 여신이다.

스틱스는 저승에서 은으로 된 기둥이 있는 화려한 궁전에 살고 있으며 티탄 신족인 팔라스와 결혼하여 니케(승리), 크라토스(힘), 비아(폭력), 젤로스(경쟁심)를 낳았다. 하지만 스틱스는 제우스가 티탄 신족과 전쟁을 벌였을 때(티타노마키아) 네 자녀와 함께 제일 먼저 달려가 제우스의 승리를 도왔다. 제우스는 이때의 공을 높이 사서 신들에게 중요한 맹세를 할 때 스틱스의 이름을 걸고 약속하도록 명했다. 이에 따라 신들은 약속을 할 때 이리스가 저승에 가서 병에 담아온 스틱스 강물에 대고 맹세해야 했다. 스틱스의 강물에 대고 맹세한 약속은 제우스 자신도 결코 어겨서는 안 되었다.

팔라스 Pallas, 판디온의 아들

요약

　그리스 신화에 등장하는 아테네의 왕 판디온의 아들이다.
　형제들이 힘을 합쳐 아버지 판디온이 숙부 메티온에게 빼앗긴 아테
네의 왕권을 되찾았지만, 아테네의 왕위에 오른 맏형 아이게우스와
다시 왕권 다툼을 벌이다 그의 아들 테세우스에게 50명의 아들들(팔
라티데스)과 함께 살해당했다.

기본정보

구분	왕자
외국어 표기	그리스어: Πάλλας
관련 신화	아테네 건립, 테세우스의 모험

인물관계

　팔라스는 아테네의 왕 판디온이 메가라로 쫓겨 가서 그곳의 왕 필
라스의 딸 필리아와 결혼하여 낳은 네 아들 중 한 명이며 나머지 아
들은 아이게우스, 니소스, 리코스이다. 하지만 아이게우스는 필리아가
판디온과 결혼하기 전에 스키로스에게서 얻은 아들이라는 이야기도
있다. 팔라스에게는 팔라티데스라고 불리는 50명의 아들이 있었다고
한다.

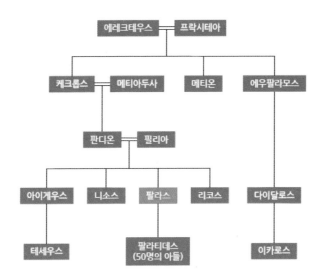

신화이야기

아테네의 왕위에 오른 아이게우스

케크롭스의 아들 판디온은 부친에 뒤이어 아테네의 왕이 되었지만, 숙부인 메티온(혹은 그의 아들들)에 의해 왕좌에서 쫓겨나 메가라로 망명했다. 그곳에서 판디온은 메가라의 왕 필라스의 딸인 필리아와 결혼하여 니소스, 팔라스, 리코스, 아이게우스를 낳았고, 필라스 왕이 죽은 뒤에는 나라도 물려받았다. 판디온이 죽은 뒤 메가라의 왕위에 오른 니소스는 다른 형제들과 함께 아테네로 쳐들어가 메티온의 자식들을 몰아내고 아이게우스를 아테네의 왕좌에 앉혔다.

아테네의 왕권을 둘러싼 팔라스와 아이게우스의 다툼

처음에 아이게우스는 아테네의 영토를 삼등분하여 나머지 두 형제 팔라스와 리코스에게 똑같이 나누어주기로 약속했지만 전쟁에서 승리한 뒤 자기 혼자 독차지하려 했다. 이에 불만을 품은 팔라스는

50명의 아들과 함께 약속한 영토의 분할을 주장하며 아이게우스의 왕권을 위협하였다.

하지만 아이게우스는 판디온의 아들이 아니라 필리아가 판디온과 결혼하기 전에 스키로스에게서 얻은 아들이라는 이야기도 있다. 그래서 팔라스 일족은 아이게우스가 판디온의 양자이므로 아테네의 왕권을 계승할 정통성이 자신들에게 있다고 주장하였다고 한다.

아이게우스의 아들 테세우스

하지만 아이게우스에게는 아테네 최고의 영웅으로 추앙받는 아들 테세우스가 있었다. 테세우스는 아이게우스가 신탁의 의미를 물으러 트로이젠의 예언자 피테우스를 찾아갔을 때 그의 딸 아이트라와 동침하여 낳은 아들이다.

아이게우스는 아이트라가 임신하자 커다란 바위가 있는 곳으로 데려가 바위를 들어 올리고 그 밑에 칼과 신발을 넣은 다음 아이가 바위를 들어 올릴 수 있을 만큼 자라면 아테네로 보내라고 말하고 트로이젠을 떠났었다. 청년이 된 테세우스는 바위를 들어 올리고 아버지 아이게우스가 놓아 둔 칼과 신발을 꺼내 신은 뒤 아테네로 향했다. 이때 테세우스는 헤라클레스와 같은 업적을 쌓으려는 야심을 품고 손쉬운 바닷길 대신 온갖 괴물과 악당들이 들끓는 육로를 선택하였다. 그 결과 테세우스는 트로이젠에서 아테네에 이르는 코린토스 만 주변의 악당과 괴물을 모두 퇴치하고 위대한 영웅이 되어 아테네에 입성했다.

아이게우스가 죽은 뒤 테세우스가 부왕의 뒤를 이어 아테네의 왕위에 오르자 팔라스와 50명의 아들들은 판디온의 양자 아이게우스의 정통성을 문제 삼아 테세우스의 왕위 계승에 반대하며 군대를 일으켜 왕권을 빼앗으려 하였다. 하지만 이들의 모반 계획을 사전에 알아챈 테세우스의 공격으로 팔라스와 50명의 아들들은 모두 죽음을 맞았다.

팔랑크스 Phalanx

요약

그리스 신화에 나오는 아테네인으로 아테나 여신으로부터 전쟁 기술을 배워 아테네인들에게 전파하였다. 그는 아테나 여신에게 베 짜는 기술을 배워 전파시킨 아라크네와 남매였는데, 둘은 근친상간을 저질렀다가 아테나 여신의 노여움을 사게 되어 거미로 변하고 말았다.

기본정보

구분	신화 속 인물
상징	전투 대형
외국어 표기	그리스어: φάλαγξ
어원	나무줄기, 원통
관련 상징	거미
관련 신화	거미로 변한 아라크네

인물관계

팔랑크스는 아테네 출신으로 아라크네와 남매 사이라고 한다. 팔랑크스의 부모에 관해서는 알려진 바가 없고 아라크네는 리디아 출신으로 염색 장수 이드몬의 딸이라고 한다. 이드몬이 팔랑크스의 아버지인지는 확실치 않다.

신화이야기

팔랑크스와 아라크네

팔랑크스는 아테네 출신으로 아테나 여신으로부터 전쟁 기술을 배워 아테네인들에게 전파하였다. 팔랑크스에게는 아라크네라는 이름의 누이가 있었는데, 그녀는 아테나 여신으로부터 직조 기술을 배워 아테네인들에게 전파하였다고 한다.

그런데 두 남매는 서로 사랑에 빠져 근친상간을 저질렀다. 분노한 아테나 여신은 이들을 땅을 기어다니는 벌레로 변신시켰다. 남매가 변한 벌레는 나중에 자신의 자식에게 잡아먹히는 거미였다고 한다.

거미로 변하는 비참한 아라크네
구스타브 도레(Gustave Dore)의 삽화, 1861년

또 다른 이야기에 따르면 아라크네는 베 짜는 솜씨가 매우 뛰어난 처녀였는데 사람들의 칭찬에 우쭐해져서 직조의 여신 아테나와 솜씨를 겨루었다가 여신의 노여움을 사 거미로 변했다고 한다.('아라크네' 참조)

그리스군의 팔랑크스

나중에 팔랑크스는 전쟁의 전술을 뜻하는 말이 되었다. 팔랑크스는

팔랑크스 전투 대형
미첼(F. Mitchell), 미국 군사 아카데미 역사학과

병사들을 밀집된 전투 대형으로 배치하여 근접전을 치르는 그리스군의 전술인데, 팔랑크스의 사각형 밀집 대형은 로마의 보병군단이 출현하기 전까지 고대세계에서 가장 위력적인 전술로 꼽혔다. 그리스인들은 팔랑크스 전투 대형을 통해 막강한 페르시아군을 물리쳤으며, 마케도니아의 알렉산더 대왕이 전 세계를 제패할 때도 이 전투 대형을 사용했다.

팔랑크스 전략
흑색 도기 그림, 기원전 560년, 뮌헨 국립고대미술박물관

팔리누루스 Palinurus

요약

로마 신화에 등장하는 아이네이아스 일행의 키잡이이다.

바다의 신 넵투누스(그리스 신화의 포세이돈)는 아이네이아스 일행이 시칠리아를 떠나 이탈리아로 항해할 때 바다 위에서 단 한 명만 죽고 나머지는 모두 무사히 육지에 도착할 거라고 예언하였다. 넵투누스가 말한 단 한 명이 바로 팔리누루스였다.

기본정보

구분	신화 속 인물
상징	희생양
외국어 표기	라틴어: Palinurus, 그리스어: Παλίνουρος
관련 신화	아이네이아스의 모험

신화이야기

바다에 떨어져 죽은 팔리누루스

팔리누루스는 아이네이아스가 패망한 트로이의 유민들을 이끌고 이탈리아로 항해할 때 배를 조종한 유능하고 믿음직한 키잡이였다. 아이네이아스 일행이 목적지에 가까워지자 베누스(그리스 신화의 아프로디테) 여신은 아들의 안전한 항해를 부탁하기 위해 해신 넵투누스를 찾아갔다. 파리스의 사과 사건으로 트로이인들을 미워하는 유노(그리스 신화의 헤라) 여신이 언제 다시 폭풍을 일으켜 아이네이아스 일행을 곤

배 위의 팔리누루스
프란체스코 잔토 아벨리 다 로비고(Francesco Xanto
Avelli da Rovigo), 1535년, 태프트 미술관
©Kaldari@Wikimedia(CC BY-SA)

경에 빠뜨릴지 모르기 때문이었다. 넵투누스는 베누스에게 아들의 일행 중 단 한 사람만이 바다 위에서 목숨을 잃게 될 것이며, 그 덕분에 다른 사람들은 모두 무사히 이탈리아에 도착한다고 예언하였다.

넵투누스의 예언은 키잡이 팔리누루스를 통해서 이루어졌다. 잠의 신 솜누스(그리스 신화의 힙노스)가 키를 잡고 있던 그를 사로잡았던 것이다. 팔리누루스는 무거워지는 눈꺼풀을 들어 별들을 바라보며 키 잡은 손을 놓지 않으려고 안간힘을 썼지만 소용이 없었다. 배가 커다란 파도에 부딪혀 한 번 출렁이자 그대로 바다로 떨어지고 말았다. 하지만 모두가 잠들어 있었기 때문에 아무도 그가 바다로 떨어지며 외친 비명소리를 듣지 못했다.

하계에서 팔리누루스를 만난 아이네이아스

아이네이아스는 무녀 시빌레와 함께 하계에 내려갔을 때 스틱스 강가에 모여 있는 장례를 치르지 못한 망령들 사이에서 팔리누루스를 발견하였다. 팔리누루스는 아이네이아스에게 자신이 바다에 떨어져 죽게 된 자초지종을 말해주었다. 그는 바다에 빠진 뒤 사흘 밤낮을 헤엄쳐서 마침내 이탈리아의 루카 해안에 도착했지만 그곳 원주민들에게 그만 살해당하고 말았다고 했다. 팔리누루스는 자신이 여태 저승에 가지 못하고 있다며 아이네이아스에게 자신을 카론의 배에 태워

팔리누루스 기념비
빌헬름 프리드리히 그멜린(Wilhelm Gmelin), 1819년

저승으로 데려다달라고 부탁했다. 그 말을 들은 시빌레는 저승의 법을 어기는 짓이라고 팔리누루스를 꾸짖었다. 장례를 치르지 못한 망령은 카론의 배에 탈 수 없었던 것이다. 하지만 시빌레는 팔리누루스에게 머지않아 저승에 들어가 편히 쉬게 될 거라고 예언하였다. 장차 루카 해안에 무서운 재앙이 닥칠 터인데 그때 그곳 주민들이 팔리누루스의 시체를 찾아내어 성대하게 장례를 치러 주리라는 것이었다. 실제로 루카의 주민들은 시빌레가 예언한 대로 팔리누루스를 장사지내고 그곳 해안을 그의 이름을 따서 팔리누루스 곶이라고 불렀다. 이곳은 지금도 팔리누로 곶이라고 불린다.

팔리누로 곶
이탈리아 시렌토

페가수스 Pegasus, Pegasos

요약

그리스 신화에 나오는 날개 달린 신성한 말이다.

영웅 페르세우스가 메두사의 목을 벨 때 메두사의 몸에서 혹은 메두사가 흘린 피에서 태어난 말이다. 영웅 벨레로폰(혹은 벨레로폰테스라고 함)이 페가수스의 도움으로 괴물 키마이라를 퇴치하였다.

기본정보

구분	신성한 동물
상징	날개달린 말
외국어	그리스어: Πήγασος
어원	샘
관련 신화	메두사, 페르세우스, 크리사오르, 벨레로폰
가족관계	메두사의 아들, 포세이돈의 아들, 크리사오르의 형제

인물관계

메두사와 포세이돈 사이에 태어난 아들이다. 크리사오르는 페가수스의 쌍둥이 형제이다.

출생

죽은 메두사로부터 태어난 날개달린 말 페가수스의 출생 이야기는
다음과 같다.

벨레로폰테스와 페가수스
세바스티온의 부조, 터키 아프로시아스 유적
©Hans Weingartz@Wikimedia(CC BY-SA)

아름다운 다나에와 황금비로 변
신한 제우스 사이에서 태어난 페
르세우스는 고르고의 목을 베어오
라는 임무를 맡게 되었다. 고르고
세 자매 중 메두사만이 죽을 운명
의 존재이고 나머지 둘은 불사신이
었기에('메두사' 참조) 불사신의 목
을 베어 죽일 수는 없는 일. 따라
서 페르세우스의 임무는 메두사의
목을 베어오는 것이었다.

아테나 여신은 페르세우스가 메
두사를 처단하는 것을 도왔다. 메
두사의 모습은 직접 보게 되면 누구나 돌로 변하게 되니 페르세우스
는 아테나 여신의 도움을 받아 메두사의 목을 베는데 성공했다. 페르
세우스에게 목이 베일 때 메두사는 이미 포세이돈의 자식들을 임신하
고 있었는데, 목이 베이면서 날개달린 백마 페가수스와 게리온의 아
버지 크리사오르가 태어났다. 이에 대해 『신들의 계보』는 다음과 같
이 전하고 있다.

"그런데 페르세우스가 메두사의 목에서 머리를 베어내자 위대한
크리사오르와 페가수스가 솟아나왔다. 페가수스라 불리게 된 것
은 그 말이 오케아노스의 샘터에서 태어났기 때문이다."

그런데 『변신이야기』에 의하면 페가수스와 크리사오르는 메두사가 죽을 때 몸에서 흘러나온 피로부터 태어났다고 한다.

히포크레네 샘

페가수스는 샘과 관련된 이야기들이 많으며, 페가수스라는 이름도 '샘'을 의미하는 그리스어에서 유래한다. 우선 『신들의 계보』는 앞에서 인용한 바와 같이 페가수스라는 이름을 태어난 장소와 관련하여 설명하고 있다. 그러나 샘과 관련하여 무엇보다도 중요한 것은 히포크레네 샘일 것이다. 히포크레네라는 이름은 '말의 샘'을 의미하는데, 이 샘은 페가수스가 말굽으로 땅을 쳐서 생겨났기 때문에 그 이름을 갖게 된 것이다. 이 샘은 무사이 여신들이 사는 헬레콘 산에서 개최된 노래 시합에서 만들어졌다고 한다. 신들에게 도전한 인간들 중에는

페가수스에게 고삐를 채우는 벨레로폰
얀 보크호스트(Jan Boeckhorst), 1675~1680년, 브라질 국립미술관

트라케의 피에리아 지방에 사는 피에로스의 딸들이 있다. 노래를 잘한다고 자만하던 피에로스의 딸들은 무사이 여신들에게 도전을 했다.

"여신들께서는 달콤한 헛된 말로 몽매한 대중들을 속이지 마십시오. 테스피아이(헬리콘 산 근처에 있는 도시)의 여신들이여, 자신이 있으시다면 우리와 노래로 내기를 해요. 우리는 목소리에서도, 기교에서도 여신들께 지지 않을 것입니다. 그리고 숫자도 똑같습니다." (『변신이야기』)

인간에게 예술적 능력과 영감을 부여하는 무사이 여신들이 인간의 도전을 받아들이는 것은 대단히 민망한 일인데, 그렇다고 도전을 받아들이지 않는 것은 더욱 더 민망한 일이다. 결국 무사이 여신들은 도전을 받아들였고, 피에로스의 딸들은 여신들이 사는 헬리콘 산으로 와서 노래 시합을 벌였다. 이 시합에서 무사이 여신들이 노래를 부르자 헬리콘 산은 기쁨에 벅차 점점 더 팽창하여 하늘에 닿을 정도에 이르렀다. 이러한 상황 속에서 히포크레네 섬이 생겨났는데, 이에 관해 『변신이야기』는 다음과 같이 전하고 있다.

"무사이 여신들이 노래를 할 때, 하늘과 별들과 바다와 강은 숨을 죽인 채 고요했다. 그러나 헬리콘 산은 기쁨에 들떠 하늘을 향해 부풀어 올랐다. 그러자 포세이돈의 뜻에 따라 페가수스가 산꼭대기를 말굽으로 차서 산이 팽창하는 것을 억제했다."

그리하여 말굽에 패인 땅에 물이 고여 샘이 만들어지고 이 샘은 '말의 샘'을 의미하는 단어인 히포크레네라고 불리게 되었다.

시합에 진 피에로스의 딸들은 벌로 까치가 되었다고 한다.

신화 속에서 페가수스는 벨레로폰(혹은 벨레로폰테스) 이야기 속에서 두드러진 역할을 한다. 코린토스의 왕자 벨레로폰은 본의 아니게 형을 죽이게 되어 이곳저곳을 전전하다 리키아의 왕 이오바테스로부터 불을 내뿜는 괴물 키마이라를 죽이라는 명령을 받았다. 이오바테스는 사위 프로이토스로부터 벨레로폰을 죽이라는 편지를 받았지만, 그를 직접 죽이고 싶지는 않아 이 명령을 내렸던 것이다.('벨레로폰테스' 참조)

페가수스를 타고 키마이라를 무찌르는 벨레로폰
페테르 파울 루벤스(Peter Paul Rubens), 1635년
바이욘 보나 박물관

365

"이오바테스는 벨레로폰이 그 야수와 싸우다 죽임을 당할 것이라 생각했던 것이다. 키마이라는 혼자는 말할 것도 없이 여러 사람이 힘을 합해도 제압하기가 어려웠기 때문이다. 그 짐승에 대해 말하자면, 앞부분은 사자이고 꼬리는 용이며 머리가 셋인데 그 중 하나는 염소의 머리인데, 거기에서 불을 내뿜었다. (…) 그 짐승은 세 짐승의 힘을 모두 가진 유일한 동물이었던 것이다."(『비블리오테케』)

꿈에 아테나 여신으로부터 황금 말고삐를 건네받은 벨레로폰은 다음날 페가수스가 샘에서 물을 마시고 있는 것을 발견하고는 여신이 건네준 황금 고삐로 그 명마를 길들여 데려왔다. 그리고 마침내 벨레로폰은 하늘을 나는 페가수스 덕분에 키마이라를 죽여 무사히 임무를 달성하였다.

하늘로 올라간 페가수스

『신들의 계보』에 의하면 페가수스는 나중에 신들의 세상인 올림포스로 올라가 신과 인간들의 왕인 제우스의 궁전에 살면서 제우스에게 천둥과 번개를 운반해주었다고 한다. 그리고 죽어서는 하늘로 올라가 별이 되었는데, 그것이 바로 페가수스 별자리이다. 오비디우스가 쓴 『로마의 축제일들』은 이에 대해 다음과 같이 전하고 있다.

" … ⊥ 발은 전에는 날개를 저으면서 하늘을 올랐지만 지금은 하늘을 음미하며 열 개의 별에 다섯 개의 별을 더하여 반짝반짝 빛나고 있습니다."

헬리콘 산의 뮤즈들과 페가수스
주스 드 맘퍼(Joos de Momper), 17세기 중반, 안트베르텐 왕립미술관

페게우스 Phegeus

요약

그리스 신화에 나오는 페게이아(나중의 프소피아)의 왕이다.

모친살해범으로 복수의 여신들에게 쫓기는 알크마이온을 받아들여 죄를 정화해주고 딸 아르시노에와 결혼시켰다. 하지만 알크마이온이 배신을 하자 그를 죽였다가 그와 그의 새 아내 칼리로에 사이에서 태어난 자식들에게 죽임을 당했다.

기본정보

구분	페게이아의 왕
외국어 표기	그리스어: Φηγεύς
관련 신화	하르모니아의 목걸이, 테바이 공략 7장군
가족관계	아게노르의 아버지, 알페이오스의 아들

인물관계

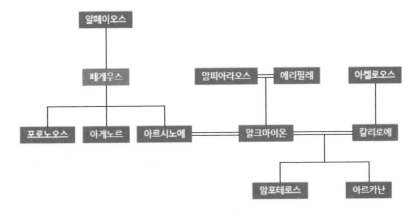

페게우스는 강의 신 알페이오스의 아들이며 슬하에 두 아들 프로노
오스와 아게노르(혹은 테메노스와 악시온) 그리고 딸 아르시노에가 있다.
아르시노에는 암피아라오스와 에리필레의 아들 알크마이온과 결혼하
였다.

신화이야기

페게우스의 궁을 찾아온 알크마이온

암피아라오스의 아들 알크마이온은 테바이를 정복한 뒤 아버지의
유언에 따라 어머니 에리필레를 살해하였다. 에리필레는 하르모니아
의 목걸이와 결혼 예복에 매수되어 남편과 아들을 테바이 전쟁으로
내몰아 결국 남편 암피아라오스를 죽음에 이르게 했기 때문이다. 그
러나 알크마이온은 어머니를 죽인 뒤 광기에 사로잡히고 복수의 여신
에리니에스에게 쫓기는 신세가 되었다. 그는 프소피스의 왕 페게우스
를 찾아가 죄의 정화를 요청하였다. 페게우스 왕은 알크마이온의 죄
를 씻어주었을 뿐만 아니라 자신의 딸 아르시노에와 결혼도 시켰다.
알크마이온은 신부 아르시노에에게 어머니 에리필레가 뇌물로 받았던
하르모니아의 목걸이와 결혼 예복을 결혼 선물로 주었다. 하지만 하르
모니아의 목걸이는 이제껏 그것을 소유했던 사람들을 모두 불행하게
만든 저주받은 물건이었다.

칼리로에와 결혼한 알크마이온

얼마 뒤 프소피스에 커다란 기근이 들었다. 게다가 알크마이온은 죄
의 사면을 받았는데도 여전히 광기가 가시지를 않았다. 알크마이온이
신탁에 그 이유를 물었더니 신탁은 그가 어머니 에리필레를 죽였을
때 태양이 비추지 않았던 오염되지 않은 땅을 찾아가 거기서 새롭게

죄를 정화하라고 하였다. 이에 알크마이온은 아켈로오스 강 하구의 충적지로 옮겨갔다. 그곳의 하신 아켈로오스는 다시 알크마이온의 죄를 씻어주고 딸 칼리로에와 결혼시켰다. 두 사람 사이에서는 두 아들 아카르난과 암포테로스가 태어났다.

알크마이온의 죽음

그런데 칼리로에는 남편이 아르시노에에게 선물한 하르모니아의 목걸이와 결혼 예복이 탐이 났다. 그녀는 남편에게 그 물건들을 되찾아오라고 요구했다. 알크마이온은 하는 수 없이 프소피스로 가서 페게우스 왕에게 하르모니아의 목걸이와 예복을 델포이 신전에 바쳐야만 자신의 광기가 나을 수 있다며 다시 돌려줄 것을 청했다. 페게우스는 알크마이온을 불쌍히 여겨 돌려주려 하였으나 도중에 알크마이온의 종으로부터 사실을 전해 듣고는 분노하여 두 아들 프로노오스와 아게노르(혹은 테메노스와 악시온)를 시켜 알크마이온을 죽이게 하였다. 페게우스의 두 아들은 함정을 파서 알크마이온을 붙잡은 다음 죽여서 삼나무 숲에 묻어버렸다. 하지만 아르시노에는 알크마이온을 죽이려는 계획에 반대하였다가 오빠들에 의해 궤짝에 담겨져 테게아의 왕 아가페노르에게 노예로 팔려가고 말았다.

페게우스의 죽음

칼리로에는 남편 알크마이온의 죽음을 복수하기 위해 아직 어린 두 아들을 빨리 자라게 해달라고 옛 연인 제우스에게 청하였다. 제우스는 칼리로에의 소원을 들어주었다. 하루아침에 성인이 된 아르카난과 암포테로스는 아가페노르의 집에서 아르시노에의 두 오빠 프로노오스와 아게노르(혹은 테메노스와 악시온)를 죽인 뒤 프소피스로 가서 페게우스와 그의 아내마저 살해하였다. 하르모니아의 목걸이와 결혼 예복은 그들에 의해 델포이의 아폴론 신전에 바쳐졌다고 한다.

페네오스 Peneus

요약

테살리아 지방에 흐르는 강의 주류인 같은 이름의 페네오스 강의 신으로 오늘날 그 강은 피니오스 강이라 불린다. 그는 아폴론 신의 구애를 피해 도망가다 나무가 된 다프네의 아버지이다.

기본정보

구분	강의 신
상징	아름다운 강
외국어 표기	그리스어: Πηνειός
어원	반짝이는 씨실
관련 지명	피니오스 강
관련 신화	다프네
가족관계	오케아노스의 아들, 테티스의 아들, 다프네의 아버지, 크레우사의 남편

인물관계

페네오스(혹은 페네이오스)는 대양의 신 오케아노스와 테티스 여신 사이에서 태어난 아들이다.

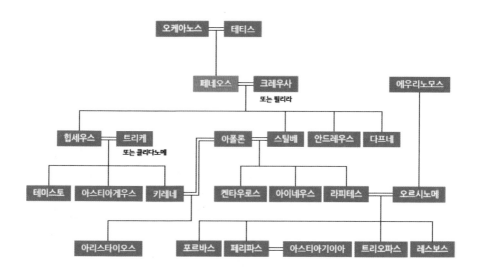

신화이야기

개요

　페네오스는 페네이오스로 불리기도 한다. 페네오스는 라피테스족의 시조로 강의 요정 나이아스 중의 하나인 크레우사와 결혼하여 아들 안드레우스, 힙세우스와 딸 스틸베를 낳았고, 다프네도 페네우스의 딸 이라고 전해진다. 힙세우스는 라피테스족의 왕이 되었고, 보이오티아 지방의 안드레이스는 아들 안드레우스의 이름을 따서 명명되었다.

　페네오스는 그 어원이 '아름다운 씨실'이라는 뜻이다. 이 이름은 테 살리아 지방을 가로지르는 아름다운 강을 연상시킨다. 페네오스는 용 모가 수려한 신이라고 추측되는데 호메로스 또한 『일리아스』 2권에서 페네오스 강의 아름다움과 관련하여 "페네오스의 은빛 소용돌이"를 언급한 적이 있다.

　페네오스는 그 자신보다는 후손들 특히 아름다운 딸 다프네로 유명 한데 아마 딸들도 아버지의 수려한 용모를 물려받은 듯하다.

다프네 이야기

　아폴론의 첫사랑인 다프네는 아름다운 나무요정으로 결혼하지 않고 영원한 처녀로 살고자 했으나 자신의 아름다움 때문에 아폴론의 눈에 띄어 그 뜻을 이룰 수가 없었다. 아폴론은 다프네를 보자마자 첫눈에 반해 그녀의 뒤를 쫓았다. 다프네는 도망치다 지쳐 아버지 강의 신에게 자신의 아름다움을 거두어 더 이상 쫓기지 않게 해달라고 간청했다.

아폴론과 다프네
니콜라 푸생(Nicolas Poussin), 1625년, 알테 피나코테크
: 아폴론이 다프네의 뒤를 쫓자 페네오스가 시선을 외면하고
다프네의 몸을 나무로 변하게 한다

　신들의 세계에도 분명 특정한 질서체계 및 위계질서가 있는 법이므로 강의 신 페네오스는 딸의 뒤를 쫓는 아폴론을 쫓아버리지는 못하고, 그저 다프네를 월계수로 변하게 했을 뿐이다. 아폴론은 첫사랑 다프네를 영원히 기억하기 위해 월계수를 자신의 신성한 나무로 삼았다.

스틸베와 키레네

　페네오스의 딸들은 아폴론의 눈에 유난히 아름답게 보인 것 같다. 페네오스의 또 다른 딸 스틸베는 아폴론과의 사이에서 라피토스와 후에 켄타우로스족의 시조가 된 켄타우로스를 낳았다.

　일설에 의하면 페네오스의 손녀 혹은 딸이라 전해지는 키레네도 그녀가 사자와 싸우는 장면을 보고 첫눈에 반해버린 아폴론에 의해 바다 건너 리비아로 납치되어 아폴론과의 사이에서 정원의 신 아리스타이오스를 낳았다.

페넬로페 Penelope

요약

그리스 신화에 나오는 영웅 오디세우스의 아내이다.

페넬로페는 남편 오디세우스가 트로이 전쟁에 나가 돌아오지 않는 사이에 수많은 구혼자들로부터 결혼을 요구받으며 시달렸지만 끝까지 지조를 버리지 않고 남편을 기다렸다. 마침내 돌아온 오디세우스는 구혼자들을 모두 죽이고 페넬로페를 구하였다.

기본정보

구분	왕비
상징	지조, 정숙, 인내
외국어 표기	그리스어: Πηνελόπη, 혹은 Πηνελόπεια
어원	천을 찢다
별칭	페넬로페이아(Penelopeia)
관련 상징	베틀
관련 신화	오디세우스

인물관계

페넬로페는 스파르타의 왕 오이발로스와 고르고포네의 아들 이카리오스가 샘의 님페 페리보이아와 사이에서 낳은 딸로 틴다레오스의 딸인 미녀 헬레네와는 사촌간이다. 페넬로페는 이타카의 왕 오디세우스와 결혼하여 아들 텔레마코스를 낳았다.

일설에 그녀는 오디세우스가 죽은 뒤 오디세우스와 키르케 사이의 아들인 텔레고노스와 결혼하여 아들 이탈로스를 낳았다고도 한다.

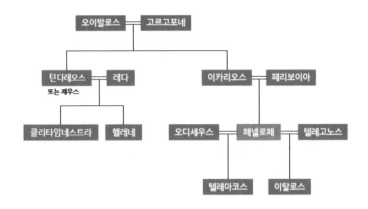

신화이야기

헬레네 대신 페넬로페를 아내로 선택한 오디세우스

오디세우스는 원래 미녀 헬레네의 구혼자 중 한 명이었다. 하지만 그리스 최고의 미녀와 결혼하기 위해 그리스 전역에서는 구혼자들이 엄청난 결혼 선물을 싸들고 구름 같이 몰려들었다. 가난한 이타카 출신으로 자신에게 기회가 없음을 일찌감치 간파한 오디세우스는 헬레네에 대한 구혼을 포기하였다. 그 대신 그는 헬레네의 사촌인 이카리오스의 딸 페넬로페를 신붓감으로 점찍고 그녀를 얻기 위해 헬레네의 아버지 틴다레오스에게 접근했다.

그 무렵 틴다레오스는 헬레네의

페넬로페
바티칸 피오 클레멘티노 미술관

구혼자들 때문에 골치를 썩고 있었다. 모두 다 내로라하는 영웅호걸인 수많은 구혼자들 중 단 한 명만을 사위로 선택해야 하는데 선택받지 못한 구혼자들이 모욕을 당했다고 느껴 전쟁이라도 걸어오게 될까 두려웠기 때문이다. 오디세우스는 틴다레오스를 찾아가 자신이 문제를 해결해줄 테니 그 대신 이카리오스의 딸 페넬로페와 결혼할 수 있도록 도와달라고 했다. 이카리오스는 틴다레오스 왕의 동생이니 페넬로페는 그의 질녀가 된다. 틴다레오스는 기뻐하며 그러겠다고 했고 오디세우스는 해결 방법을 알려주었다. 결정에 앞서 먼저 모든 구혼자들에게 누가 남편으로 선택받든 그 권리를 인정하고 부부를 지켜주겠다는 서약을 받아내라는 것이었다.

오디세우스의 묘책은 성공을 거두었고 틴다레오스는 약속대로 오디세우스가 페넬로페와 결혼할 수 있도록 도와주었다. 하지만 이 '구혼자의 서약'은 나중에 오디세우스와 페넬로페에게 커다란 고통과 불행을 안겨주게 된다.

전쟁에 나가지 않기 위해 광기를 가장한 오디세우스

스파르타의 왕 메넬라오스의 아내가 된 헬레네가 트로이 왕자 파리스에게 납치되어 (혹은 그와 눈이 맞아) 트로이로 떠나자 트로이와 그리스 사이에 전쟁이 벌어졌다. 메넬라오스는 헬레네의 옛 구혼자들에게 자신과 헬레네 부부를 지켜주기로 한 '구혼자의 서약'을 상기시키며 참전을 요구했다. 오디세우스도 예외는 아니었다.

그 사이 페넬로페와 아들 텔레마코스를 낳고 행복하게 살아가던 오디세우스는 참전을 피하려고 광기를 가장하였다. 사람들이 참전을 요구하기 위해 찾아왔을 때 그는 당나귀와 황소를 한데 묶어 쟁기질을 하고 밭에 씨앗 대신 소금을 뿌리면서 미친 척했다. 하지만 오디세우스의 술수를 간파한 팔라메데스가 어린 아들 텔레마코스를 오디세우스가 밭을 갈고 있는 쟁기 앞에 데려다 놓았다. 오디세우스는 결국 아이를 피해 쟁기질을 할 수밖에 없었고, 이로써 그의 거짓 광기는 탄로 나고 말았다.

페넬로페와 무례한 구혼자들

오디세우스가 전쟁터로 떠나자 그의 늙은 어머니 안티클레이아는 멀리 떠난 아들을 애통해하다 세상을 떠났고 아버지 라에르테스는 시골에 들어가 은둔생활을 하였다. 모든 집안 살림은 오롯이 페넬로페의 몫이 되었다. 그뿐만 아니라 오디세우스가 전쟁이 끝나고 여러 해가 흘렀는데도 돌아올 기미가 없자 인근의 귀족들이 오디세우스의 재산과 지위를 탐하여 페넬로페에게 결혼을 요구하기 시작했다. 구혼자들의 수는 곧 100여명에 이르렀다. 이들은 오디세우스의 궁에 죽치고서 허구한 날 축제를 벌이며 그의 재산을 탕진하였다.

페넬로페의 수의

구혼자들의 집요한 결혼 요구에 시달리던 페넬로페는 한 가지 꾀를 내었다. 늙어 죽을 때가 멀지 않은 시아버지 라에르테스를 위해 수의를 짜는 중인데 그 일이 끝나면 구혼자들 중 한 사람을 남편으로 맞이하겠다는 것이었다. 하지만 페넬로페는 낮에 짠 천을 밤에 몰래 다시 풀어버리기를 계속하면서 시간을 끌었다. 이렇게 3년이 흘렀을 무렵 그 사이 구혼자 중 한 명과 눈이 맞은 시녀 멜란토의 고자질로 결국 페넬로페의 거짓은 들통이 나고 말았다.

구혼자들을 모두 물리친 오디세우스

더 이상 구혼자들의 요구를 물리칠 수 없게 된 페넬로페는 그들을 모두 모이게 한 뒤 남편 오디세우스가 남겨두고 간 활에 시위를 걸어 화살로 열두 개의 도끼 자루 구멍을 모두 꿰뚫는 사람을 새 남편으로 선택하겠다고 하였다. 하지만 구혼자들 중 아무도 오디세우스의 활에

구혼자들을 죽이는 오디세우스
구스타프 슈바브(Gustav Schwab), 1882년

시위를 걸지 못했다. 오디세우스의 활에 시위를 걸어 도끼를 꿰뚫은 사람은 초라한 행색의 거지였다. 하지만 이 거지는 그 무렵 이미 고향 이타카에 도착하여 거지로 변장하고 구혼자들 틈에 섞여 있던 오디세우스였다. 그는 자신이 없는 사이에 건장한 청년으로 성장한 아들 텔레마코스와 충직한 하인들의 도움을 받아 궁궐 마당을 폐쇄한 뒤 그 자리에 모여 있던 100여 명의 구혼자들을 모두 도륙하였다.

부부의 해후

페넬로페는 오디세우스가 구혼자들을 물리치는 동안 깊은 잠에 빠져 있었기 때문에 아직 남편이 돌아온 줄 모르고 있었다. 오디세우스는 구혼자들과 배신자들의 처단을 끝낸 뒤 아내의 처소로 가서 자신의 정체를 밝혔지만 신중한 페넬로페는 쉽사리 믿으려 하지 않았다. 그녀는 결혼 당시 오디세우스가 살아 있는 올리브나무로 직접 만든 침대의 비밀을 확인하고 나서야 비로소 그를 받아들였다. 그동안 줄곧 오디세우스를 도와주었던 아테나 여신은 그날 밤을 특별히 길게

만들어 부부가 그동안 겪은 일들을 서로 나눌 시간을 충분히 마련해
주었다.

페넬로페에 관한 또 다른 이야기들

그리스 신화에서 페넬로페는 남편에 대한 지조를 끝까지 지킨 정숙
한 아내로 알려져 있다. 호메로스는 『오디세이아』에서 구혼자들의 무
례하고 끈질긴 결혼 요구를 인내와 지혜로 물리치며 끝까지 남편 오
디세우스를 기다린 페넬로페를 이상적인 여인상으로 제시하면서 아가
멤논의 아내 클리타임네스트라와 비교하였다. 저승에 내려간 오디세
우스와 만난 아가멤논의 망령은 남편이 집을 비운 사이에 정부를 끌
어들이고 급기야는 고향으로 돌아온 남편을 정부와 짜고 살해한 클리
타임네스트라의 악덕을 페넬로페의 미덕에 대비시키며 비난하였다.

하지만 전승에 따라 페넬로페는 부정한 여인으로 등장하기도 한다.
그에 따르면 오디세우스가 오랜 시간 집을 비운 사이 페넬로페는 수
많은 구혼자들에게 시달리다가 결국 안티노오스에게 마음을 주었고,
집으로 돌아온 오디세우스는 그 사실을 알고 페넬로페를 아버지 이

카리오스에게 돌려보낸
다. 친정으로 돌아간 페
넬로페는 만티네이아로
가서 헤르메스와 결합하
여 목신(牧神) 판을 낳았
다고 한다. 또 다른 설에
의하면 모든 구혼자들이
차례로 페넬로페의 연인
이 되었으며, 이 모든 결
합을 통해서 판이 태어
났다고도 한다.

페넬로페와 오디세우스
프란체스코 프리마티초(Francesco Primaticcio), 1563년
뉴욕 윌덴슈타인 컬렉션

텔레고노스와 페넬로페

페넬로페는 오디세우스가 마녀 키르케의 섬에 머물 때 그녀와 결합하여 낳은 아들이라고 하는 텔레고노스의 신화에도 등장한다. 키르케는 아들 텔레고노스가 성년에 이르자 이타카로 돌아간 아버지를 찾아가도록 하였다. 텔레고노스는 이타카 섬으로 가던 중 폭풍을 만나어느 해안에 도착하였는데, 그가 케르키라 섬이라고 잘못 생각한 그곳은 바로 이타카 섬이었다. 굶주린 텔레노고스는 그곳의 가축이며 곡식을 약탈했고, 늙은 오디세우스와 맏아들 텔레마코스는 재산을 지키려 침략자에 맞서 싸웠다. 이 싸움에서 텔레고노스는 미처 아버지인 줄 모르고 오디세우스를 가오리의 독가시가 박힌 창으로 찔러 죽이고 말았다.

뒤늦게 자신이 죽인 사람이 누구인지를 알게 된 텔레고노스는 비탄에 잠겨 아버지의 시신과 함께 어머니 키르케가 있는 아이아이에 섬으로 돌아갔다. 이 여행에는 과부가 된 페넬로페와 그녀의 아들 텔레마코스도 동행하였다. 아이아이에 섬에서 오디세우스의 장례식을 치른 뒤 텔레고노스는 페넬로페와 결혼하였고, 키르케도 텔레마코스와 결혼하였다. 텔레고노스와 페넬로페 사이에서는 이탈로스라는 아들이 태어났는데 이탈리아라는 지명이 그의 이름에서 유래하였다는 설이 있다. 키르케는 텔레고노스와 페넬로페를 불사의 몸으로 만들어 '복된 자들의 섬' 엘리시온에 가서 살게 하였다고 한다.

페니아 Penia

요약

그리스 로마 신화에 등장하는 가난과 궁핍의 신이다.

아프로디테의 탄생을 축하하는 잔치에서 술에 취해 정원에서 잠든 풍요의 신 포로스에게 몰래 다가가 그와 동침하여 사랑의 신 에로스를 낳았다. 에로스는 그 후 미의 여신 아프로디테에 의해 길러졌다.

기본정보

구분	개념이 의인화된 신
상징	가난, 궁핍
외국어 표기	그리스어: Πενία
어원	가난, 빈곤
로마 신화	에게스타스(Egestas: 궁핍), 파우페르타스(Paupertas: 가난), 이노피아(Inopia: 곤궁)
관련 신화	에로스의 탄생
가족관계	에로스의 어머니, 포로스의 아내

인물관계

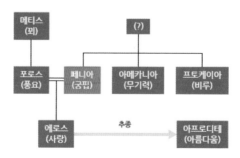

페니아는 지혜의 여신 메티스의 아들인 풍요의 신 포로스와 결합하여 에로스를 낳았다. 페니아에게는 두 자매 아메카니아(무기력)와 프토케이아(비루)가 있다고 한다.

신화이야기

개요

페니아는 가난이 의인화된 여신이다. 페니아와 관련된 신화는 플라톤의 『향연』이 전하는 이야기가 유일하지만 그녀의 이름은 아리스토파네스, 헤로도토스, 플루타르코스, 필로스트라토스 등 다른 고대 작가들의 작품에서도 종종 등장한다.

『향연』은 비극 시인 아가톤의 경연대회 우승을 축하하는 술자리에서 소크라테스와 그 친구들이 에로스에 관해서 이야기한 내용을 기록한 책인데, 여기서 소크라테스는 만티네이아 출신의 무녀 디오티마에게서 들은 에로스의 탄생 신화를 소개하였다. 그에 따르면 에로스는 가난의 여신 페니아와 풍요의 신 포로스 사이에서 태어난 아들이라고 한다.

플라톤의 『향연』이 전하는 에로스의 탄생

풍요의 신 포로스는 미의 여신 아프로디테의 탄생을 축하하는 만찬에 초대받아 갔다가 술이 너무 취해서 제우스의 정원에서 깜빡 잠이 들어버렸다. 궁핍의 여신 페니아는 늘 그렇듯 만찬에 참석하지 못하고 신전 입구에서 구걸을 하다가 제우스의 정원에 잠들어 있는 포로스를 발견하고는 풍요의 자식을 얻으려는 욕심에 몰래 그와 동침하였다. 에로스는 이렇게 풍요와 궁핍이 결합하여 태어난 자식이다.

페니아의 자식인 에로스에게는 늘 가난과 결핍이 따라다닌다. 그 뿐만 아니라 그는 사람들이 생각하듯 그렇게 부드럽고 우아하지 않고 오히려 딱딱하고 더럽고 맨발이며 맨땅에서 잠을 잔다. 하지만 풍요와 방편의 신 포로스의 아들답게 항상 아프로디테를 따라다니며 아름다움을 추구하고 과감하고 영리한 술책으로 이를 획득한다. 이렇듯 에로스는 결핍된 존재이자 결핍을 풍요로 채우는 역동적인 힘을 상징한다.

『향연』에서 소크라테스는 어떤 아름다움을 어떻게 추구하느냐에 따라 낮은 단계의 에로스에서 높은 단계의 에로스로 발전할 수 있다고 말한다. 처음에는 두 사람이 서로의 아름다운 육체에 이끌려 사랑을 나누지만, 각자의 아름다움에서 모두의 아름다움으로, 육체의 아름다움에서 정신의 아름다움으로 시야가 높아지다가 결국 아름다움 자체를 사랑하게 되는 경지에 이르게 된다. 이때 우리는 가장 높은 수준의 에로스를 경험하게 된다고 한다.

서민들의 신 페니아

페니아는 노동과 직업의 여신이기도 하다. 아리스토파네스의 희극 『플루토스』에서 그녀는 근면하지만 궁핍한 서민들의 신으로 등장한다. 페니아 숭배에 대한 구체적인 기록은 전해지지 않는다. 하지만 로마 시대의 작가 클라우디우스 아엘리아누스에 따르면 스페인 남부 카디스에 페니아에게 바쳐진 제단이 있었다고 한다.

그리스의 역사가 헤로도토스도 페니아와 관련된 일화를 한 가지 전해주고 있다. 그에 따르면 아테네의 정치가 테미스토클레스는 인근 안드로스 섬의 시민들로부터 재정 지원을 요청받았다고 한다. 그들은 아테네 시가 파이토(설득)와 아난케(불가항력)라는 두 명의 위대한 신을 모시고 있으니 자신들에게 지원을 해달라고 요구하였다. 그러자 테미스토클레스는 안드로스의 시민들에게 아테네 시에는 페니아(빈곤)와 아메카니아(무기력)라는 두 명의 위대한 신이 있으므로 지원을 해줄 수 없다고 대답했다고 한다.

페레스 Pheres, 이아손의 아들

요약

그리스 신화에 나오는 영웅 이아손과 메데이아의 아들이다.

메데이아는 남편 이아손이 자신을 버리고 코린토스의 왕 크레온의
딸 글라우케와 결혼하려 하자 신부의 옷에 독을 발라 글라우케와 크
레온을 살해하고, 두 아들 페레스와 메르메로스도 제 손으로 죽인 뒤
에 용이 끄는 수레를 타고 아테네로 도망쳤다고 한다.

기본정보

구분	신화 속 인물
상징	모친에 의한 친자 살해
외국어 표기	그리스어: Φέρης
관련 신화	이아손과 메데이아

인물관계

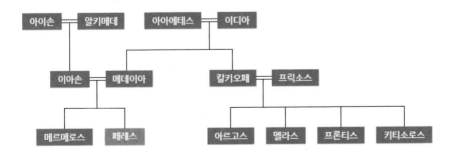

페레스는 이아손과 메데이아 사이에서 난 아들로 메르메로스와 형제지간이다. 하지만 다른 전승에 따르면 이아손과 메데이아 사이의 자식은 알키메네스, 테살로스, 티산드로스 3명이며, 이 중 티산드로스는 어머니 메데이아의 손에 살해당하지 않고 살아남았다고 한다.

신화이야기

이아손과 메데이아

황금 양털을 가져오기 위해 아르고호 원정대를 꾸려 콜키스로 떠났던 이아손은 콜키스 왕 아이에테스의 딸 메데이아 공주의 도움으로 성공적으로 원정을 끝마칠 수 있었다. 이아손과 결혼하여 함께 그리스로 온 메데이아는 이올코스의 왕 펠리아스를 죽여 남편 이아손의 복수도 해주었다. 메데이아는 늙은 펠리아스 왕을 회춘시켜 주겠다며 그의 딸들로 하여금 아버지를 칼로 썰어 죽이게 만들었다.('펠리아스', '이아손' 참조) 그러나 메데이아의 이런 끔찍한 짓 때문에 두 사람은 이올코스에서 추방되어 코린토스로 피신해야 했다. 코린토스의 왕 크레온은 추방당한 이아손과 메데이아를 따뜻하게 맞아주었고 두 사람은 그곳에서 10년 가까이 행복하게 지내며 두 아들 메르메로스와 페레스도 얻었다.

칼을 손에 든 메데이아와 두 아들, 그리고 이아손
폼페이 벽화, 1세기, 나폴리 국립고고학박물관

하지만 차츰 메데이아에게 싫증이 난 이아손은 그녀를 버리고 크레온의 딸 글라우케와 결혼하려 했다.(물론 여기에는 이아손이 코린토스의 권력을 탐해서 메데이아를 버리고 글라우케 공주와 결혼하려 했다는 설도 있다) 크레온 왕은 콜키스의 여자는 그리스인과 정식으로 결혼할 권리가 없다는 관례를 들어 메데이아를 이아손에게서 떼어놓으려 하였다. 분노한 메데이아는 결혼식 날 신부의 옷에 독을 발라 글라우케와 크레온을 살해하고, 이아손과 사이에서 낳은 메르메로스와 페레스마저 제 손으로 죽인 뒤 용이 끄는 마차를 타고 도망쳤다.

페레스의 죽음에 관한 이설(異說)

하지만 다른 전승에 따르면 페레스와 메르메로스는 어머니 메데이아에게 살해당한 것이 아니라 오히려 어머니의 복수를 돕다가 코린토스인들에게 살해되었다고 한다. 페레스는 메르메로스와 함께 어머니가 시키는 대로 크레온 왕의 딸에게 독이 든 선물을 갖다 바쳐 크레

이아손과 메데이아
카를 반 루(Charles André van Loo), 1759년, 포 미술관

온 왕과 글라우케를 죽게 만들었고, 이에 분노한 코린토스인들이 어린 두 형제를 돌로 쳐 죽였다고 한다.

나중에 코린토스에서는 어린 아이들이 이유 없이 죽어나가는 일이 빈번히 발생했는데, 코린토스인들은 이것이 두 아이의 죽음과 관련이 있다고 여겨 그들의 무덤에서 매년 제사를 지내고 애도의 뜻으로 아이들에게 검은 옷을 입혔다고 한다.

페레스 Pheres, 페라이의 왕

요약

그리스 신화에 나오는 페라이의 왕이다.

이올코스의 왕 크레테우스와 티로의 아들로 아버지가 다른 형제(異父兄弟) 펠리아스에 의해 고향에서 쫓겨난 뒤 이올코스 근처에 새 도시 페라이를 건설하고 왕이 되었다. 노년에 페레스는 아들 아드메토스가 죽게 되었을 때 아들을 대신하여 죽기를 거부함으로써 삶에 대한 집착을 상징하는 인물이 되었다.('알케스티스' 참조)

기본정보

구분	페라이의 왕
상징	삶에 대한 집착
외국어 표기	그리스어: Φέρης
관련 신화	아르고호 원정대
가족관계	티로의 아들, 아이손의 형제

인물관계

페레스는 이올코스의 왕 크레테우스와 티로 사이에서 난 아들로 아이손, 아미타온과 형제다. 페레스의 어머니 티로는 크레테우스와 결혼하기 전에 바다의 신 포세이돈과 사이에서 두 아들 펠리아스와 넬레우스를 낳았다.

페레스는 미니아스의 딸 페리클리메네와 결혼하여 아드메토스, 리쿠르고스 두 아들과 이도메네, 페리오피스, 안티고나 세 딸을 낳았다.

아드메토스는 아버지에 뒤이어 페라이의 왕이 되었고, 리쿠르고스는 네메아의 왕이 되었다. 딸 이도메네는 숙부인 아미타온과 결혼하여 예언자 멜람푸스와 비아스 형제를 낳았고, 페리오피스는 메네이티오스와 사이에서 영웅 아킬레우스의 절친한 친구로 유명한 파트로클로스를 낳았다.

신화이야기

형제들을 내쫓고 이올코스의 왕이 된 펠리아스

페레스는 살모네우스 왕의 딸 티로가 이올코스의 왕 크레테우스와 결혼하여 낳은 세 아들 중 한 명이다. 다른 두 명의 아들은 이아손의 아버지 아이손과 아미타온이다. 그런데 티로는 크레테우스와 결혼하기 전에 포세이돈과 사랑을 나누어 쌍둥이 아들 펠리아스와 넬레우스를 낳았다.

크레테우스와 결혼하게 된 티로는 두 아들을 몰래 길에다 내다버렸는데 지나가던 마부들이 아이들을 발견하고 데려가서 길렀다.

성인이 되어 자신들의 출신을 알게 된 티로의 두 아들은 크레테우스의 궁으로 가서 어머니와 해후하였다. 얼마 뒤 크레테우스 왕이 죽자 펠리아스와 넬레우스는 적법한 왕위계승권이 있는 아버지가 다른 형제(異父兄弟)들을 제치고 서로 왕위를 차지하려 싸웠다. 결국 펠리아스는 넬레우스를 몰아내고 권력을 획득하였고, 쫓겨난 넬레우스는 메세니아로 가서 필로스 왕국을 세웠다.

넬레우스를 쫓아낸 펠리아스는 크레테우스 왕의 맏아들 아이손을 동굴에 유배시키고 다른 두 아들 페레스와 아미타온은 넬레우스와 마찬가지로 나라에서 내쫓은 뒤 이올코스의 왕위에 올랐다. 아직 어린 아이손이 어른이 되면 왕위를 돌려주겠다는 조건이었지만 펠리아스는 끝내 약속을 지키지 않았고, 결국 아르고호 원정에서 돌아온 아이손의 아들 이아손과 메데이아에 의해 목숨을 잃게 된다.('이아손' 참조)

389

페라이의 왕이 된 페레스

고향에서 쫓겨난 페레스는 테살리아에 페라이라는 새로운 도시를 건설하고 왕이 되었는데 페라이라는 지명은 그의 이름에서 유래하였다. 페레스는 미니아스의 딸 페리클리메네와 결혼하여 아드메토스, 리쿠르고스 두 아들과 이도메네, 페리오피스, 안티고나 세 딸을 낳았다.

페레스는 펠리아스에 대항하는 조카 이아손을 돕기 위해 아들 아드메토스를 아르고호 원정에 참여시켰고, 아들이 원정에서 돌아오자 그에게 왕위를 물려주었다. 하지만 그는 아들 아드메토스가 죽게 되었을 때 아들을 위해 대신 죽기를 거부하여 구설에 오르는데, 아드메토스의 사연은 다음과 같다.

알케스티스를 데리러 온 죽음의 신과 싸우는 헤라클레스
프레데릭 레이턴(Frederic Leighton), 1869년, 미국 워즈워스 학당 미술관

아들의 죽음을 대신하기를 거부한 페레스

아드메토스는 아폴론이 키클로페스를 죽인 벌로 1년간 자신의 노예가 되었을 때 그를 함부로 대하지 않고 예전과 마찬가지로 신으로서 극진히 공경하였다. 아폴론은 그 보답으로 다시 올림포스로 올라간 뒤 아드메토스에게 다른 어떤 인간도 받아보지 못한 선물을 안겨주었다. 아폴론의 선물은 아드메토스가 이승에서의 명이 다하여 죽게 되었을 때, 만약 그를 대신하여 죽을 사람이 나타난다면 운명의 여신들에게 부탁하여 다시 한 번 이승의 삶을 살 수 있게 해주겠다는 약속이었다. 하지만 정작 아드메토스가 죽을 때가 되자 아무도 그를 대신하여 죽으려 하지 않았다. 심지어 퇴위한 늙은 아버지 페레스조차도 그랬다. 아드메토스를 위해 기꺼이 죽겠다고 나선 유일한 사람은 그의 아내 알케스티스였다. 하지만 알케스티스는 마침 아드메토스의 궁에 머물고 있던 헤라클레스가 그녀를 저승으로 데려가기 위해 찾아온 죽음의 신 타나토스와 싸워 이긴 덕분에 죽음을 모면할 수 있었다고 한다.('알케스티스' 참조)

또 다른 페레스

그리스 신화에는 그밖에도 여러 명의 페레스가 등장한다.

1) 크레타 왕 이도메네우스와 함께 트로이 전쟁에 참가한 크레타의 용사로 전투에서 아이네이아스에게 목숨을 잃었다.

2) 오르미니온의 왕 오르메노스의 아들로 아민토르의 아버지이다. 하지만 아민토르는 오르메노스의 아들이라는 설도 있다.

3) 아이네이아스가 라티움에서 원주민들과 전쟁을 벌일 때 함께 싸운 그의 부하 중에도 페레스라는 이름이 있다.

페로 Pero

요약

그리스 신화에 나오는 필로스 왕 넬레우스의 아름다운 딸이다.
 넬레우스는 딸을 내어주기 싫어 구혼자들에게 까다로운 조건을 내
걸었지만 아미타온의 아들 비아스는 예언자인 형 멜람푸스의 도움으
로 페로와 결혼할 수 있었다.

기본정보

구분	공주
외국어 표기	그리스어: Πηρώ

인물관계

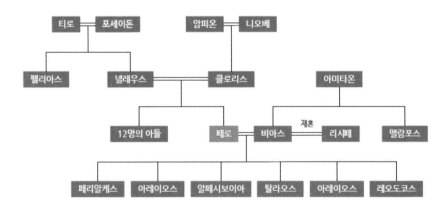

페로는 필로스의 왕 넬레우스가 암피온과 니오베의 딸 클로리스와

결혼하여 낳은 딸이다. 넬레우스와 클로리스 사이에서는 그밖에도 타우로스, 아스테리오스, 필라온, 네스토르 등 12명의 아들이 태어났다. 페로는 아미타온의 아들 비아스와 결혼하여 페리알케스, 아레이오스, 알페시보이아, 탈라오스, 아레이오스, 레오도코스 등 여러 명의 자식을 낳았다.

신화이야기

페로의 아버지 넬레우스의 결혼 조건

『오디세이아』에 따르면 페로의 어머니 클로리스는 미모가 뛰어나서 넬레우스가 많은 결혼 선물을 바치고서야 그녀를 아내로 삼을 수 있었다고 한다. 페로 역시 어머니의 미모를 물려받아 대단히 아름다운 처녀로 자라났는데, 페로와 결혼하고 싶어하는 구혼자들이 구름처럼 몰려들었지만 딸을 내어주고 싶지 않았던 넬레우스는 까다로운 결혼 조건을 내걸었다. 테살리아 지방 필라카이의 왕 필라코스가 기르는 살찐 소떼를 선물로 가져와야 딸을 주겠다는 것이었다. 하지만 필라코스의 소떼는 절대로 잠들지 않는 무시무시한 개가 지키고 있었기 때문에 아무도 훔쳐갈 엄두를 내지 못했다.

비아스와 멜람푸스

아미타온의 아들 비아스 역시 아름다운 페로를 아내로 맞이하고 싶었지만 넬레우스가 요구한 결혼 선물을 마련할 길이 막막하자 뛰어난 예언자인 형 멜람푸스에게 도움을 청했다. 동생을 무척 사랑했던 멜람푸스는 붙잡히게 될 줄을 미리 알면서도 비아스가 소떼 훔치는 일을 도와주었는데, 결국 소를 훔치다 발각되어 1년 동안 감옥에 갇히는 신세가 되었다.

감옥에 갇힌 지 1년이 거의 다 되어갈 무렵에 멜람푸스는 감옥 지붕에 있는 벌레들이 하는 이야기를 들었다.(멜람푸스는 어릴 때 그가 목숨을 구해준 새끼뱀들이 귀를 핥아준 덕분에 짐승들의 말을 알아들을 수 있었다. '멜람푸스' 참조) 벌레들이 그날 밤 감옥의 들보를 모두 갉아먹겠다고 하였고, 멜람푸스는 간수에게 곧 감옥 지붕이 무너져내릴 테니 다른 방으로 옮겨달라고 요청했다. 그리고 그날 밤 실제로 그가 있던 감옥의 지붕이 무너져내렸다.

이피클레스의 성불구를 고쳐준 멜람푸스

멜람푸스의 예언 능력에 감동 받은 필라코스 왕은 그에게 아들 이피클레스의 성불구를 고쳐주면 소떼를 내주겠다고 약속했다. 그러자 멜람푸스가 소 두 마리를 잡아 제물로 바친 뒤 고기를 새들에게 대접했다. 고깃덩이에 마지막으로 날아온 늙은 독수리는 필라코스 왕이 예전에 이렇게 소를 잡아 제물로 바쳤던 일을 기억하고 있었다.

독수리는 당시 어린 왕자였던 이피클레스가 부왕이 커다란 칼로 피를 튀기며 소를 잡는 광경을 보고 충격을 받아 성불구가 되었다고 말해주었다. 왕은 당시 피 묻은 칼을 신성한 떡갈나무 밑에 감추어두고는 이제껏 까맣게 잊고 있었다. 독수리는 멜람푸스에게 그 칼을 찾아내서 녹을 갈아낸 다음 그 가루를 포도주에 섞어 열흘 동안 먹이면 이피클레스의 성불구가 치료될 것이라고 했다. 이후 성불구가 치료된 이피클레스는 두 아들 포다르케스와 프로테실라오스를 낳을 수 있었다. 멜람푸스는 약속대로 받은 소떼를 끌고 필로스로 돌아가서 넬레우스에게 건네고 그의 딸 페로를 비아스와 결혼시켰다.

비아스와 페로 사이에서는 여러 명의 자식들이 태어났다. 하지만 비아스는 나중에 페로를 버리고 티린스 왕 프로이토스의 딸 리시페와 다시 결혼하였다. 그 후 페로의 행방에 대해서는 전해지는 바가 없다.(일설에는 페로가 죽고 나서 비아스가 재혼한 것이라고도 한다)

페르가모스 Pergamus

요약

　네오프톨레모스와 안드로마케 사이에 태어난 막내아들로, 페르가몬 도시의 이름난 조상이다. 어머니 안드로마케와 함께 소아시아 북서부 지방에 있는 테우트라니아 왕국을 정복하고 도시를 건설한 후 자신의 이름을 따서 나라의 이름을 페르가몬이라 지었다.

기본정보

구분	시조
상징	페르가몬 시
외국어 표기	그리스어: Πέργαμος
관련 신화	네오프톨레모스, 안드로마케

인물관계

　아킬레우스의 아들 네오프톨레모스와 안드로마케 사이에 태어난 아들이다. 형제로는 몰로소스, 피엘로스가 있다.

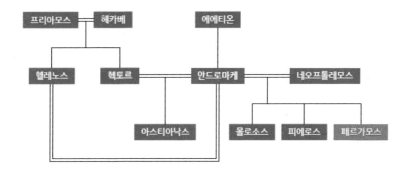

출생 이야기

페르가모스의 아버지는 영웅 아킬레우스의 아들 네오프톨레모스이다. 어머니는 고결한 인품을 지닌 트로이의 장군이자 왕자인 헥토르의 아내였다. 그녀는 헥토르와의 사이에 아들 아스티아낙스를 낳았다. 그러나 트로이 전쟁에서 남편 헥토르가 아킬레우스와의 싸움에서 패해 전사하고 말았다.

헥토르와 안드로마케의 이별 장면과 헥토르의 죽음을 슬퍼하는 안드로마케의 모습은 많은 예술작품의 소재가 되었다. 안드로마케는 트로이가 정복당한 후 아들 아스티아낙스까지 그리스군에 의해 잃었다. 그리고 호메로스가 쓴 『일리아스』에 의하면, 안드로마케의 아버지와 오빠들도 모두 아킬레우스에 의해 죽었다. 따라서 남편과 아버지, 오빠들을 죽인 아킬레우스는 안드로마케의 철천지원수라 할 수 있다.

그런데 안드로마케는 전쟁이 끝난 뒤 하필이면 아킬레우스의 아들 네오프톨레모스의 전리품으로 배당되어 그의 여자가 되었다. 안드로마케는 네오프톨레모스와의 사이에 몰로소스, 피엘로스 그리고 페르가모스를 낳았는데, 페르가모스를 비롯한 그의 형제들은 피비린내 나는 전쟁 속에서 원수의 집안이라 할 수 있는 두 집안의 피를 동시에 물려받고 태어난 것이다.

헥토르의 죽음을 슬퍼하는 안드로마케
자크 루이 다비드(Jacques Louis David)
1783년, 루브르 박물관

　페르가모스의 어머니 안드로마케는 비운의 여인이지만 비참한 운명을 딛고 일어난 강인한 여인이다. 안드로마케의 막내아들 페르가모스는 그녀가 나이가 들어 죽음을 맞이할 때까지 그녀의 곁에 있었던 아들이다.

　트로이 전쟁이 끝난 후 네오프톨레모스의 전리품이 된 안드로마케는 그를 따라 에페이로스로 갔다. 이때 헥토르의 동생, 즉 이전의 시동생이었던 헬레노스도 네오프톨레모스의 노예로 함께 왔는데, 파우사니아스가 쓴 『그리스 이야기』에 의하면 네오프톨레모스가 에페이로스에 온 것은 예언 능력이 있는 헬레노스의 충고 때문이었다고 한다. 이에 따르면 헬레노스와 네오프톨레모스의 우정은 혈육간의 정보다도 훨씬 깊었던 것 같고, 네오프톨레모스는 안드로마케를 진정으로 사랑한 것 같다. 네오프톨레모스는 죽어가면서 헬레노스에게 안드로마케와 결혼해달라고 당부하기도 했다.

　그런데 베르길리우스가 쓴 『아이네이스』는 다른 이야기를 전하고 있다. 네오프톨레모스가 메넬레우스와 헬레네 사이에 태어난 딸 헤르미오네와 정식으로 결혼하게 되자 안드로마케를 헬레노스에게 넘겼다는 것이다.

　어쨌든 페르가모스의 어머니 안드로마케는 이전의 시동생 헬레노스와 결혼을 하였고 헬레노스가 죽을 때 그와 네오프톨레모스의 우정은 다시금 입증이 된다. 『그리스 이야기』에 의하면, 헬레노스는 죽어가면서 왕국을 네오프톨레모스의 아들인 몰로소스에게 물려주었다. 몰로소스가 왕국을 물려받자 페르가모스는 어머니 안드로마케와 함께 소아시아 지방으로 건너가 테우트라니아 왕국의 왕인 아레이오스와의 일대일 결투에서 승리하여 왕국을 정복하였다. 그는 도시를 건설한 후 자신의 이름을 따서 나라의 이름을 페르가몬이라 지었는데, 이렇게 해서 그는 도시 페르가몬의 이름난 조상이 되었다.

페르세스 Perses, 에티오피아 왕

요약

페르세우스와 안드로메다 사이에 태어난 아들이다.
에티오피아의 왕으로 나중에 페르시아 왕가의 조상이 된다.

기본정보

구분	에티오피아의 왕
외국어 표기	그리스어: Πέρσης
관련 지명	페르시아
관련 신화	안드로메다, 페르세우스, 카시오페이아, 케페우스
가족관계	안드로메다의 아들, 페르세우스의 아들

인물관계

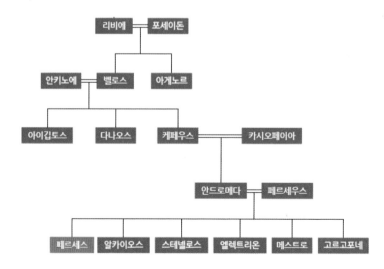

안드로메다와 페르세우스의 장남이다. 알카이오스, 스테넬로스, 헬레이오스, 메스트로, 엘렉트리온의 형이며, 고르고포네의 오빠이다.

신화이야기

출생이야기

페르세스는 메두사의 목을 벤 아테네의 영웅 페르세우스와 안드로메다 사이에 태어난 맏아들이다.

페르세우스는 메두사의 목을 베고 돌아가던 중에 한 아름다운 여인이 해변의 바위에 쇠사슬로 묶여있는 것을 보게 되었는데 그 여인이 바로 페르세우스의 아내가 된 안드로메다이다.

『비블리오테케』와 『변신이야기』에 의하면 안드로메다의 어머니 카시오페이아는 자신의 미모에 대해 대단한 자부심을 갖고 있어서 자신이 바다의 님페들 그 누구보다도 아름답다고 자랑하고 다녔다고 한다. 그러나 히기우스의 『신화집』에 의하면 카시오페이아가 자랑한 것은 자신의 딸 안드로메다의 미모였다고 한다.

네레이데스라고 불리우는 바다의 님페들은 모두가 아름다운 외모로 유명한데 이 중의 하나가 포세이돈의 아내인 아름다운 암피트리테이다. 안드로메다의 어머니 카시오페이아의 오만함과 허영심에 분노한 바다의 님페들과 암피트리테의 남편 포세이돈은 해일을 불러일으키고 괴물을 보내 나라를 초토화시켰다. 이러한 상황 속에서 재앙을 막기 위해서는 카시오페이아의 딸인 안드로메다 공주를 괴물의 제물로 바쳐야 한다는 신탁이 내렸다. 어쩔 수 없이 신탁을 따라야 하는 안드로메다의 아버지 케페우스는 애통한 심정으로 해변의 바위에 안드로메다를 쇠사슬로 묶어놓았다. 이렇게 해서 아무 죄도 없는 안드로메다는 어머니의 죗값을 치를 운명에 놓이고 말았다.

안드로메다를 풀어주는 페르세우스
페테르 파울 루벤스(Peter Paul Rubens), 1622년경, 베를린 주립박물관

이제 안드로메다는 바다 괴물의 먹이가 되는 순간을 기다릴 뿐이었다. 때 마침 메두사의 목을 베고 돌아가던 페르세우스가 해변의 바위에 쇠사슬로 묶여있는 안드로메다를 보게 되었고, 그는 첫눈에 그녀의 아름다움에 매혹되어 그녀에게 다가갔고 안드로메다는 페르세우스에게 모든 사연을 말해주었다. 그런데 말이 채 끝나기도 전에 바다에서 요란한 소리를 내며 바다 괴물이 그 모습을 드러내고 이에 페르세우스는 격렬한 싸움 끝에 괴물을 퇴치하였다.

안드로메다와 페르세우스는 드디어 결혼식을 올렸고 둘 사이에 맏아들 페르세스가 태어났다. 페르세스의 형제로는 알카이오스, 스테넬로스, 헬레이오스, 메스트로, 엘렉트리온이 있고, 누이로는 고르고포네가 있다. 알카이오스의 아들 암피트리온과 엘렉트리온의 딸 알크메네, 이 두 사람이 결혼하여 쌍둥이 아들인 이피클레스와 헤라클레스를 낳았는데, 이들 중 제우스가 영웅을 만들기 위해 알크메네와 동침하면서 하룻밤을 세 배로 늘려 낳은 자식이 바로 헤라클레스이다.

안드로메다와 결혼한 페르세우스는 맏아들 페르세스가 태어나자 그를 장인의 후계자로 남기고 떠났다. 이렇게 해서 페르세스는 외할아버지 케페우스의 후계자로 에티오피아의 왕이 되었고, 후에 페르시아 왕가의 조상이 되었다. 이에 대해 헤로도토스는 『역사』에서 다음과 같이 전하고 있다.

"그 후에 다나에와 제우스의 아들인 페르세우스가 벨로스의 아들인 케페우스에게 갔다가 그의 딸 안드로메다와 결혼한 뒤 아들이 태어나자 페르세스라고 이름 짓고는 장인의 곁에 두고 왔다. 케페우스에게는 후사가 없었기 때문이다. 페르시아인들의 이름은 페르세스에서 유래한 것이다."

또 다른 페르세스

그리스 신화에 나오는 태양신 헬리오스의 아들 중에도 페르세스가 있다. 어머니는 대양의 신 오케아노스의 딸 페르세이스이다. 형제 자매로는 콜키스 왕 아이에테스, 마녀 키르케, 크레타 왕 미노스의 아내 파시파에가 있다.

페르세스 Perses, 티탄 신족

요약

그리스 신화에 등장하는 티탄 신족 중 한 명이다.

하늘의 신 우라노스의 아들 크레이오스와 바다의 신 폰토스의 딸 에우리비아 사이에서 태어난 아들이다. 티탄 신족에 속하는 코이오스와 그의 누이 포이베 사이에서 태어난 아스테리아와 결혼하여 여신 헤카테를 낳았다.

기본정보

구분	티탄 신족
외국어 표기	그리스어: Περσης
어원	'초토화시키다, 파괴하다'란 뜻을 지닌 그리스어 persô에서 유래. 이름의 어원적 의미는 '파괴하는 자, 초토화시키는 자'이다.
별칭	『호메로스 찬가집』의 제2편 '데메테르에게 보내는 찬가'에서 '페르사이오스(Persaios)'
가족관계	크레이오스의 아들, 에우리비아의 아들, 헤카테의 아버지

인물관계

크레이오스와 에우리비아 사이에서 태어난 그는 코이오스와 포이베 사이에서 태어난 아스테리아를 아내로 맞이하여 제우스조차도 함부로 대하지 못했던 여신 헤카테를 낳았다.

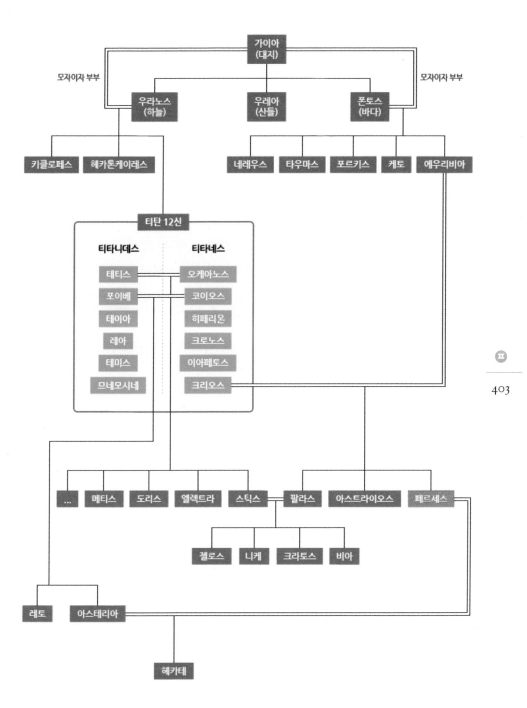

신화이야기

페르세스의 탄생

『신들의 계보』와『비블리오테케』에 따르면, 페르세스의 아버지는 대
지의 여신 가이아와 하늘의 신 우라노스 사이에서 태어난 크레이오스
이다. 어머니는 대지의 여신 가이아와 바다의 신 폰토스 사이에서 태
어난 에우리비아이다. 크레이오스와 에우리비아에게는 페르세스 이외
에도 두 명의 아들이 더 있다. 그 중 한 명은 아스트라이오스인데 그
는 모든 별들의 아버지이다. 또 다른 한 명은 팔라스인데 그는 티탄
신족에 속하는 오케아노스와 그의 누이 테티스 사이에서 태어난 장
녀 스틱스를 아내로 맞이하여 열의의 신 젤로스, 승리의 여신 니케,
힘의 신 크라토스와 폭력의 신 비아 등 3남 1녀를 낳았다.

헤시오도스는『신들의 계보』에서 티탄 페르세스가 형제들 중에서
가장 지혜가 뛰어나다고 적고 있다.

페르세스의 아내와 자식

지혜가 출중한 페르세스는 아스테리아를 아내로 맞이했다. 아스테
리아는 티타니데스 중의 한 명인 포이베가 남매 관계인 코이오스의
구애를 받아들여 그와의 사이에서 낳은 두 명의 딸 중 한 명이다. 가

페르가몬 대제단
기원전 2세기초, 베를린 페르가몬 박물관
: 한 가운데에 있는 여신이 포이베이며, 그녀의 오른쪽에 있는 여인이 포이베의 딸 아스테리아이다

페르가몬 대제단
기원전 2세기초, 베를린 페르가몬 박물관
: 오른손에 횃불을 든 헤카테(왼쪽에서 두 번째)가 기간토마키아 전쟁에서
기가스 클리티오스(맨 왼쪽)를 태워 죽인다

계도로 보면 페르세스와 아스테리아는 사촌지간이다.

아스테리아의 자매는 친절하고 온화한 성품을 지닌 레토인데 그녀는 제우스와의 사이에서 쌍둥이 남매 아르테미스와 아폴론을 낳았다. 페르세스는 아스테리아와의 사이에서 무남독녀 헤카테를 낳았다.

헤카테는 올림포스 신들과 기간테스와의 전쟁인 기간토마키아에서 제우스를 중심으로 한 올림포스 신들 편에 섰는데, 그녀는 전쟁에서 기가스 클리티오스를 불로 태워 죽였다.

티탄 페르세스의 또 다른 이름

작자 미상이나 『호메로스 찬가집』이라고 불리는 총 33편의 찬가로 이루어진 고대 그리스 찬가집 제2편은 결실의 여신 데메테르에 대한 찬가이다. 이 찬가는 헤카테가 페르사이오스의 딸이라고 적고 있다. 따라서 페르세스의 또 다른 이름으로 페르사이오스가 전승문헌에 사용되었음을 알 수 있다.

전쟁 관련 신으로서의 페르세스

페르세스란 이름은 '초토화시키다, 파괴하다'란 뜻을 지닌 그리스어 persô에서 유래된다. 이런 관련성에서 알 수 있듯이 페르세스는 전쟁과 관련된 신이기도 하다.

페르세우스 Perseus

요약

　제우스와 다나에 사이에 태어난 아들이다.

　메두사의 목을 벤 영웅으로 바다 괴물의 먹이가 될 위기에 처해 있는 안드로메다를 구출하고 그녀와 결혼하였다. 나중에 미케나이의 왕이 되었다.

기본정보

구분	영웅
상징	괴물의 퇴치자, 구원자
외국어 표기	그리스어: Περσέας
어원	파괴자
별자리	페르세우스 자리(메두사의 머리를 들고 있는 모양)
관련 신화	메두사, 안드로메다, 다나에, 아크리시오스

인물관계

　제우스와 다나에 사이에 태어난 아들로 아르고스의 왕 아크리시오스의 외손자이다. 안드로메다와 결혼하여 페르세스, 알카이오스, 스테넬로스, 메스트로, 고르고포네 등의 자식을 낳았다.

신화이야기

출생과 성장

　페르세우스는 아름다운 다나에와 황금비로 변신한 제우스 사이에 태어난 아들이다. 다나에의 아버지 아르고스의 왕 아크리시오스는 왕위를 이을 왕자가 없어 신탁을 고민하던 중 딸이 낳은 아들 즉 외손자에 의해 죽임을 당할 것이라는 신탁을 받았다. 이에 아크리시오스 왕은 아직 결혼하지 않은 다나에를 아무도 접근할 수 없는 청동탑에 가두었다. 그러나 다나에를 마음에 둔 제우스는 급기야 황금비로 변신하여 지붕의 틈새로 탑 안에 스며들어 다나에에게 접근하였고, 이에 다나에는 제우스와의 관계에서 임신하여 훗날 영웅이 된 페르세우스를 낳았다.

차마 제우스의 아들을 죽일 수 없었던 아크리시오스 왕은 다나에와 그녀의 아들 페르세우스를 상자에 넣어 바다에 던져 버렸다. 바다의 신 포세이돈은 제우스의 부탁을 받고 다나에 모자가 들어있는 상자를 보호해주었고, 상자는 세리포스 섬에 도달했다. 세리포스 섬의 왕 폴리덱테스의 동생인 어부 딕티스가 상자를 발견하고는 두 모자를 극진하게 보살펴주었다. 그런데 딕티스의 형인 폴리덱테스 왕이 다나에를 사랑하여 그녀와 결혼하고자 했는데 이제 성년이 된 페르세우스가 방해가 되어 그를 없애기 위한 계략으로 고르고의 머리를 가져오라는 임무를 내렸다.

메두사의 목을 벤 영웅

고르고네스(단수형은 고르곤 혹은 고르고) 세 자매는 얼굴이 흉측하고 머리카락 한 올 한 올이 실뱀으로 되어 있으며 입에는 멧돼지의 엄니가 나 있다. 고르고네스의 눈은 시선이 워낙 번뜩거리고 강해서 이들의 눈을 쳐다본 사람들은 그 자리에서 돌로 변해버렸다. 고르고네스가 있는 곳은 오직 친언니들인 그라이아이만이 알고 있는데 이들은 눈이 하나밖에 없어 번갈아가며 눈을 사용했다. 아테나 여신의 조언에 따라 페르세우스는 그라이아이가 살고 있는 동굴로 찾아가 하나밖에 없는 눈을 훔쳐냈고, 그라이아이는 어쩔 수 없이 동생 고르고 세 자매가 살고 있는 곳을 알려주었다. 페르세우스는 임무를 완수한 후에 그라이아이의 눈을 돌려주지 않고 호수에 던졌다고 한다.

『비블리오테케』는 앞의 내용과는 다른 이야기를 전하고 있다. 페르

페르세우스와 그라이아이
에드워드 번 존스(Edward Burne Jones), 1882년, 슈투트가르트 미술관

세우스가 그라이아이를 찾아간 것은 메두사의 목을 베는 데 필요한 물건들을 갖고 있는 님페들이 사는 곳을 알기 위해서라고 한다. 메두사의 목을 베기 위해서는 날개 달린 샌들과 배낭의 일종인 키비시스 그리고 머리에 쓰면 남의 눈에 보이지 않게 되는 하데스의 모자가 필요한데 페르세우스는 이 물건들을 갖고 있는 님페들을 찾아야 했던 것이었다. 그런데 그라이아이만이 이 님페들이 사는 곳을 알고 있었다. 페르세우스는 그라이아이가 갖고 있는 하나밖에 없는 눈과 이를 훔쳐 님페들이 있는 곳을 알려달라고 위협했다. 이후의 상황에 대해 『비블리오테케』는 다음과 같이 전하고 있다.

"포르키스의 딸들이 길을 가르쳐주자 페르세우스는 그들에게 눈과 이를 돌려주고 요정들을 찾아가 필요로 하는 것을 얻었다."

『비블리오테케』는 앞에서 전하는 내용과는 달리, 페르세우스가 비밀을 알려준 그라이아이에게 눈과 이를 둘 다 돌려주었다고 전하고 있다.

고르곤 메두사 마스크
기원전 5세기, 뮌헨 글립토테크

한편 고르고네스 세 자매 중 메두사만 죽을 운명의 존재이고 나머지 둘은 불사신이므로 불사신의 목을 베어 죽일 수는 없는 일이었다. 따라서 페르세우스의 임무는 메두사의 목을 베어오는 것이었고, 이 때문에 고르고는 대개 메두사를 지칭하는 단어로 쓰이곤 한다.

메두사의 모습은 직접 보게 되면 누구나 돌로 변하므로 페르세우스는 아테나 여신의 도움을 받아 메두사의 목을 베는 데 성공했다.

> " … 아테나는 페르세우스의 손을 잡아 그를 인도하고, 그는 메두사로부터 시선을 돌린 채, 청동 방패를 응시하며 그 속에서 고르곤의 모습을 보고 그녀의 머리를 베었다."(『비블리오테케』)

메두사의 목을 벤 페르세우스는 나중에 그 목을 아테나 여신에게 바쳤다. 이렇게 해서 메두사의 목은 그토록 자신을 증오하던 아테나 여신의 방패에 장식으로 들어가게 되며, 메두사는 죽어서도 아테나 여신의 방패 속에서 여신의 권위와 용맹에 대한 상징물이 되었다.

산맥이 된 아틀라스

『변신이야기』는 아틀라스가 페르세우스에 의해 돌이 되는 장면, 즉 아틀라스 산맥이 생겨나는 과정을 상세하게 묘사하고 있다. 다나에의 아들 페르세우스가 메두사의 머리를 베어 돌아오는 도중에 먼 서쪽

너머에 있는 아틀라스의 곁을 지나게 되었다. 그런데 『변신이야기』에서는 아틀라스가 지구를 짊어진 고통스런 모습이 아니라 막대한 부와 권력 그리고 광대한 영토와 바다를 소유한 왕으로 등장한다. 페르세우스는 아틀라스에게 잠자리를 부탁했지만 거절당했다. 이에 화가 난 페르세우스는 보기만 하면 곧바로 돌로 변해버리는 메두사의 머리를 내보였고, 아틀라스는 그 순간 거대한 돌로 변해버렸다. 이에 대해 『변신이야기』는 다음과 같이 전하고 있다.

> "그러자 아틀라스의 큰 몸집은 그대로 산이 되고, 수염과 머리카락은 나무로 변하고, 어깨와 팔은 산마루가 되었으며 머리는 산꼭대기가 되고 뼈는 돌이 되었다. 그리고 아틀라스는 모든 부분에서 엄청난 부피로 커져서 (신들이시여, 이 모든 것은 당신들의 뜻대로 된 것입니다) 온 하늘이 수없이 많은 별들과 함께 그의 어깨 위에서 휴식을 취했다."

그런데 아틀라스 신화는 헤라클레스와도 관련이 있어 시간적으로 맞지가 않는다. 페르세우스에 의해 이미 거대한 돌로 변해버린 아틀라스가 오랜 시간이 지난 후 페르세우스의 증손자인 헤라클레스와 대화를 나누는 장면이 있기 때문이다.('아틀라스' 참조) 여러 개의 아틀라스 신화가 시간적인 면에서 모순을 보이고 있는 부분이다.

할아버지의 죽음

페르세우스가 무사히 돌아오지 못할 것이라는 폴리덱테스의 기대와는 달리 그는 아테나 여신의 도움으로 무사히 임무를 마치고 귀로에 올랐다. 그러나 집으로 돌아오던 중 자신이 외할아버지를 죽이게 된다는 신탁을 들은 페르세우스는 아르고스로 가지 않고 라리사로 향했다.

신탁은 무슨 일이 있어도 이루어지게 되므로 『비블리오테케』에 의하면 페르세우스는 라리사의 왕이 아버지 장례식에서 개최한 창던지기 대회에 참가하는데 하필이면 외할아버지 아크리시오스 왕이 그자리에 있었고 페르세우스가 던진 창에 죽고 말았다.

아크리시오스 왕의 죽음에 관해서는 다양한 이야기가 있는데, 『변신이야기』에 의하면 아크리시오스 왕은 폴리덱테스 왕의 장례식에서 죽었다고 전해진다.

안드로메다의 구출

메두사의 목을 베고 돌아가던 중에 페르세우스는 한 아름다운 여인이 해변의 바위에 쇠사슬로 묶여있는 것을 보게 되는데 그 여인이 바로 페르세우스의 아내가 된 안드로메다이다.

『비블리오테케』와 『변신이야기』에 의하면 안드로메다의 어머니 카시오페이아는 자신의 미모에 대해 대단한 자부심을 갖고 있어서 자신이 바다의 님페들 그 누구보다도 아름답다고 자랑하고 다녔다고 한다. 그러나 히기우스 『신화집』에 의하면 카시오페이아가 자랑한 것은 자신의 딸 안드로메다의 미모였다고 한다.

네레이스라고 불리우는 바다의 님페들은 '바다의 노인'이라는 별명을 가진 네레우스와 대양의 신인 오케아노스의 딸 도리스 사이에 태어난 딸들로 그 수는 50명에서 100명에 이른다. 네레이스의 복수형은 네레이데스이다. 바다 속 깊은 곳에 있는 아버지의 궁전에서 살고 있는 네레이데스는 모두가 아름다운 외모로 유명한데 이 중의 하나가 포세이돈의 정식 아내인 아름다운 암피트리테이다. 안드로메다의 어머니 카시오페이아의 오만함과 허영심에 분노한 바다의 님페들과 암피트리테의 남편 포세이돈은 해일을 불러일으키고 괴물을 보내 나라를 초토화시켰다. 이 재앙을 막기 위해서는 카시오페이아의 딸인 안드로메다 공주를 괴물의 제물로 바쳐야 한다는 신탁이 내렸고, 어쩔 수 없이 신탁을 따라야 하는 안드로메다의 아버지 케페우스는 애통한 심정으로 해변의 바위에 안드로메다를 쇠사슬로 묶어놓았다. 아무죄도 없는 안드로메다는 어머니의 죗값을 치를 운명에 놓여 이제 바다 괴물의 먹이가 되는 순간을 기다릴 뿐이었다. 그런데 마침 메두사의 목을 베고 돌아가던 페르세우스가 해변의 바위에 쇠사슬로 묶여있는 안드로메다를 보게 된 것이다. 그는 첫눈에 그녀의 아름다움에 매혹되어 그녀에게 다가갔다.

페르세우스가 안드로메다를 구출하는 장면을 상세하게 전하는 『변신이야기』는 그가 안드로메다에게 다가가 탄식하는 말을 다음과 같이 전한다.

안드로메다와 페르세우스
안톤 라파엘 멩스(Anton Raphael Mengs)
1773~1776년, 예르미타시 미술관

"오! 당신에게 이런 쇠사슬은 말도 안돼요! 연인들의 마음을 묶어
주는 사슬이라면 몰라도요."

안드로메다는 페르세우스에게 모든 사연을 말했다. 그런데 말이 채끝나기도 전에 바다에서 요란한 소리를 내며 바다 괴물이 그 모습을 드러냈고 이에 페르세우스는 격렬한 싸움 끝에 괴물을 퇴치했다.

안드로메다와 페르세우스는 드디어 결혼식을 올렸다. 그런데 결혼식장에서 피비린내 나는 싸움이 벌어지는데 이는 이전에 안드로메다의 약혼자였던 작은 아버지 피네우스가 무리를 이끌고 와 페르세우스를 공격하면서 일어난 것이다. 약혼자임에도 불구하고 안드로메다가 괴물의 제물로 바쳐져 먹이가 되는 순간에도 그대로 두고만 본 비겁한 피네우스를 안드로메다의 아버지 케페우스 왕은 비난하면서 타일렀다.

"너는 안드로메다의 약혼자이면서 삼촌인데, 그 애가 묶여 있는데 그냥 보기만 하고 아무 도움도 주지 않았다. 그런데 너는 그것도 모자라서 그 애를 구해준 사람이 받을 상을 빼앗으려 하느냐? 그 상이 그렇게 대단해 보인다면 바로 네가 묶여있던 그 애를 바위에서 풀어내 데려왔어야 했다! 그 사람은 그 애를 데려와 내가 늙어서 자식 없이 살지 않게 해주었으니, 약속한 대로 공에 대한 대가를 갖도록 해주어라. 그리고 너 대신에 그를 선택한 것이 아니라 죽을 수밖에 없는 상황 대신에 그를 선택한 것임을 명심해라."

(『변신이야기』)

피네우스를 돌로 변하게 하는 페르세우스
루카 지오다노(Luca Giordano), 1680년경, 런던 내셔널갤러리

결국 페르세우스는 피네우스와 그 일당들에게 메두사의 목을 내밀었고 그들은 메두사를 본 순간 돌로 변해버렸다.

페르세우스의 자식들

안드로메다와 결혼한 페르세우스는 맏아들인 페르세스가 태어나자 그를 장인의 후계자로 남기고 떠났다. 헤로도토스의 『역사』에 의하면 페르세스는 후에 페르시아 왕가의 조상이 되었다고 한다. 페르세우스는 안드로메다와의 사이에 아들인 알카이오스, 스테넬로스, 헬레이오스, 메스토로, 엘렉트리온과 딸인 고르고포네를 낳았다. 알카이오스의 아들이 암피트리온이고 엘렉트리온의 딸이 알크메네인데, 이 두 사람이 결혼하여 쌍둥이 아들 이피클레스와 헤라클레스를 낳았다. 이들 중에서 제우스가 영웅을 만들기 위해 알크메네와 동침하면서 하루 밤을 세 배로 늘려 낳은 자식이 바로 헤라클레스이다.

페르세우스 별자리

페르세우스는 죽은 뒤 아테나 여신에 의해 아내 안드로메다 등과 함께 하늘로 올라가 별자리가 되었다.

페르세포네 Persephone

요약

　그리스 신화에서 페르세포네는 제우스와 대지의 여신 데메테르 사이에서 난 딸로, 꽃밭을 거닐다 하데스에게 납치되어 하계로 끌려갔다. 어머니 데메테르의 강력한 요구로 페르세포네는 다시 지상으로 돌아올 수 있게 되었지만, 하데스가 건넨 석류를 먹는 바람에 하계를 완전히 떠나지 못하고 일년 중 3분의 2는 지상에 머물고 나머지 3분의 1은 하계에서 하데스의 아내로 지내게 된다.

기본정보

구분	하계의 신
상징	풍요, 저승
외국어 표기	그리스어: Περσεφόνη
별칭	'처녀'를 뜻하는 '코레(Kore)'라는 이름으로도 불린다
로마 신화	프로세르피나(Prosephina)
관련 신화	페르세포네의 납치
관련 식물	석류
가족관계	제우스의 딸, 데메테르의 딸, 하데스의 아내

인물관계

　페르세포네는 올림포스 시대의 주신으로 천상을 다스리는 제우스와 대지의 여신 데메테르 사이에서 난 딸로, 하계를 다스리는 저승의 왕 하데스와 결혼하여 저승의 여왕이 되었다.

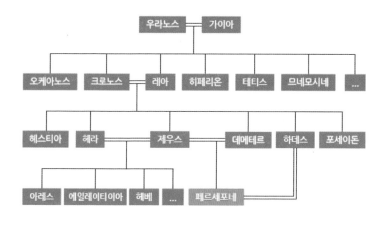

신화이야기

페르세포네의 납치

절세의 미인인 페르세포네를 안전하게 지키기 위해 어머니 데메테르는 딸을 시칠리아 섬에 숨겨 두었다. 그러나 숲에서 오케아노스의 딸들과 놀던 페르세포네는 어여쁜 수선화가 핀 것을 보고 다가갔다가 그만 하계의 신 하데스에게 납치되고 말았다. 그 수선화는 제우스가

페르세포네의 납치
페테르 파울 루벤스(Peter Paul Rubens), 1636~1638년, 프라도 미술관

하데스의 소망을 들어주기 위해 은밀히 그곳에 놓아둔 것이었다.

하데스는 전부터 페르세포네의 미모에 반해서 결혼하고 싶어했지만 데메테르가 반대할 것이 분명했으므로 제우스에게 도움을 청했던 것이다. 검은 말이 끄는 하데스의 전차에 실려 끌려간 페르세포네는 비명을 질렀고, 이를 들은 님페 키아네가 유괴를 막아보려 했지만 역부족이었다. 키아네는 페르세포네를 구하지 못한 것을 슬퍼한 나머지 녹아서 물이 되었다.

페르세포네의 납치
알브레히트 뒤러(Albrecht Durer), 1516년
메트로폴리탄 미술관

418

데메테르의 분노와 페르세포네의 귀환

딸이 사라져버리자 어머니 데메테르는 온 그리스를 돌아다니며 애타게 딸을 찾았다. 아무리 애를 써도 딸을 찾을 수 없자 분노한 데메테르는 대지에 극심한 가뭄을 일으켰다. 지상에서는 초목이 시들고 곡식은 말라 죽어 굶어 죽는 사람들이 속출하였다.

보다 못한 제우스는 하데스에게 페르세포네를 어머니에게 돌려보내라고 명했다. 하지만 그것은 불가능한 일이었다. 하계에 있는 동안 페르세포네는 하데스가 건넨 석류를 한 알 먹었기 때문이었다. 페르세포네를 돌려주기 싫었던 하데스가 하계의 음식을 입에 댄 사람은 그곳을 떠날 수 없다는 법칙을 이용해서 이미 손을 써 놓았던 것이다.

대지를 온통 불모지로 만들며 딸의 귀환을 요구하는 데메테르와 하계의 법칙을 구실로 페르세포네를 내줄 수 없다는 하데스 사이에서 고민하던 제우스는 절충안을 내놓았다. 페르세포네에게 1년의 3분의 2는 지상에서 어머니와 함께 살지만 나머지 3분의 1은 하계에서 하데스의 왕비로 지내라는 것이었다. 데메테르와 하데스는 하는 수 없이 제우스의 제안을 받아들였다. 그래서 페르세포네가 하계로 가고 없는 동안 데메테르는 슬픔에 빠져 지상을 돌보지 않았고, 페르세포네가 하계에서 올라오면 기쁨에 넘쳐 대지에 다시 온갖 생명들이 자라나게 하였다.

페르세포네와 관련된 또 다른 신화들

다른 신화에서 테세우스는 친구 페이리토오스와 함께 페르세포네를 구하러 하계로 내려갔다. 페이리토오스가 자신의 신붓감으로 페르세포네를 선택했기 때문이었다. 하지만 두 사람은 하데스의 술책으로 망각의 의자에 앉자마자 이승에서의 일을 모두 잊고 말았다. 나중에 헤라클레스가 저승 문을 지키는 괴수 케르베로스를 잡으러 왔을 때 테세우스는 그에 의해 구출되지만 페이리토오스는 그대로 저승에 남겨졌다.

또 페르세포네는 미청년 아도니스를 두고 아프로디테와 경쟁하기도 했지만, 아도니스가 멧돼지 어금니에 찔려 죽는 바람에 두 여신의 다툼은 무산되었다.

페르세포네
단테 가브리엘 로세티(Dante Gabriel Rossetti), 1874년

　대지의 여신 데메테르의 딸인 페르세포네는 어머니와 마찬가지로 대지와 곡물을 상징하는 존재다. 페르세포네의 납치와 지상으로의 귀환은 대지에 풍요와 척박, 성장과 소멸을 가져오는 계절의 순환을 상징한다고 볼 수 있다. 지상의 죽음을 통해 토지가 비옥해지듯 생명과 죽음은 순환 관계를 이루고 있다.

　페르세포네의 또 다른 이름인 '코레'는 씨앗을 뜻하는 영어 'core'의 어원이기도 하다. 씨앗은 땅 속에 묻혀 있다가 새로운 생명으로 재탄생하고 다시 씨앗으로 땅 속에 묻히는 과정을 반복하면서 이 세상을 풍요롭게 만든다. 그래서 페르세포네는 하데스와 함께 부와 풍요를 상징하는 신으로 추앙받는다. 하데스의 또 다른 이름인 플루톤은 땅 속에 묻힌 금은보화를 모두 소유한 '부자'를 뜻한다. 두 사람은 종종 풍요의 뿔을 들고 있는 모습으로 그려진다.

　고대 그리스의 엘레우시스 비교(秘敎)에서는 페르세포네가 인간의 영혼을 상징한다고 보았다. 페르세포네가 하계로 가 버리면 대지가 황폐해지듯이 영혼이 떠나간 육신은 생명력을 잃지만 페르세포네가 돌아오면 대지는 다시 소생한다. 이처럼 페르세포네의 귀환은 인간의 영혼이 윤회를 통해 물질세계로 다시 환생하는 것을 상징한다. 사람들은 페르세포네를 숭배하면서 그녀의 신화가 자신들의 소생을 약속한다고 믿었다.

음악작품

　장 밥티스트 룰리, 〈프로세르핀〉, 1680년
　이고르 스트라빈스키, 〈페르세포네〉, 1934년

페리구네 Perigoune

요약

   페리구네의 아버지 시니스는
코린토스 지협 인근에서 살인
을 일삼는 악당으로 '소나무를
구부리는 자'라는 별명을 갖고
있다. 그는 소나무 두 그루를
구부려 놓고는 지나가는 사람
들을 붙잡아 소나무에 손발을
묶어 놓고 구부렸던 나무를 풀
어 찢어 죽였다.

   시니스는 자신이 사람들을
죽인 것과 똑같은 방식으로 테

테세우스와 시니스
흑자색 도기, 기원전 490~480년
뮌헨 국립고대미술박물관

세우스에게 살해당했는데, 페리구네는 아버지 시니스가 테세우스에게
참혹하게 살해당하는 것을 보고 야생 아스파라거스가 우거진 숲 속
으로 도망가 몸을 숨겼지만 나중에 테세우스의 연인이 되어 아들 멜
라니포스를 낳았다.

기본정보

구분	신화 속 인물
상징	악당의 딸
외국어 표기	그리스어: Περιγούνη
별칭	소나무를 구부리는 자
관련 신화	시니스, 테세우스, 멜라니포스

인물관계

악당 시니스의 딸이다. 테세우스와의
사이에 아들 멜라니포스를 낳았다.

신화이야기

페리구네의 아버지 시니스

시니스는 코린토스 지협 인근에서 살인
을 일삼는 악당으로 '소나무를 구부리는
자'라는 별명을 갖고 있다. 그는 지나가는 사람들을 붙잡아 소나무 두
그루에 손발을 묶고 구부렸던 나무를 풀어 찢어 죽였다. 『비블리오테
케』는 시니스에 대해 다음과 같이 전하고 있다.

> "시니스는 이스트로스에 살았는데, 그는 지나가는 사람들에게 강
> 제로 자기가 구부린 소나무들을 잡고 있게 했다. 그들이 더 이상
> 힘이 없어 소나무들을 잡을 수 없게 되면 나무들에 의해 공중으
> 로 튕겨져 나가 비참하게 죽었다."

그러나 히기누스 『신화집』은 다른 이야기를 전하고 있다. 그는 지나
가는 사람들에게 소나무 구부리는 것을 도와달라고 해서 같이 소나
무를 잡고 있다가 갑자기 손을 놓아버렸다고 한다. 그렇게 되면 상대
방은 공중으로 튀어 올라 떨어지게 되고 떨어지면서 몸이 부서지게
되는 것이다.

시니스는 테세우스가 아버지 아이게우스를 만나기 위해 코린토스
지협을 통해 아테네로 가는 도중에 퇴치한 악당들 중 하나이다. 결국

시니스는 자신이 지나가는 사람들을 죽인 것과 똑같은 방식으로 테세우스에게 살해당했다.

테세우스의 연인 페리구네

플루타르크의 『영웅전』 테세우스 편에 의하면 시니스의 딸 페리구네는 키가 크고 아름다운 미모의 여성이었다고 한다. 페리구네는 아버지 시니스가 테세우스에게 참혹하게 살해당하는 것을 보고는 야생 아스파라거스가 우거진 숲 속으로 도망가 몸을 숨겼다. 그리고 숲에서 애원하듯 속삭였다. "나를 잘 숨겨줘. 그러면 앞으로는 너를 불태우지 않을거야." 테세우스는 그녀를 해치지 않고 보호해주었고, 페리구네는 테세우스의 연인이 되어 아들 멜라니포스를 낳았다.

멜라니포스의 후손들은 조상인 페리구네를 구해준 식물이라 하여 아스파라거스를 아주 소중하게 여긴다고 한다. 테세우스는 나중에 페리구네를 오이칼리아 왕 에우리토스의 아들 데이오네우스와 결혼시켰다.

페리페테스 Periphetes

요약

헤파이스토스의 아들로 아테네의 영웅 테세우스에게 맞아 죽은 악당이다. 아버지와 마찬가지로 다리가 불편하여 몽둥이를 사용하여 지나가는 사람들을 약탈하고 때려죽였다. 테세우스에게 자신의 몽둥이로 맞아죽었다.

기본정보

구분	신화 속 인물, 악당
외국어 표기	그리스어: ΠΕΡΙΦΗΤΗΣ
관련 상징	몽둥이
관련 신화	테세우스, 헤파이스토스

인물관계

헤파이스토스와 안티클레이아 사이에 태어난 아들이다.

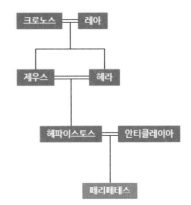

신화이야기

 페리페테스는 아르골리스 지방 해안가에 있는 에피다우로스에서 몽둥이를 들고 다니며 지나가는 사람들을 약탈하곤 했다. 『비블리오테케』에 의하면 그는 헤파이스토스의 아들인데 아버지와 마찬가지로 다리가 불편하기 때문에 몽둥이를 사용하여 지나가는 사람들을 죽였다고 한다. 이런 이유에서 그는 '코리네테스' 다시 말해서 '몽둥이 사내'라는 별명으로 불렸다. 그런데 그는 아테네의 영웅 테세우스의 첫 희생자가 된다.

 트로이젠의 왕 피테우스의 딸인 아이트라가 낳은 아들 테세우스는 아버지의 존재를 모른 채 성장했다. 드디어 성인이 되어 아테네에 있는 아버지 아이게우스 왕을 찾아가기로 한 테세우스는 외할아버지와 어머니가 빠르고 안전한 뱃길로 가라고 설득했지만 육로를 통해 가기로 결심했다. 당시 아테네로 가는 육로는 잔인한 도적떼들이 약탈을 일삼고 있어 매우 위험했다. 플루타르크는 『영웅전』 테세우스 편에서 당시의 상황에 대해 자세히 설명하고 있다.

 "그 당시 헤라클레스는 여러 지역을 돌아다니며 이런 도적들을 퇴치했는데, 도망을 치거나 죄를 고백하며 용서를 청하는 사람들을 살려주는 경우도 있었다. 그런데 실수로 이피토스를 죽이게 되자 리디아로 가서 동료를 죽인 죄를 정화하기 위해 자청하여 옴팔레의 종이 되었다."

 플루타르크에 의하면 가까운 친척이기도 한 헤라클레스는 테세우스가 우상으로 여기는 영웅이다. 테세우스는 헤라클레스가 방방곡곡을 다니며 도적떼들을 퇴치했는데 무사안전을 위해 해로를 택한다는 것은 비겁하고 수치스러운 일이라 생각했다. 게다가 얼굴도 모르는 아버지를 피 한 방울 묻히지 않고 찾아간다는 것은 더욱 더 수치스러운 일이라고 여겼다.

이처럼 모험심과 혈기에 가득 차 아테네로 향한 테세우스가 처음으로 만난 악당이 바로 페리페테스이다. 페리페테스는 테세우스의 적수가 되지 못하고 자신이 몽둥이로 길가는 사람들을 때려죽인 것처럼 테세우스에게 몽둥이로 맞아죽었다. 이후로 테세우스는 이 몽둥이를 자신의 무기로 지니고 다녔다.

헤라클레스는 자신이 죽인 사자가 얼마나 대단한가를 과시하기 위해 사자 가죽을 어깨에 걸치고 다녔다고 하는데, 플루타르크에 의하면 헤라클레스를 우상으로 여기는 테세우스가 그를 모방하여 자신의 용감함을 과시하기 위해 몽둥이를 들고 다녔다고 한다.

페이리토오스 Pirithous, Peirithous

요약

　그리스 신화에 등장하는 테살리아 지방의 라피타이족 왕으로 영웅 테세우스의 둘도 없는 친구이다. 그의 결혼식에서 벌어진 켄타우로스족과 라피타이족의 싸움은 유명하다. 하데스의 아내 페르세포네를 자신의 새 신붓감으로 점찍고 그녀를 데리러 하계로 내려갔다가 영원히 돌아오지 못하였다.

기본정보

구분	라피타이의 왕
상징	우정
외국어 표기	그리스어: Πειρίθοος
관련 신화	테세우스의 모험, 헤라클레스의 12과업
가족관계	익시온의 아들, 제우스의 아들, 디아의 아들, 히포다메이아의 남편

인물관계

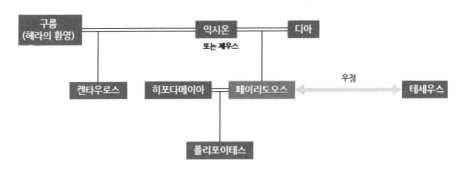

페이리토오스는 테살리아 지방의 라피타이족 왕 익시온과 에이오네우스 왕의 딸 디아 사이에서 태어났다. 하지만 일설에는 제우스가 익시온의 아내 디아를 유혹하여 낳은 아들이라고도 한다. 그는 부테스의 딸 히포다메이아와 결혼하여 아들 폴리포이테스를 낳았다.

신화이야기

켄타우로스와의 분쟁

페이리토오스가 아버지 익시온에 뒤이어 테살리아의 왕에 오르자 켄타우로스들은 자신들도 익시온의 아들이므로 영토를 나누어 달라고 요구하였다. 켄타우로스는 제우스의 아내 헤라에게 흑심을 품은 익시온이 제우스의 명에 따라 헤라로 변신한 구름의 여신 네펠레와 관계하여 낳은 족속으로 알려져 있다. 페이리토오스는 켄타우로스들의 요구를 들어주지 않았고 둘 사이에는 격렬한 싸움이 벌어졌다. 이 분쟁은 결국 켄타우로스들이 펠리온 산을 차지하면서 해결되었다.

라피타이족과 켄타우로스족의 싸움
루카 조르다노(Luca Giordano), 1688년

라피타이족과 켄타우로스족의 싸움
세바스티안 리치(Sebastiano Ricci), 1705년경, 애틀랜타 하이 미술관

테세우스와 평생의 우정을 맺은 페이리토오스

페이리토오스는 아테네 왕 테세우스의 명성을 듣고 그를 시험해보려고 마라톤에 있는 그의 소떼를 습격하였다. 소식을 들은 테세우스가 뛰쳐나오면서 둘 사이에는 싸움이 벌어지려고 했다. 하지만 서로 상대방의 풍모에 마음을 빼앗긴 두 영웅은 싸움을 시작하는 대신 친구가 되기를 원하여 그 자리에서 평생 변치 않는 우정을 맺었다. 이후 두 사람은 많은 모험을 함께 하였다. 그들은 칼리돈의 멧돼지 사냥과 아르고호 원정에도 함께 참가했고, 테세우스가 아마조네스를 공격하여 그 여왕을 잡아올 때도 함께 하였다.

켄타우로스족과 라피타이족의 싸움

페이리토오스는 부테스의 딸 히포다메이아와 결혼하면서 테세우스와 네스토르를 비롯한 많은 손님들을 초대하였다. 결혼식에는 켄타우로스들도 친척으로 참석했다. 그런데 술을 잘 마시지 못하는 켄타우로스들이 잔칫상의 포도주를 너무 많이 마시는 바람에 몹시 취하고

히포다메이아를 납치해가려는 켄타우로스족
에우리티온은 막는 페이리토오스
아폴리아 적색상 도기, 기원전 350~340년
영국 박물관
©Jastrow@Wikimedia(CC BY-SA)

말았다. 술에 취한 켄타우로스들은 신부와 여러 테살리아 처녀들을 겁탈하려다 여의치 않자 여자들을 납치해가려고 하였다. 하지만 페이리토오스와 라피타이인들은 이를 가만히 지켜보고만 있기 않았고, 켄타우로스들과 라티파이족 사이에 큰 싸움이 벌어졌다. 싸움에는 친구 테세우스도 가담하였고, 결국 수많은 켄타우로스들이 라피타이족의 손에 목숨을 잃고 말았다. 이 일로 켄타우로스들은 테살리아에서 추방되어 펠로폰네소스로 갔고, 싸움에 가담하지 않았던 케이론만이 펠리온 산에 남을 수 있었다.

하계로 내려간 두 친구

두 영웅은 비슷한 시기에 아내 히포다메이아와 파이드라를 잃고 나서 서로에게 제우스의 딸을 아내로 맞이하게 해주겠다고 맹세했다. 테세우스가 스파르타의 헬레네를 신붓감으로 꼽자 페이리토오스는 테세우스가 그녀를 스파르타에서 유괴하는 일을 도왔다. 하지만 헬레네가 아직 결혼을 하기에 너무 어렸기 때문에 테세우스는 그녀를 아테네의 성에 데려다 놓고 어머니 아이트라에게

히포다메이아의 결혼식에서의 라피타이족과
켄타우로스족의 싸움
카렐 두 자르댕(Karel Dujardin), 1667년
프로이센 궁전과 정원 재단(SPSG)

돌보게 하였다.

페이리토오스가 신붓
감으로 고른 여인은 하
데스에게 납치되어 하
계로 내려간 페르세포
네였다. 그리하여 두 친
구는 저승의 출입구로
알려진 라코니아의 타
이나론 동굴을 통과하
여 하데스의 나라로 내

라피타이족과 켄타우로스족의 싸움
프란체스코 솔리메나(Francesco Solimena), 1735~1740년

려갔다. 하계로 간 두 사람은 저승의 왕 하데스에게 이미 그의 아내가
되어 있는 페르세포네를 내어달라고 요구했다. 하데스는 일단 자리에
앉으라며 두 사람에게 의자를 권했다. 하지만 그 의자는 앉는 순간 모
든 일을 잊게 하여 더 이상 일어날 수 없게 만드는 망각의 의자였다.

두 사람은 나중에 헤라클레스가 열두 과업 중 하나인 저승의 개 케
르베로스를 데려가기 위해 하계로 내려왔다가 구해줄 때까지 줄곧 그
의자에 앉아 있었다. 하지만 헤라클레스의 구원을 받은 것은 테세우
스 한 사람뿐이었다. 헤라클레스가 페이리토오스를 데려가려고 붙잡
자 대지가 흔들리는 것을 보고는 신들이 죄인을 보내려 하지 않는다
고 여겨 구출을 단념했던 것이다. 그리하여 테세우스만 지상으로 돌
아왔고 페이리토오스는 영원히 하계에 남고 말았다.

라피타이족과 켄타우로스족의 싸움
피에로 디 코시모(Piero di Cosimo), 1500~1515년경, 런던 내셔널갤러리

펜테실레이아 Penthesilea, Penthesileia

요약

그리스 신화에 등장하는 여전사 아마조네스의 여왕이다.
프리아모스를 도와 트로이 전쟁에 참여해서 혁혁한 무공을 세웠으나 아킬레우스와의 결투에 패해 목숨을 잃었다. 아킬레우스는 죽은 펜테실레이아의 아름다운 모습에 연정을 품었다고 한다.

기본정보

구분	여왕
상징	여전사, 시체에 대한 사랑, 시간(屍姦)
외국어 표기	그리스어: Πενθεσίλεια
어원	고통, 슬픔
관련 신화	트로이 전쟁

인물관계

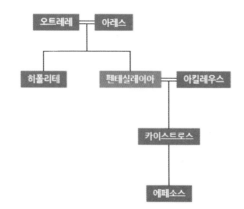

펜테실레이아는 아마조네스의 여왕 오트레레가 군신 아레스와 사이에서 낳은 딸로 히폴리테와 자매지간이다. 일설에 따르면 그녀는 아킬레우스와 사이에서 강의 신 카이스트로스를 낳았으며, 카이스트로스는 에페소스 시를 건설한 에페소스를 낳았다고 한다.

신화이야기

트로이 전쟁에 참전한 아마조네스

아킬레우스가 트로이 최고의 장수 헥토르를 죽이고 전세가 급격히 그리스군 쪽으로 기울 무렵, 펜테실레이아가 아마조네스 여전사들을 이끌고 트로이의 왕 프리아모스를 도우러 왔다. 트로이와 그다지 사이가 좋지 않았던 아마조네스가 트로이를 도우러 온 데에는 그럴 만한 이유가 있었다. 펜테실레이아가 숲에서 사슴 사냥을 하다 실수로 자신의 동생 히폴리테를 창으로 찔러 죽이고 자책감에 몹시 괴로워하였는데(그리스어의 'penthos'는 고통, 슬픔, 비탄 등을 뜻하는 말이다) 프리아모스가 그녀의 죄를 씻어주었던 것이다.

펜테실레이아
가브리엘 뒤브레(Gabrie Vital Dubray)
1862년, 루브르 박물관
©Jastrow@Wikimedia(CC BY–SA)

아킬레우스와의 결투와 죽음

전투에 나선 펜테실레이아는 아킬

레우스를 제 손으로 죽이 겠다고 호언장담을 하며 무서운 용맹을 과시하였 다. 수많은 그리스 병사들 이 그녀의 창에 추풍낙엽 처럼 쓰러졌다. 그리스군의 맹장 대(大)아이아스도 그 녀의 기세를 꺾지 못했다.

아이아스는 아킬레우스 에게 도움을 청했고, 아킬

아킬레우스와 펜테실레이아
아티카 적색상 도기, 기원전 470년경
뮌헨 국립고대미술박물관

레우스가 나타나자 펜테실레이아는 곧장 그를 향해 달려갔지만 그녀 는 아킬레우스의 상대가 되지 못했다. 아킬레우스가 던진 창은 단박 에 그녀의 오른쪽 젖가슴을 꿰뚫어버렸다. 펜테실레이아는 그 자리에 서 즉사하였다. 관습대로 패장의 투구와 갑옷을 벗긴 아킬레우스는

아킬레우스와 펜테실레이아
요한 하인리히 빌헬름 티슈바인(Johann Heinrich
Wilhelm Tischbein), 1823년경

깜짝 놀라고 말았다. 죽은 펜 테실레이아의 모습이 너무나 아름다웠던 것이다.(심지어 아킬 레우스가 죽은 펜테실레이아에게 사랑을 느껴 시간을 했다는 주장 도 있다) 자신의 희생자에게 애 틋한 연정을 느낀 아킬레우스 는 달아나는 트로이군을 더 이상 추격하지 않고 그녀의 시 신을 수습하여 트로이 성으로 보내주었다. 프리아모스 왕은 자신을 돕기 위해 왔다가 죽은 펜테실레이아를 위해 성대한

장례식을 열었다.

하지만 펜테실레이아의 죽음과 관련된 또 다른 이야기도 전해진다. 그에 따르면 그리스군에서 입이 험하기로 유명한 테르시테스라는 장수가, 아킬레우스가 자신이 죽인 펜테실레이아에게 연정을 느끼는 것을 보고는 시체와 사랑에 빠졌다고 놀려댔다고 한다. 이 말을 들은 아킬레우스는 화를 참지 못하고 일격에 그를 때려죽였다. 그런데 그는 그리스군의 용장 디오메데스의 친척이었다. 디오메데스는 죽은 여자 때문에 동료를 죽이느냐고 아킬레우스에게 화를 냈고, 둘

펜테실레이이
지오반니 보카치오(Giovanni Boccaccio)의 『유명한 여성들에 관하여(De Mulieribus Claris)』 수록 삽화

사이에는 자칫 커다란 싸움이 벌어질 뻔했다. 디오메데스는 분풀이로 펜테실레이아의 시체를 스카만드로스 강에 던져버렸다고 한다.

펜테우스 Pentheus

요약

그리스 신화에 나오는 테바이의 왕이다.

테바이의 여인들 사이에 확산되던 디오니소스 숭배를 막으려다 신의 분노를 사게 되어 처참한 죽음을 맞았다. 펜테우스는 디오니소스를 신봉하는 여신도들인 마이나데스에 의해 사지가 갈가리 찢겨져 죽었다.

기본정보

구분	테바이의 왕
상징	오만, 신성모독
외국어 표기	그리스어: Πενθεύς
어원	슬픈 사람
관련 신화	디오니소스 숭배
가족관계	아가우에의 아들, 에키온의 아들, 메노이케우스의 아버지

인물관계

펜테우스는 테바이의 건설자 카드모스의 직계후손이다. 그는 스파르토이(용의 이빨을 땅에 뿌려서 태어난 자들) 중 하나인 에키온과 카드모스의 딸 아가우에 사이에서 태어났다. 펜테우스는 카드모스의 아들이자 자신의 숙부인 폴리도로스를 밀어내고 테바이의 왕이 되었지만, 어린 아들 메노이케우스만 남기고 일찍 죽는 바람에 테바이의 왕권은 폴리도로스에게로 돌아갔다. 테바이의 섭정이자 오이디푸스에 이어 왕이 된 크레온은 펜테우스의 손자다.

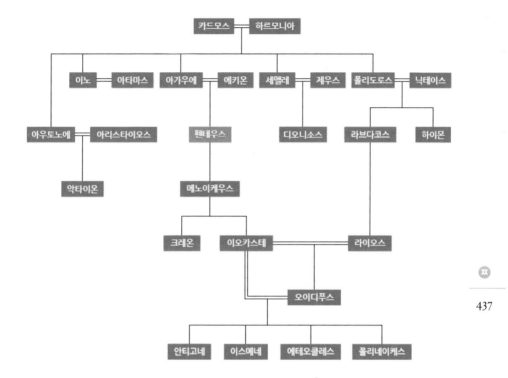

신화이야기

디오니소스와 펜테우스

테바이 왕 카드모스는 고령에 이르자 왕위를 외손자 펜테우스에게 넘겨주었다. 왕위에 오른 펜테우스는 테바이의 여인들 사이에 만연하고 있던 디오니소스에 대한 숭배를 근절하려 했다. 디오니소스는 카드모스의 딸인 세멜레의 자식으로 펜테우스와는 사촌지간이기도 했는데, 펜테우스가 디오니소스를 사기꾼으로 여겨 그에 대한 숭배가 확산되는 것을 막으려 했을 뿐만 아니라 그를 사슬로 꽁꽁 묶어 감옥에 가두기까지 했다. 카드모스와 예언자 테이레시아스가 펜테우스의 불경한 행동을 경고했지만 소용이 없었다. 제우스의 아들로 불사의 신이었던 디오니소스는 손쉽게 결박을 풀고 감옥을 빠져나와 오만한 펜테우스에게 벌을 내리기로 했다.

디오니소스는 펜테우스의 어머니 아가우에와 이모인 이노와 아우토노에를 광기에 빠뜨려 다른 테바이의 여인들과 함께 디오니소스 숭배 의식이 열리고 있는 키타이론 산으로 달려가게 한 다음, 펜테우스를 유혹하여 직접 키타이론 산으로 가서 음란한 의식을 행하는 여인들을 염탐하게 하였다.

갈가리 찢긴 펜테우스

디오니소스의 꼬임에 넘어간 펜테우스는 여장을 하고 키타이론 산으로 가서 나무에 몸을 숨기고 마이나데스(디오니소스 의식을 행하는 여인들)의 광기를 지켜보았다.('마이나데스' 참조) 하지만 그는 곧 여인들의 눈에 띄고 말았다. 그를 짐승으로 착각한 여인들은 나무를 통째로 뽑아버린 뒤 그를 붙잡아 갈가리 찢어버렸다. 가장 먼저 그에게 손을 댄 여인은 바로 그의 어머니 아가우에였다. 그녀는 동생 아우토노에와 함

펜테우스를 잡아 뜯는 아가우에와 이노
아티카 적색상 도기, 기원전 450~425년, 루브르 박물관

마이나데스에게 찢기는 펜테우스
폼페이 베티저택의 벽화, 1세기

께 아들의 사지를 찢고 머리를 몸에서 뜯어냈다. 그리고는 아들의 머리를 지팡이에 꽂고 자랑스레 테바이 시내로 돌아왔다. 그것을 사자의 머리라고 여겼던 것이다. 그녀는 아버지 카드모스를 만나고 나서야 자신이 아들을 끔찍하게 살해하였음을 깨달을 수 있었다.

이로써 디오니소스는 어머니 세멜레가 예전에 자매들로부터 받았던 경멸과 중상모략에 대해서도 복수를 했다. 펜테우스의 어머니 아가우에와 다른 자매들은 세멜레가 제우스의 사랑을 받고 있을 때 인간과 밀통을 하고도 상대가 제우스라고 거짓말을 한다고 조롱했을 뿐만 아니라, 그녀가 헤라의 꼬임에 넘어가 제우스에게 신으로서의 본 모습을 보여 달라고 했다가 타 죽은 뒤에는 거짓말을 하다가 날벼락을 맞았다고 모함했다.

펜테우스가 죽고 난 뒤 테바이의 왕위는 카드모스의 아들이자 펜테우스의 숙부인 폴리도로스에게로 넘어갔다. 폴리도로스는 오이디푸스의 직계 조상이고, 나중에 오이디푸스에 이어 테바이의 왕이 된 크레온과 오이디푸스의 어머니이자 아내인 이오카스테는 모두 펜테우스의 후손이다.

펜테우스 모자이크
님(Nimes)
©G CHP@Wikimedia(CC BY-SA)

펠라스고스 **Pelasgus**

요약

  그리스 신화에는 여러 명의 펠라스고스가 등장한다. 이들은 모두 그리스 땅에 정착한 가장 오래된 종족 중 하나로 간주되는 펠라스고이족의 시조들이다.

기본정보

구분	왕
외국어 표기	그리스어: Πελασγός

인물관계

  아르카디아의 펠라스고스는 강의 신이자 그리스 신화에 등장하는 최초의 아르고스 왕 이나코스의 후손이며, 인간으로 태어난 최초의 여성 니오베와 제우스가 관계하여 낳은 아들이다. 그는 오케아니데스인 멜리보이아와 결혼하여 리카온을 낳았는데, 아르카디아인들의 시조인 아르카스가 리카온의 손자이므로 펠라스고스는 아르카디아인들의 직계 조상이 된다.

  아르고스의 펠라스고스는 아르카디아의 펠라스고스와 형제지간인 아르고스의 직계 후손이며 그의 딸 라리사는 포세이돈과 관계하여 테살리아의 펠라스고스를 낳았다.

신화이야기

아르카디아의 펠라스고스

　아르카디아의 펠라스고스는 인간으로 태어난 최초의 여성 니오베와 제우스 사이에서 난 아들로, 아르카디아 지역을 다스리기 시작한 최초의 왕이다. 다른 설에 따르면 펠라스고스는 땅에서 솟아났으며 아르카디아 지역에 발을 디딘 최초의 인간이라고도 한다.

그가 다스리던 시기에 그 지역은 아직 아르카디아란 지명을 얻지 못했고, 펠라스기아라고 불렸다. 펠라스고스는 그곳의 주민들에게 비바람을 피할 수 있는 집을 짓는 법과 양털로 옷을 만들어 입는 법을 가르쳐주었으며, 잡초나 나무뿌리 대신 영양이 풍부한 도토리를 먹을 수 있는 방법도 알려주었다고 한다. 그는 또 제우스 신을 숭배하는 최초의 신전도 지었다고 알려져 있다. 하지만 다른 이야기에 의하면 제우스 신전을 지은 사람은 아르고스의 트리오파스 왕의 아들 펠라스고스라고 한다.

펠라스고스는 오케아노스의 딸 멜리보이아(혹은 님페 킬레네)와 결혼하여 아들 리카온을 낳았다. 리카온은 이 지역이 아르카디아라는 이름으로 불린 기원이 된 아르카스의 외조부이다.

아르고스의 펠라스고스

아르고스의 펠라스고스는 아르고스의 왕 트리오파스와 소이스 사이에서 난 아들로 이아소스, 아게노르, 크산토스 등과 형제지간이며, 데메테르 여신에게 페르세포네의 유괴를 알려준 크리산티스도 그의 누이로 간주된다.

그는 데메테르 여신에게 신전을 지어 바쳤는데, 파우사니아스가 살던 2세기까지도 신전 곁에 펠라스고스의 무덤이 있었다고 한다.

펠라스고스는 형제 이아소스와 함께 아르고스 왕국을 통치했는데, 각각 동쪽 지역과 서쪽 지역을 맡아서 다스렸다. 이때 그는 자신의 통치 지역에 성벽을 쌓고 그것에 자신의 딸 라리사의 이름을 붙여주었다고 한다.

테살리아의 펠라스고스

테살리아의 전설에도 펠라스고스라는 이름이 등장한다. 여기서 펠라스고스는 라리사의 아버지가 아니라 그녀가 포세이돈과의 사이에서 낳은 아들로, 아르고스의 펠라스고스의 손자다. 그는 다른 두 형제 아카이오스, 프티오스와 함께 고향 아르고스를 떠나 테살리아 쪽으로 가서 아카이아, 프티오티스, 펠라스기오티스 등을 건설하였다.

그 후 펠라스고이족의 일부는 이탈리아로도 건너갔다고 한다.

신화해설

펠라스고스의 신화는 선사시대에 펠로폰네소스 지역에서 살았던 그리스인들의 이야기다. 이곳에 처음 정착하여 오두막을 짓고 농경문화를 발전시킨 펠라스고이족은 자신들의 시조를 최초의 인간으로 보거나 아니면 최초의 여성 니오베가 제우스와 관계하여 낳은 자식으로 묘사하고 있다.

이후 펠라스고이족은 아르카디아와 아르고스 등 펠레폰네소스 전역과 테살리아 지역으로도 거주지를 확산하면서 각처에 펠라스고스란 이름을 남겼다. 펠라스고스가 아르고스에 최초로 곡물의 여신 데메테르의 신전을 세운 것은 그가 농경문화의 시조임을 보여준다고 하겠다.

펠레우스 Peleus

요약

그리스 신화에 나오는 프티아의 왕이다.

아르고호의 모험, 칼리돈의 사냥, 헤라클레스의 트로이 원정 등에 동
참한 영웅이다. 바다의 여신 테티스와 결혼하여 아킬레우스를 낳았다.

기본정보

구분	왕
외국어 표기	그리스어: Πηλεύς
어원	진흙, 점토
관련 신화	아르고호 원정대의 모험

인물관계

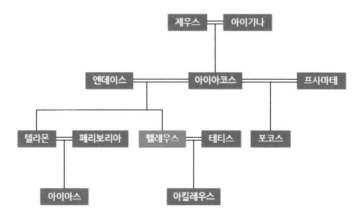

펠레우스는 아이기나 섬의 전설적인 왕 아이아코스와 스키론의 딸

엔데이스 사이에서 난 아들로, 텔라몬과 친형제간이고 프사마테가 낳은 포코스와는 이복형제 사이다. 바다의 여신 테티스와 결혼하여 트로이의 영웅 아킬레우스를 낳았다.

신화이야기

아이기나에서의 추방

펠레우스는 젊은 시절 친형 텔라몬과 함께 이복동생 포코스를 죽인 죄로 아버지 아이아코스에 의해 고향 아이기나 섬에서 추방당했다. 두 형제는 포코스가 운동에 뛰어난 능력을 지닌 것을 시기하여 죽이기로 모의하고 누가 죽일 것인지를 제비뽑기로 정했다. 제비를 뽑은 텔라몬은 원반으로 포코스의 머리를 맞혀서 죽였고 시체를 몰래 숲에 묻었지만 두 형제의 범행은 곧 발각되었다. 고향에서 추방된 텔라몬은 살라미스로 갔고, 펠레우스는 테살리아 지방의 프티아로 갔다.

에우리티온과 펠레우스

펠레우스는 프티아의 왕 에우리티온의 궁으로 가서 죄를 씻었고, 왕은 펠레우스에게 딸 안티고네(혹은 폴리멜레)와 나라의 3분의 1을 내주었다. 펠레우스는 안티고네와의 사이에서 딸 폴리도라도 얻었다. 하지만 동맹은 오래가지 않았다. 펠레우스가 에우리티온과 함께 칼리돈의 사냥에 참가했다가 실수로 장인을 죽이고 말았기 때문이다. 펠레우스는 다시 그곳에서 추방되어 이번에는 이올코스의 왕 아카스토스의 궁으로 갔다.

아카스토스와 펠레우스

펠리아스의 아들 아카스토스는 펠레우스와 함께 아르고호 원정에

펠레우스와 아탈란테의 씨름
아티카식 도기, 기원전 500년, 뮌헨 국립고대미술박물관

나섰던 인물이다. 아카스토스 왕은 다시 펠레우스의 죄를 정화시켜주었다. 이곳에서 펠레우스는 아르고호의 영웅이라는 칭호로 불리었고, 아카스토스의 아버지 펠리아스를 추모하는 장례 경기에도 참가하여 이름을 날렸다. 이때 열린 펠레우스와 여전사 아탈란테의 씨름 경기는 특히 유명하다. 승패는 전해지는 이야기에 따라 다르지만 대체로 아탈란테가 승리한 것으로 묘사된다.

그런데 다시 문제가 발생했다. 아카스토스의 아내 아스티다메이아가 펠레우스의 모습에 반한 것이다. 아스티다메이아는 그에게 밀회를 청했지만 펠레우스는 아카스토스의 우정을 배신할 수 없어 이를 거절했다. 그러자 아스티다메이아는 오히려 그가 자신에게 흑심을 품고 있다며 남편에게 모함했다. 그녀는 또 안티고네에게 사람을 보내 펠레우스가 아카스토스와 자신의 딸인 스테로페와 결혼을 하려 한다는 거짓 소식을 전했다. 안티고네는 절망하여 목을 매고 죽었다.

아카스토스는 자기 손으로 죄를 씻어준 펠레우스를 직접 죽이고 싶지 않아 다른 방식으로 그에게 죽음을 내리기로 마음먹었다. 아카스토스는 펠레우스에게 함께 펠리온 산으로 사냥을 가자고 했다. 사냥터에서 날이 어두워지자 그는 사냥에 지쳐 잠든 펠레우스를 홀로 남겨두고 산에서 내려왔다. 펠레우스는 곧 그곳에 사는 포악한 켄타우로스들에게 포위당했다. 그는 맞서 싸우려고 헤파이스토스가 만들어준 자신의 칼을 찾았지만 칼은 칼집에 없었다. 아카스토스가 그를 켄타우로스들의 손에 살해당하게 하려고 몰래 칼집에서 칼을 빼내서 소똥 속에 감춰두었던 것이다. 하지만 켄타우로스족의 현자 케이론이 사태를 파악하고 숨겨둔 칼을 되찾아 준 덕에 펠레우스는 위기에서 벗어날 수 있었다.

진상을 알고 난 펠레우스는 복수에 돌입했다. 그는 아르고호에 같이 탔던 동료 이아손과 디오스쿠로이(카스토르와 폴리데우케스)에게 도움을 청하여 함께 아카스토스를 공격했다. 펠레우스 일행은 이올코스를 함락시킨 뒤 아스티다메이아를 죽이고 그 시체를 갈가리 찢어서 길바닥에 뿌렸다. 그리고 그것을 밟으며 이올코스에 입성했다. 그 후 펠레우스는 이올코스를 이아손의 아들 테살로스에게 주고 프티아로 돌아가서 그곳의 왕국을 손에 넣었다. 이때부터 이올코스 주변 지역은 테살로스의 이름을 따서 테살리아라고 불렸다.

바다의 여신 테티스와 결혼

펠레우스는 해신(海神) 네레우스의 딸 테티스와 결혼했고, 태어난 아들이 바로 트로이의 영웅 아킬레우스다. 펠레우스와 테티스의 결혼에는 숨겨진 사연이 있었다. 원래는 제우스가 아름다운 여신 테티스를 탐하였는데, 그녀가 낳는 아들이 아버지보다 더 위대해질 것이라는 프로메테우스의 예언이 두려워 서둘러 인간과 결혼시켰던 것이다.

제우스의 결정에도 불구하고 테티스는 인간과 맺어지기를 거부했다. 그녀는 아버지 네레우스처럼 여러 가지 모습으로 변신하면서 펠레우스의 손길을 피해 도망쳤다. 하지만 펠레우스는 케이론의 조언에 따라 그녀가 어떤 모습으로 변신하든 개의치 않고 끝까지 꼭 붙들고 놓치지 않은 덕분에 결국 결혼 승낙을 얻어낼 수 있었다. 펠레우스는 나중에 아들 아킬레우스의 교육도 케이론에게 맡겼다.

펠레우스와 테티스의 결혼식에는 올림포스의 모든 신들이 초대되었는데 불화의 여신 에리스만이 초대를 받지 못했다. 이에 분노한 에리스가 불청객으로 연회장에 찾아와 던져준 것이 유명한 파리스의 황금 사과였다. 나중에 파리스가 이 사과를 아테나, 헤라, 아프로디테 세 여신 중 아프로디테에게 주는 바람에 트로이 전쟁이 벌어지게 된다.

펠레우스와 테티스의 결혼 생활은 그다지 행복하지 못했다. 테티스는 펠레우스와의 사이에서 여러 명의 자식을 낳았지만, 그들을 불사의 존재로 만들려다 모두 죽이고 말았다. 펠레우스는 그녀가 막내아들 아킬레우스를 또 다시 불 속에 넣는 것을 보고 급히 아들을 빼앗았다. 하지만 아이의 발이 이미 불에 타서 못 쓰게 되었다. 펠레우스는 아들을 데리고 케이론을 찾아갔고, 케이론은 죽은 켄타우로스의 발을 잘라서 아이에게 이식하였다.

그녀는 또 아들에게 상처 입지 않는 몸을 주기 위해 아이를 스틱스 강물에 담갔는데, 이때 발목을 붙잡고 담그는 바람에 물이 닿지 않은 발목 부위가 아킬레우스의 유일한 약점이 되었다.

펠레우스와 테티스의 결혼식
한스 로텐함머(Hans Rottenhammer), 16세기말, 예르미타시 미술관

이 약점으로 인해 아킬레우스가 트로
이 전쟁에서 죽자 이미 고령이 된 펠레
우스는 아카스토스의 아들들에 의해
프티아에서 쫓겨나 코스 섬으로 갔다.
그곳에서 펠레우스는 트로이 전쟁에서
돌아온 손자 네오프톨레모스와 만났고,
네오프톨레모스는 프티아로 가서 아카
스토스의 아들들을 죽이고 할아버지
펠레우스를 다시 프티아로 복귀시켰다.
나중에 그는 아가멤논의 아들 오레스테
스에 의해 다시 프티아에서 쫓겨나 코
스 섬으로 갔는데, 그곳에서 손자 네오

**켄타우로스족 케이론에게 아들 아킬
레우스의 교육을 맡기는 펠레우스**
에레트리아 도기, 기원전 500년
아테네 국립고고학박물관
©Marsyas@Wikimedia(CC BY-SA)

프톨레모스마저 죽었다는 소식을 접하고 시름에 빠져 지내다 죽었다.
또 다른 이야기에 따르면 만년에 테티스가 다시 펠레우스를 찾아와
불사신으로 만들어주고 바다에서 함께 살았다고도 한다.

449

신화해설

펠레우스라는 이름은 진흙이나 점토를 뜻하는 그리스어 '펠로스'에
서 나온 것이다. 그리고 테티스는 바다의 여신으로 물이 의인화된 성
격을 띠고 있다. 그러므로 둘의 결합은 생명의 탄생을 암시하는 것으
로 해석될 수 있다. 실제로 일부 신화에서는 펠레우스와 테티스의 결
혼식에 에리스 외에도 태양의 신 아폴론도 참석할 수 없었다고 말한
다. 태양빛에 말라 버린 진흙에서는 더 이상 생명이 잉태될 수 없기
때문이다.

펠로페이아 Pelopia

요약

펠로페이아는 아이기스토스의 어머니이다.

어느 날 밤 낯선 남자에게 겁탈을 당한 그녀는 그 범인이 자신의 아버지 티에스테스라는 것을 몰랐지만, 시간이 흘러 아버지가 형 아트레우스에게 복수할 심산으로 자신을 겁탈하고 아들 아이기스토스를 낳게 했다는 사실을 알게 되어 자살하였다.

기본정보

구분	공주
상징	근친상간
외국어 표기	그리스어: Πελόπεια
별칭	펠로피아
관련 신화	탄탈로스 가문의 저주, 티에스테스, 아이기스토스

인물관계

펠로페이아 혹은 펠로피아는 펠롭스의 아들 티에스테스의 딸이자 티에스테스의 형제 아트레우스의 두 번째 부인이다. 그녀는 아버지 티에스테스와 사이에 아이기스토스를 낳았다.

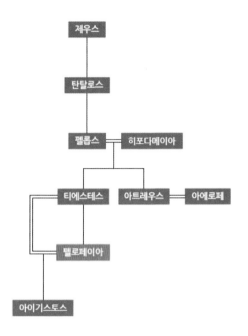

아트레우스의 끔찍한 복수극

티에스테스는 형제 아트레우스와 미케네의 왕좌를 놓고 싸웠다. 아트레우스의 아내 아에로페는 시동생 티에스테스를 사랑하여 티에스테스가 미케네의 왕이 되도록 도왔지만 신들의 뜻으로 아트레우스가 결국 미케네의 왕이 되었다.

아내 아에로페와 동생 티에스테스의 불륜을 알게 된 아트레우스는 복수를 다짐하였다. 그는 동생에게 전령을 보내어 화해를 요청하면서 겉으로 티에스테스를 뜨겁게 반겼지만 마음 속으로는 끔찍한 복수를 계획하고 있었다. 그는 티에스테스의 아들이자 조카인 아글라오스, 칼릴레온, 오르코메노스를 죽였다. 3명의 조카는 제우스의 제단에 몸을 피하고 아트레우스에게 살려달라고 애원했지만 분노에 찬 아트레우스를 저지하지 못하였다. 아트레우스는 그들의 사지를 제외한 나머지를 토막 내어 요리를 해서 티에스테스에게 내놓았다. 이런 사실을 까마득하게 모르고 있는 티에스테스는 음식을 배불리 먹었고, 곧 아트레우스가 티에스테스에게 그의 아들들의 사지를 내보이며 음식의 재료를 밝혔다. 그는 망연자실한 티에스테스를 그의 나라에서 추방했다.

복수의 악순환

티에스테스의 복수는 작가마다 조금씩 변형되어 전해진다.

『비블리오테케』에는 티에스테스의 복수의 과정이 간단하게 설명되어 있다. 세 아들을 잔인하게 잃고 얼떨결에 자신의 아들까지 먹은 티에스테스는 복수의 칼을 갈았다. 그가 어떻게 하면 복수를 할 수 있을지 신에게 묻자 딸 펠로페이아와 사이에서 아들을 낳으면 그 아들이 복수를 할 것이라는 신탁을 들었다. 펠로페이아와 동침을 하고 그들 사이에서 아들 아이기스토스가 태어났는데, 아이기스토스는 성장하여 자신이 할아버지 티에스테스의 아들임을 알고 아트레우스를 죽이고 티에스테스에게 왕권을 되찾아주었다.('아이기스토스' 참조)

히기누스의 『이야기』 87에 따르면 티에스테스는 신탁에 따라 아트레우스에게 복수하기 위해 펠로페이아를 강제로 범하였다. 그 후 펠로페이아는 아들을 낳아 몰래 버리지만 양치기들이 그를 발견하여 키웠다. 아이기스토스라는 이름은 '염소'라는 뜻인 그리스어 'aega'에서 유래한 것이다.

『이야기』 88에 따르면 미케네에서 추방당한 티에스테스는 시키온으로 도망쳐 그곳에서 제물을 올리고 있던 자신의 딸 펠로페이아를 발견하고 강제로 범하였다.(그는 펠로페이아가 자신의 딸인지 몰랐다고도 한다) 펠로페이아는 아버지가 자신을 범했다는 사실을 모른 채 후일을 위해 그의 칼을 몰래 빼서 아테나의 신전에 감춰 놓았다. 한편 아트레우스는 자신의 악행 때문에 나라에 흉년이 들자 신탁에 따라 티에스테스에게 다시 왕권을 주기로 했다.

티에스테스를 찾아가던 도중에 그는 테스프로토스 왕의 궁전에서 펠로페이아를 보고 사랑에 빠졌고, 테스프로토스에게 펠로페이아와의 결혼을 허락받았다. 그때 이미 그녀의 뱃속에는 티에스테스의 아들이 자라고 있었는데, 그녀는 아이가 태어나자 바로 내다 버렸다. 그러나 아이는 목동에게 발견되고 목동은 염소의 젖으로 아이를 키웠다. 아트레우스는 펠로페이아의 아이를 찾아내어 그 아이가 티에스테스의 아들인지도 모르고 자신의 아들로 받아들였다. 그 후 아트레우스는 자신의 두 아들 아가멤논과 메넬라오스에게 티에스테스를 찾아오도록 했고, 그들은 델피의 신전에서 아트레우스에게 복수할 방법을 묻고 있는 티에스테스를 발견하고 그를 붙잡아 아트레우스에게 데려갔다.

아트레우스는 티에스테스를 감옥에 가두고 성인이 된 아이기스토스에게 티에스테스를 죽이라고 명했다. 그때 티에스테스가 아이기스토스의 손에 들린 칼을 보고 누구에게 칼을 받았는지 물었고 아이기스토스는 어머니의 것이라고 했다. 그는 어머니 펠로페이아를 불러 달라고 부탁하였고, 그녀는 자신이 과거에 모르는 남자에게 한밤중에 강간을 당했는데 그날 아이기스토스를 임신했다고 고백했다. 이윽고 당시 그 남자가 바로 자신의 아버지임을 알게 된 펠로페이아는 칼을 낚아채어 자신의 가슴을 찔러 목숨을 끊고, 아이기스토스는 어머니의 가슴에서 피 묻은 칼을 뽑아 아트레우스에게 건넸다.

아트레우스는 티에스테스가 죽었다고 믿고 바닷가에서 신에게 감사의 제물을 바쳤다. 그때 아이기스토스가 아트레우스를 칼로 찔러 죽였고 티에스테스와 아이기스토스는 아트레우스의 왕권을 되찾았다.

펠롭스 Pelops

요약

펠롭스는 제우스의 손자이자 탄탈로스의 아들이다.

아내 히포다메이아와 사이에 아트레우스와 티에스테스를 낳았다. 펠롭스는 엘니스의 피사의 왕 오이노마오스와의 마차 경주에서 이기고 그의 딸 히포다메이아와 결혼했는데 이 경주는 정정당당한 경주가 아니었다. 오이노마오스의 마부 미르틸로스를 매수하여 이긴 이 마차 경주로 인해 펠롭스의 집안은 피로 얼룩지게 된다.

기본정보

구분	피사의 왕
외국어 표기	그리스어: Πέλοψ
관련 지명	펠로폰네소스
관련 신화	탄탈로스, 히포다메이아, 미르틸로스

인물관계

제우스의 손자이며 탄탈로스의 아들인 펠롭스의 어머니로 디오네, 에우리아나사 혹은 에우리테미스타 등이 거론된다. 펠롭스는 피리기아나 리디아에서 태어났는데 고향을 떠나 그리스로 가서 피사 또는 올림피아의 왕인 오이노마오스의 딸 히포다메이아와 결혼을 하고 오이노마오스의 왕권을 넘겨 받았다.

펠롭스는 히포다메이아와의 사이에서 많은 자식을 낳았다. 아들로는 피테우스, 트로이젠, 알카토오스, 디모에테스, 플레이스테네스, 아트레우스, 티에스테스, 코프레오스, 히팔시모스, 클레오네스와 레트레오스 등이 있다. 그들의 딸들 중 아스티다메이아, 니키페, 리시디케, 에우리디케 등은 페르세우스 집안과 결혼하였다. 또한 펠롭스는 님프 악시오케 혹은 다나이스와 사이에서 크리시포스를 얻었다.

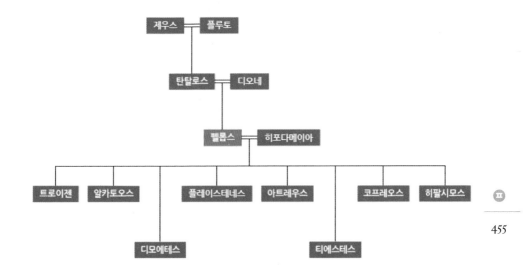

신화이야기

펠롭스의 어깨뼈

펠롭스의 아버지 탄탈로스는 어느 날 올림포스의 신들의 방문을 받았다. 그는 신들의 예지력을 시험하기 위해 아들 펠롭스를 토막 내어 요리한 후 신들의 식탁에 올리지만 신들은 이를 곧바로 알아차리고 요리에 손도 대지 않았다. 그러나 딸을 잃은 슬픔에 정신이 없던 데메테르는 무심코 펠롭스의 어깨 일부분을 먹어 치웠다. 그 후 신들은 펠롭스의 토막 난 사지를 맞춰 그를 다시 살려내고 데메테르가 먹은 어깨는 상아로 대치하였다. 이렇게 펠롭스는 아버지에게 살해되기 전보다 훨씬 아름다운 모습으로 다시 태어났다.

한편 매력적인 청년 펠롭스에게 반한 포세이돈은 그에게 물 한 방울 묻히지 않고 바다를 달릴 수 있는 날개달린 마차를 선물했다.(일설에 의하면 펠롭스를 사랑한 포세이돈은 그를 하늘로 데려가 그의 하인으로 삼는 다. 펠롭스의 아버지 탄탈로스는 아들을 이용해 넥타르와 암브로시아를 훔치 려다 발각된다. 이것이 빌미가 되어 펠롭스는 지상으로 쫓겨나지만 그를 여전히 사랑한 포세이돈은 그에게 날개달린 말들을 선물한다)

트로이 전쟁이 막바지로 치닫고 있을 때 트로이 왕 프리아모스의 아 들이며 예언자인 헬레노스가 그리스군에게 잡혔다. 헬레노스는 트로 이를 함락시키기 위해서는 그리스군이 펠롭스의 어깨뼈를 가져와야 한다고 말했다. 파우사니아스의 『그리스 이야기』에 따르면 그리스 함 대는 피사에서 펠롭스의 어깨뼈를 가지고 돌아오다 난파되고 말았다. 이 와중에 없어진 펠롭스의 어깨뼈는 여러 해가 지난 뒤 에우보이아 섬 근처에서 어부 다마르메노스가 바다에서 건져 모래 속에 숨겨두었 는데 델피에서 그 뼈가 누구의 것인지 알게 되었다.

한편 엘리스에 역병이 돌자 엘리스의 사신이 델피로 파견되어 신의 뜻을 묻는데 아폴론의 신탁을 받은 델피의 여사제는 다마르메노스에 게서 펠롭스의 뼈를 되찾아야 한다는 신탁을 내렸다. 다마르메노스는 엘리스에게 펠롭스의 뼈를 돌려주었고 엘리스 사람들은 그를 펠롭스 뼈의 수호자로 임명하였다.

펠롭스의 결혼

고향을 떠난 펠롭스는 그리스 펠로폰네소스 반도 서쪽의 피사의 왕 오이노마오스에게 갔다. 그는 그곳에서 피사의 공주 히포다메이아에 게 청혼하였다.

오이노마오스 왕은 누구도 사위로 맞을 마음이 없었는데 아마도 자 신의 딸을 극진히 사랑했기 때문일 수도 있고 사위의 손에 죽게 될 것

이라는 신탁 때문일
수도 있다. 어쨌든
누구도 목숨을 바칠
각오를 하지 않고는
히포다메이아를 아
내로 맞이할 수가
없었다. 오이노마오
스 왕은 아름다운
히포다메이아에게

펠롭스와 오이노마오스의 전차경주

반해 그녀를 원하는 구혼자들을 물리치기 위해 한 가지 계략을 생각
해냈는데, 자신의 딸과 결혼하고 싶은 남자는 먼저 자기와 코린토스
의 이스트모스까지 전차 경주를 해서 이겨야 한다고 말했다.

오이노마오스와 구혼자들의 마차 경주가 시작되었고 히포다메이아
를 전차에 태운 구혼자가 먼저 쏜살같이 목적지를 향해 달렸다. 아레
스의 아들 오이노마오스는 완전 무장을 한 후 추격에 나섰고 곧 구혼
자를 따라잡아 그 자리에서 목을 베어 죽였다. 이렇게 그의 손에 죽
은 구혼자의 수가 12명이나 되었다고 한다. 그는 구혼자의 목을 자신
의 궁궐 문 앞에 걸어두고 미래의 구혼자들에게 공포심을 주었다.

펠롭스 역시 히포다메이아의 구혼자의 행렬에 끼어들었다. 히포다메
이아는 잘생긴 펠롭스에게 반했고 아버지의 마부 미르틸로스를 설득
해 펠롭스를 돕도록 했다. 히포다메이아를 사랑한 미르틸로스는 사랑
하는 여자의 마음을 기쁘게 하고자 그녀의 소원을 들어주는데 자신
이 섬겨야 할 왕의 마차 바퀴의 축을 풀어놓았다.(그리스 역사가 페레키
데스에 따르면 미르틸로스는 청동으로 된 굴대 못 대신 밀랍 굴대 못을 끼웠다
고 한다) 결국 오이노마오스는 경주에서 지고 말고삐에 감겨 끌려가다
가 목숨을 잃었다. 오이노마오스는 죽으면서 미르틸로스의 음모를 알
아차리고 그가 펠롭스의 손에 죽게 해달라고 저주하였다.

펠롭스와 히포다메이아
기원전 27년~서기 68년, 로마 시대의 테라코타 조각

마차 경주에서 이기고 히포다메이아를 아내로 맞은 펠롭스는 미르틸로스와 함께 길을 떠났다. 도중에 아내가 목이 마르다고 하자 그는 목마른 아내를 위해 둘만 남겨 놓고 물을 찾으러 갔는데 그 사이에 미르틸로스가 히포다메이아를 겁탈하려 했다. 펠롭스가 돌아오자 히포다메이아는 이 사실을 알렸고 격노한 펠롭스는 그를 바다로 밀어버렸다.(다른 이야기에 의하면 펠롭스는 미르틸로스에게 그를 도와주면 제국의 반을 주고 히포다메이아와 첫날밤을 보내게 해주겠다는 약속으로 미르틸로스를 매수한다. 그러나 미르틸로스가 펠롭스의 약속대로 히포다메이아와 하룻밤을 보내려고 하자 그를 바닷가 벼랑에서 밀어 죽여버린다)

오케아노스로 간 펠롭스는 헤파이스토스에게 자신의 죄를 용서 받고 피사로 돌아와 오이노마오스의 뒤를 이어 엘리스의 피사의 왕이 되었다. 펠롭스는 피사의 왕이 되기 전에 아피아 또는 펠라스기오티스를 정복하고 자신의 이름을 따 펠로폰네소스('펠롭스의 섬'이라는 뜻)라고 불렀다.

미르틸로스의 저주

헤르메스의 아들 미르틸로스는 죽기 전에 펠롭스 가문에 끔찍한 저주를 퍼부었다. 히기누스에 따르면 펠롭스의 아들 아트레우스와 티에스테스는 어머니 히포다메이아의 사주로 배다른 형제 크리시포스를 죽였는데, 이 일로 아트레우스와 티에스테스는 그들의 어머니 히포다

메이아와 함께 추방당하였고, 히포다메이아는 목을 매어 자살했다.

미르틸로스의 저주로 펠롭스 가문은 자식 대 뿐만 아니라 손자 아가멤논, 아이기스토스, 메넬라오스와 증손자 오레스테스에 이르기까지 피로 얼룩지게 되는데 아가멤논의 아들 오레스테스, 즉 펠롭스의 증손자가 아버지 아가멤논을 죽인 어머니 클리타임네스트라와 어머니의 정부 아이기스토스를 죽이는 비극으로 이어진다.

펠롭스와 아이아코스

아폴로도로스는 펠롭스의 잔인하고 야비한 성격을 보여주는 일화를 『비블리오테케』에 적고 있다. 펠롭스는 아르카디아의 왕 스팀팔로스와 전쟁을 벌였는데 아르카디아를 정복할 수 없다는 것을 깨닫고 교활한 술책을 생각해냈다. 마치 휴전 협정을 맺을 것처럼 스팀팔로스를 속인 후 그를 죽여버린 것이다. 펠롭스의 야비한 행동은 이것으로 끝나지 않았다. 그는 스팀팔로스의 사지를 토막 내 사방에 흩어버렸다. 이 일로 그리스는 신들의 분노를 사게 되어 그리스 어디에서도 곡식이 자라지 않게 되는 심각한 흉년을 겪었다. 신탁에 따라 그리스를 재앙에서 벗어날 수 있게 해줄 수 있는 단 한 사람은 "모든 인간 중에서 가장 경건하다"고 하는 아이아코스였다. 그는 제우스와 아소포스의 딸 아이기나의 아들인데 아이아코스가 그리스를 위해 기도하면 그리스는 불모의 상태에서 벗어날 것이라는 신탁이 내려졌다.

아이아코스가 신들에게 은총을 구하는 기도를 드리자 그리스의 대지는 다시 살아났고 열매를 맺게 되었다.

또 다른 펠롭스

카산드라와 아가멤논의 아들 펠롭스가 있는데 텔레다모스와 쌍둥이다.

펠리아스 Pelias

요약

그리스 신화에 나오는 이올코스의 왕이다.

적법한 왕위 계승자로서 이올코스의 왕위를 요구하는 영웅 이아손에게 펠리아스가 황금 양털을 가져오면 요구를 들어주겠다고 하여 이아손의 아르고호 원정대를 탄생시켰다. 노년의 펠리아스는 젊어지게 해주겠다는 메데이아의 말에 속아 펄펄 끓는 가마솥 안에서 비참한 최후를 맞았다.

기본정보

구분	이올코스의 왕
상징	과욕
외국어 표기	그리스어: Πελίας
어원	말발굽에 채인 자
관련 신화	아르고호 원정대의 모험

인물관계

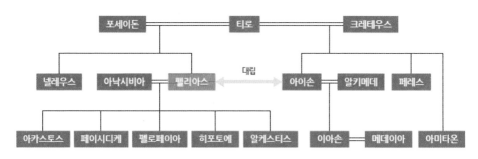

살모네우스 왕의 딸 티로는 강의 신 에니페우스로 변신한 포세이돈과 사이에서 쌍둥이 펠리아스와 넬레우스를 낳았고, 이올코스의 왕 크레테우스와의 사이에서는 세 아들 아이손, 페레스, 아미타온을 낳았다. 펠리아스는 크레테우스 왕의 적자 아이손을 내쫓고 이올코스의 왕위에 올랐고, 아낙시비아와 결혼하여 아들 아카스토스와 페이시디케 등 여러 명의 딸을 낳았다.

신화이야기

출생

펠리아스는 살모네우스 왕의 딸 티로가 포세이돈과 정을 통해서 낳은 쌍둥이 아들 중 하나이며, 또 다른 아들은 넬레우스다. 티로는 원래 강의 신 에니페우스를 사랑하였지만 에니페우스는 그녀의 사랑을 받아주지 않았다. 그러던 중에 티로를 마음에 두고 있던 포세이돈이 에니페우스의 모습으로 변신하여 접근하였고, 티로는 그와 사랑을 나누어 쌍둥이 아들을 낳았다. 얼마 뒤 이올코스의 왕 크레테우스와 결혼하게 된 티로는 두 아들을 몰래 길에다 내다 버렸는데 지나가던 마부들이 아이들을 발견하고 데려가 길렀다. 또 다른 이야기에 따르면 티로는 자신을 몹시 학대하는 계모 시데로가 무서워서 몰래 아이를 낳아 버렸다고도 한다. 펠리아스는 이때 얼굴에 말발굽에 차인 상처가 생긴 바람에 그런 이름이 붙여졌다.

성인이 되어 부모에 대한 진실을 알게 된 두 아들은 어머니를 찾아 갔다. 그리고 펠리아스는 그때까지도 어머니 티로를 괴롭히고 있던 계모 시데로를 죽였다. 시데로는 헤라 여신의 신전으로 피신하였지만 펠리아스는 그에 아랑곳하지 않고 신전 안까지 쫓아가서 살해하였고, 펠리아스는 이 일로 헤라 여신의 진노를 사게 되었다.

이올코스의 왕위에 오른 펠리아스

티로는 크레테우스 왕과의 사이에서 아이손, 페레스, 아미타온 세 아들을 낳았다. 그런데 이들이 아직 어릴 때 크레테우스 왕이 죽자 적법한 왕위 계승권이 있는 이들 형제들을 제치고 펠리아스와 넬레우스가 서로 왕위를 차지하려고 싸웠다. 결국 펠리아스는 넬레우스를 몰아내고 권력을 획득하였고, 쫓겨난 넬레우스는 메세니아로 가서 필로스 왕국을 세웠다.

넬레우스를 쫓아낸 펠리아스는 크레테우스 왕의 맏아들 아이손을 동굴에 유배시키고 다른 두 아들 페레스와 아미타온은 넬레우스와 마찬가지로 나라에서 내쫓은 뒤 이올코스의 왕위에 올랐다. 나중에 아이손이 어른이 되면 왕위를 돌려주겠다는 조건이었지만 펠리아스는 끝내 약속을 지키지 않았다. 펠리아스는 비아스의 딸 아낙시비아와 결혼하여 아들 아카스토스와 딸 페이시디케, 펠로페이아, 히포토에, 알케스티스 등을 낳았다.

아이손은 유배 생활 중에 필라코스 왕의 딸 알키메데와 결혼하여 아들 이아손을 낳았다. 아이손은 아들을 펠리아스의 손에서 지키기 위해 알키메데가 사산하였다고 속이고 이아손을 몰래 켄타우로스 족의 현자 케이론에게 보내 교육시켰다.

이아손의 귀환과 아르고호의 원정

건장한 청년이 된 이아손은 아버지 아이손과 자신의 권리인 이올코스의 왕위를 되찾기 위해 이올코스로 돌아왔다. 오는 길에 이아손은 노파로 변신한 헤라를 등에 업고 시냇물을 건네주다 샌들 한 짝을 잃어버렸는데, 신탁에 따르면 펠리아스는 한쪽 발에만 샌들을 신은 자에게 목숨을 잃게 될 것이라고 했다. 펠리아스는 이아손의 모습을 보고 크게 놀랐다. 그는 이아손을 불러 왕에게 음모를 꾸미는 자가 있다면 어떤 벌을 내리는 것이 좋겠느냐고 물었고, 이아손은 자기라면 절대로 잠들지 않는 용이 지키고 있는 콜키스의 황금 양털을 가져오라고 하겠다고 대답했다. 그러자 펠리아스는 자신이 그 당사자라고 밝히고 이아손에게 그대로 할 것을 명했다. 이아손은 펠리아스의 말을 따를 수밖에 없었다. 그는 곧 그리스 각지에서 영웅들을 모은 뒤 아르고호를 타고 황금 양털을 빼앗으러 원정을 떠났다.

이아손을 보내는 펠리아스
알프레드 처치의 『그리스 비극 작가들의 스토리』에 실린 삽화,
1879년

이아손이 그렇게 떠나자 펠리아스는 자신의 왕권을 더욱 공고히 하려고 이복동생 아이손과 그의 아내 알키메데를 제거하려고 하였다. 펠리아스는 아르고호가 침몰하여 이아손이 죽었다는 거짓 소식을 전했고, 아이손은 스스로 죽음을 택하여 독을 마셨다. 알키메데는 펠리아스에게 저주를 퍼붓고 목을 맸다. 얼마 뒤 황금 양털을 가지고 돌아온 이아손은 부모의 죽음을 전해 듣고 복수를 다짐했다.

펠리아스의 죽음

이아손의 복수는 그 사이 그의 아내가 된 마녀 메데이아를 통해서 이루어졌다. 메데이아는 홀로 이올코스 궁전을 찾아가 늙어가는 펠리아스를 다시 젊게 만들 수 있다며 그의 딸들을 설득했다. 메데이아는 이를 증명하기 위해 직접 늙은 숫양을 죽여 잘게 썬 뒤 끓는 물에 마법의 약초들과 함께 넣고 삶았다. 그리고 잠시 후 솥뚜껑을 열자 팔팔한 어린 양이 뛰쳐나왔다. 이것을 본 펠리아스의 딸들은 메데이아가 가르쳐 준 대로 아버지를 솥에 넣고 삶았지만 펠리아스는 다시 살아나지 않았다. 펠리아스의 딸들은 자신들이 저지른 짓에 경악하여 아르카디아로 달아났고, 이아손은 펠리아스의 아들 아카스토스의 보복이 두려워 왕권을 그에게 양보하고 메데이아와 함께 코린토스로 갔다.

펠리아스에게 황금 양털을 가져온 이아손
아풀리아 적색상 도기, 기원전 340~330년경
루브르 박물관

신화해설

그리스 신화에서 사람을 불에 굽거나 삶고 심지어 그것을 먹기도 하는 것은 실제로 새로운 탄생을 의미하는 사건일 때가 많다. 데메테르는 트리프톨레모스를 불타는 아궁이 속에 집어넣어 불사의 몸을 만들고자 했고, 아르카디아의 시조 아르카스는 외조부의 손에 삶아져 제우스의 식탁에 올랐지만 다시 부활하여 새 나라를 열었다. 디오니소스도 티탄들에게 잡혀 통구이가 되어 잡아먹힌 뒤 다시 태어나 '두 번 태어난 자'라는 별칭을 얻었다. 그러니 이 신화에서 펠리아스의 딸들이 메데이아의 마법을 믿은 것이 영 터무니없는 일은 아니었다. 결국 펠리아스를 죽음에 이르게 한 것은 딸들의 과실이 아니라 우리 민담에 나오는 욕심 많은 혹부리영감처럼 펠리아스 그 자신의 탐욕이라고 볼 수 있다. 왕위를 탐하여 적법한 왕위 계승자를 제거하고 왕권을 차지했지만, 노년에 젊음을 탐하다 죽음을 자초한 것이라 볼 수 있을 것이다.

포다르게 Podarge

요약

그리스 신화에 등장하는 괴조(怪鳥) 하르피이아이 자매 중 한 명이다.

포다르게는 '빠른 발'이라는 뜻이다. 그녀는 서풍 제피로스와 결합하여 바람처럼 빠르고 날랜 발을 지닌 신마(神馬) 크산토스와 발리오스를 낳았다. 크산토스와 발리오스는 트로이 전쟁 때 아킬레우스의 전차를 끌었다.

기본정보

구분	괴물
외국어 표기	그리스어: Ποδάργη
어원	빠른 발

인물관계

포다르게는 바다의 신 타우마스가 오케아노스의 딸 엘렉트라와 결합하여 낳은 딸들인 하르피이아이 자매 중 한 명이다. 다른 자매들의 이름은 아엘로, 오키페테, 켈라이노 등이다.

포다르게는 서풍의 신 제피로스와 결합하여 한 쌍의 신마 크산토스와 발리오스를 낳았다. 그밖에 디오메데스(혹은 디오스쿠로이)가 몰던 두 마리의 말 플로게오스와 하르파고스, 테바이를 공략한 7장군 중 한 명인 아드라스토스가 타던 '검을 갈기의 말' 아리온도 포다르게와 제피로스의 자식이라는 설이 있다.

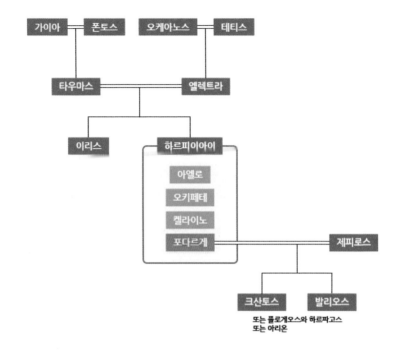

신화이야기

하르피이아이

하르피이아이는 바다의 신 타우마스가 오케아노스의 딸 엘렉트라와 결합하여 낳은 딸들로 날개 달린 새의 몸에 여자의 얼굴을 한 괴물인데, 바람처럼 빨리 날아다니며 약탈을 하고 어린아이나 죽은 자의 영혼을 날카로운 발톱으로 낚아채 간다. 그래서 고대 그리스인들은 물건이나 사람이 갑자기 사라지면 하르피이아이가 가져갔다고 생각했다.

하르피이아이 자매는 2명에서 4명으로 알려졌으며, 이름은 아엘로(질풍), 오키페테(빠른 비상), 켈라이노(폭풍우를 잔뜩 머금은 먹구름과 같은 어둠), 포다르게(빠른 발) 등 자연현상이나 움직임과 관련이 있다.

하르피이아이의 외모는 추하고 무시무시한 모습으로 알려졌는데 메두사처럼 처음에는 아름다운 처녀였다가 추한 괴물로 변했다고도 하고, 처음부터 무서운 눈을 가진 마녀였다고도 한다. 하지만 간혹 날개를 가진 아름다운 여인으로 묘사되기도 하였다.

무지개의 여신 이리스도 이들과 자매지간이다.

날개를 펼친 하르피이아

포다르게와 제피로스

포다르게는 오케아노스 강변의 초원을 날아다니다 서풍의 신 제피로스와 결합하여 자식을 낳았는데, 이들이 바로 트로이 전쟁에서 아킬레우스의 전차를 몰았던 바람처럼 빠른 신마(神馬) 크산토스와 발리오스였다. 그 중 크산토스는 비록 말의 몸으로 태어났지만 사람처럼 말도 할 수 있었다고 한다. 크산토스는 아킬레우스가 파트로클로스의 죽음을 막지 못한 것을 질책하자 그것은 자신들의 탓이 아니라 아폴론이 헥토르를 도왔기 때문이라고 변명하였고, 또 아킬레우스에게 죽을 날이 멀지 않았다고 경고하기도 했다. 크산토스의 경고에 아킬레우스는 이미 알고 있는 일이라며 대수롭지 않게 대답했다. 하지만

하르피이아이
귀스타브 도레(Paul Gustave Dore), 19세기

크산토스는 인간의 운명을 함부로 발설한 죄로 복수의 여신 에리니에스에 의해 다시는 말을 할 수 없게 되었다.

다른 전승에 따르면 디오메데스(혹은 디오스쿠로이)가 몰던 2마리의 말 플로게오스와 하르파고스, 테바이를 공략한 7장군 중 한 명인 아드라스토스가 타던 '검을 갈기의 말' 아리온도 포다르게와 제피로스의 자식이라고 한다.

포다르게가 이리스 여신의 다른 이름이기도 했노 있다. 이리스 여신은 서풍의 신 제피로스와 사이에서 에로스를 낳았다고 한다.(에로스의 출생에 대해서는 그밖에도 여러 가지 이야기가 있다)

포달레이리오스 Podalirius, Podaleirios

요약

그리스 신화에 나오는 의술의 신 아스클레피오스의 아들이다.

형 마카온과 함께 트로이 전쟁에 참여하여 전사와 의사로서 뛰어난
활약을 하였다. 특히 헤라클레스의 활을 가진 필록테테스의 악취 나
는 상처를 치료한 것으로 유명하다.

기본정보

구분	영웅
상징	군의관
외국어 표기	그리스어: Ποδαλείριος
어원	백합의 밑동
관련 신화	트로이 전쟁

인물관계

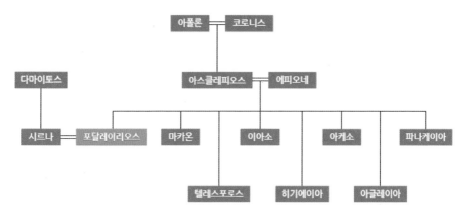

포달레이리오스는 아폴론의 아들인 의술의 신 아스클레피오스와 아픈 이들의 고통을 달래주는 여신 에피오네 사이에서 태어난 아들로, 두 명의 남자 형제(마카온, 텔레스포로스)와 다섯 명의 여자 형제(파나케이아, 히기에이아, 이아소, 아케소, 아글레이아)가 있다.

포달레이리오스는 카리아의 왕 다마이토스의 딸 시르나와 결혼하였다.

신화이야기

트로이 전쟁에 전사이자 군의관으로 참전

포달레이리오스와 마카온은 둘 다 헬레네의 구혼자였기 때문에 트로이 전쟁에 참여해야 했다.('틴다레오스' 참조) 활쏘기에 능했던 두 형제는 전쟁에서 전사이자 의사로서 중요한 역할을 하였다.

포달레이리오스는 형 마카온으로부터 의술을 배웠다고도 하지만 형보다 더 뛰어난 의사로 간주된다. 마카온은 외과 의술, 포달레이리오스는 내과 의술에 능했다고 한다.

의술과 관련하여 이들의 대표적인 활약은 전쟁의 승리를 위해 핵심적인 인물이었던 필록테테스의 상처를 치료한 일이다. 헬레노스의 예언에 따르면 트로이를 함락하기 위해서는 헤라클레스의 활이 반드시 필요한데, 그것을 갖고 있는 필록테테스를 그리스군이 배를 타고 트로이로 오는 도중 뱀에 물린 그의 상처에서 악취가 난다고 렘노스 섬에 홀로 남겨두고 왔던 것이다.('필록테테스' 참조)

두 형제(둘 중 누가 그의 상처를 치료했는지는 분명하지 않다)는 아폴론의 도움으로 필록테테스를 깊은 잠에 빠뜨린 뒤 상처 부위를 절개하고 썩은 살을 도려내어 치료하였다고 하는데, 일각에서는 이를 인류 최초의 마취 수술로 보기도 한다.

카리아에 정착한 포달레이리오스

 마카온은 전쟁 중에 아마조네스의 여왕 펜테실레이아의 손에 목숨을 잃었지만 포달레이리오스는 목마에 숨어 트로이 성에 잠입했던 용사 중 한 명으로 끝까지 살아남았다. 포달레이리오스는 예언자 칼카스와 함께 귀로에 올랐는데 콜로폰에서 칼카스가 죽자 델포이 신탁에 가서 자신이 어디에 정착해야 할 지를 물었다. 신탁은 그에게 하늘이

포달레이리오스
그리스 석상, 2세기
디온 고고학박물관

무너져도 무사할 수 있는 곳으로 가라는 답을 내렸다. 그는 사방이 산으로 둘러싸인 카리아의 케르소네소스 반도가 그런 곳이라고 여겨 그곳에 정착했다.

 포달레이리오스는 배를 타고 카리아로 오는 도중에 폭풍우를 만나 배가 난파되었을 때 비바소스라는 이름의 양치기에 의해 구조된 일이 있었다. 그래서 그는 자신이 케르소네소스에 건설한 도시에 그 양치기의 이름을 붙였다. 그는 그 지역을 다스리는 다마이토스 왕의 딸 시르나와 결혼하였는데, 그것은 지붕에서 떨어져 앓고 있는 그녀를 치료해준 덕분이었다. 포달레이리오스는 그 뒤 또 다른 도시를 창건하고 여기에 아내의 이름을 따서 시르노스라는 지명을 붙였다.

 이탈리아의 드리온 산 밑에는 포달레이리오스에게 바쳐진 성소가 있었으며, 산 정상에는 그가 칼카스를 위해서 만든 성소도 있었다고 한다. 칼카스의 성소에서 검은 염소를 제물로 바친 뒤 그 가죽을 덮고 잠을 자면 앞일을 예언하는 꿈을 꿀 수 있었다고 한다.

포로네우스 Phoroneus

요약

아르고스의 전설적인 건설자이다.

이오의 남자 형제이기도 하다. 아르고스 지방에서는 불을 발명한 사람으로 알려져 있다.

기본정보

구분	아르고스의 왕
외국어 표기	그리스어: ΦΟΡΩΝΕΥΣ
관련 지명	포로네우스 강, 이나코스 강
관련 신화	이나코스, 니오베, 이오
가족관계	이나코스의 아들, 멜리아의 아들, 페게우스의 형제, 니오베의 아버지

인물관계

강의 신 이나코스와 님페 멜리아 사이에서 태어난 아들이다. 형제자매로는 아이기알레스, 페게우스가 있고, 여자 형제로는 이오가 있다.

텔레디케와의 사이에서 딸 니오베와 아들 아피스가 태어났고, 파우사니아스의 『그리스 안내』에 의하면 케르도와의 사이에서 아들 카르가 태어났다.

신화이야기

포로네우스의 가족

포로네우스의 아버지는 대양의 신 오케아노스와 테티스의 아들인 강의 신 이나코스이고 어머니는 (『비블리오테케』에 의하면) 이나코스의 배다른 동생 멜리아이다. 그런데 히기누스 『신화집』이 전하는 바에 의하면 포로네우스의 어머니는 아르기아이다.

포로네우스의 남자 형제인 아이기알레스는 후사를 남기지 못하고 죽었다. 그리고 여러 가지 다른 이야기가 있지만 일반적인 이야기에 의하면 여자 형제로는 제우스의 사랑을 받아 암소로 변해 헤라로부터 온갖 학대를 받은 이오가 있다.

포로네우스는 아르고스를 다스리면서 그 지방을 자신의 이름을 붙여 포로네이아라고 불렀다. 『비블리오테케』에 의하면 포로네우스는 님페인 텔레디케와의 사이에 아들 아피스와 딸 니오베를 낳았나. 아피스는 나라를 다스리다 자식을 두지 못하고 죽었고, 니오베는 제우스가 최초로 관계를 맺은 여자이다. 니오베가 제우스와의 사이에서 낳은 아들 아르고스는 외할아버지인 포로네우스로부터 왕국을 물려받았다.

포로네우스의 자식을 낳은 또 다른 여자는 케르도이다. 파우사니아스의 『그리스 안내』는 케르도를 포로네우스의 아내라고 전하고 있다. 포로네우스는 케르도와의 사이에 아들 카르를 낳았는데 카르는 나중에 메가라의 제 1대 왕이 되었다.

불의 발명자

아르고스 사람들에게 포로네우스는 최초로 불을 발명한 인간으로 알려져 있었다. 아르고스 사람들은 인간이 불을 사용하게 된 것은 프로메테우스가 인간을 위해 불을 훔쳤기 때문이 아니라 포로네우스가 불을 발명했기 때문이라고 믿었다.(파우사니아스 『그리스 안내』) 아르고스 사람들은 불의 발명자 포로네우스를 기념하기 위해 늘 불을 피우고 있었다.

강의 신

포로네우스는 아르고스 지방의 전설에서 대개의 경우 '최초의 인간'으로 등장하지만 간혹 아버지 이나코스와 같이 강의 신으로 등장하기도 한다. 이나코스 강을 비롯하여 아르고스에 있는 강들은 장마철 외에는 늘 물이 부족한데 이는 포세이돈의 분노 때문이라고 한다. 『그리스 안내』에 의하면 포세이돈과 헤라가 서로 아르고스 지역에 대한 소유권을 주장하며 다툼이 일어났는데 아르고스의 첫 번째 왕인 이나코스를 비롯한 강의 신들이 헤라의 소유권을 선언했다. 이에 분노한 포세이돈은 아르고스 지역에 있는 강들의 물을 모두 빼 버렸고, 이때부터 이나코스 강을 비롯한 아르고스 지역에 있는 강들은 늘 메말라 있다고 한다. 이때 결정에 참가한 강의 신들 중의 하나가 포로네우스라고 전해진다.

포로스 Porus, Poros

요약

그리스 로마 신화에 등장하는 풍요의 신이다.
아프로디테의 탄생을 축하하는 잔치에서 술에 취해 정원에서 잠들어 있다가 궁핍의 여신 페니아와 동침하여 사랑의 신 에로스를 낳았다.

기본정보

구분	개념이 의인화된 신
상징	어떤 상황에서도 방도를 찾아나가는 능력, 풍요, 부
외국어 표기	그리스어: Πόρος
어원	방도, 방편
관련 신화	에로스의 탄생
가족관계	메티스의 아들, 에로스의 아버지, 페니아의 남편

인물관계

포로스는 제우스의 첫 번째 아내 메티스가 낳은 아들로 궁핍의 여
신 페니아와 결합하여
에로스를 낳았다.

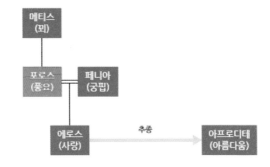

신화이야기

개요

　포로스는 제우스의 첫 번째 아내이자 지혜와 술책의 여신인 메티스의 아들로, 어떤 상황에서도 살길을 찾아나가는 능력을 상징하는 신이자 풍요와 부의 신이다. 포로스라는 이름은 '방도', '방편'을 뜻하는 단어에서 유래하였다.

　포로스와 관련된 신화는 플라톤의 『향연』이 전하는 이야기가 유일하다. 『향연』은 비극 시인 아가톤의 경연대회 우승을 축하하는 술자리에서 소크라테스와 그 친구들이 에로스에 관해서 이야기한 내용을 기록한 책인데, 여기서 소크라테스는 만티네이아 출신의 무녀 디오티마에게서 들은 에로스의 탄생 신화를 소개하였다. 그에 따르면 에로스는 풍요의 신 포로스와 궁핍의 여신 페니아 사이에서 태어난 아들이라고 한다.

플라톤의 『향연』이 전하는 에로스의 탄생

　풍요의 신 포로스는 미의 여신 아프로디테의 탄생을 축하하는 만찬에 초대받아 갔다가 술이 너무 취해서 제우스의 정원에서 깜빡 잠이 들어버렸다. 궁핍의 여신 페니아는 늘 그렇듯 만찬에 참석하지 못하고 신전 입구에서 구걸을 하다가 제우스의 정원에 잠들어 있는 포로스를 발견하고는 풍요의 자식을 얻으려는 욕심에 몰래 그와 동침하였다. 에로스는 이렇게 풍요와 궁핍이 결합하여 태어난 자식이다.

　페니아의 자식인 에로스에게는 늘 가난과 결핍이 따라다닌다. 그뿐만 아니라 그는 사람들이 생각하듯 그렇게 부드럽고 우아하지 않고 오히려 딱딱하고 더럽고 맨발이며 맨땅에서 잠을 잔다. 하지만 풍요와 방편의 신 포로스의 아들답게 항상 아프로디테를 따라다니며 아름다움을 추구하고 과감하고 영리한 술책으로 이를 획득한다. 이렇듯 에로스는 결핍된 존재이자 결핍을 풍요로 채우는 역동적인 힘을 상징한다.

『향연』에서 소크라테스는 어떤 아름다움을 어떻게 추구하느냐에 따라 낮은 단계의 에로스에서 높은 단계의 에로스로 발전할 수 있다고 말한다. 처음에는 두 사람이 서로의 아름다운 육체에 이끌려 사랑을 나누지만, 각자의 아름다움에서 모두의 아름다움으로, 육체의 아름다움에서 정신의 아름다움으로 시야가 높아지다가 결국 아름다움 자체를 사랑하게 되는 경지에 이르게 된다. 이때 우리는 가장 높은 수준의 에로스를 경험하게 된다고 한다.

초기 기독교 신학자 에우세비우스는 포로스를 인간 전반을 가리키는 알레고리로 사용하였다.

포르키스 Phorcys

요약

그리스 신화에서 바다의 노인으로 불리는 해신 중 하나이다.

누이인 바다괴물 케토와 결합하여 포르키데스라고 불리는 수많은 괴물들을 낳았다.

로마 신화에서 포르키스는 사르디니아를 다스리는 왕으로 해전 중에 익사한 뒤 나중에 바다의 신으로 숭배되었다.

기본정보

구분	바다의 신
외국어 표기	그리스어: Φόρκυς
별칭	바다의 노인

인물관계

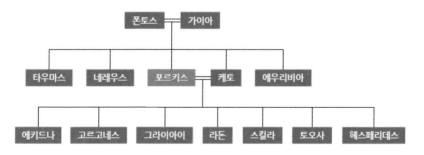

포르키스는 태초의 해신 폰토스와 대지의 여신 가이아 사이에서 태

어난 아들로 네레우스, 타우마스, 에우리비아, 케토 등과 형제이다.

누이 케토와 결혼하여 에키드나, 고르고네스, 그라이아이, 라돈 등 포르키데스로 불리는 괴물들과 스킬라, 토오사, 헤스페리데스를 낳았다.

신화이야기

개요

포르키스는 신들의 계보에서 첫 세대에 속하는 바다의 신(海神) 중 하나다. 일반적으로 바다가 의인화된 태초의 해신 폰토스와 대지의 여신 가이아 사이에서 태어난 아들로 여겨지며 네레우스, 타우마스, 에우리비아, 케토 등과 형제이다. 오르페우스 비교의 신화에 따르면 포르키스는 크로노스, 레아와 함께 오케아노스와 테티스 사이에서 태어난 첫 번째 자손 그룹에 속한다.

포르키스는 또 다른 첫 세대 바다의 신 네레우스와 프로테우스처럼 대개 노인의 모습을 한 인어로 묘사되며 간혹 양팔에 게처럼 집게가 달려 있기도 하다. 신화학자 카를 케레니는 바다의 노인이라는 똑같은 별칭으로 불리는 포르키스, 네레우스, 프로테우스를 동일한 신으로 보았다.

포르키스는 같은 부모 밑에서 태어난 누이 케토와 결합하여 괴물 같은 자식들을 많이 낳았는데, 이들은 통칭 포르키데스(포르키스의 자식들)라고 불린다.

포르키데스

헤시오도스는『신들의 계보』에서 포르키스와 케토 사이에서 태어난 자식으로 에키드나, 고르고네스, 그라이아이, 라돈 등을 꼽았다.

포르키스(가운데)와 케토(오른쪽)
로마 시대 모자이크, 바르도 국립 박물관
©Dennis Jarvis@wikimedia(CC BY-SA)

　에키드나는 뱀의 모습을 한 괴물로 거대한 반인반수의 괴물 티폰과 결합하여 저승의 개 케르베로스, 히드라, 키마이라 등 그리스 신화에 등장하는 수많은 괴물을 낳았으며, 고르고네스와 그라이아이는 괴물 자매들로 페르세우스의 신화에 등장한다. 머리카락이 뱀이고 누구든 쳐다보는 사람을 돌로 만들어버리는 무시무시한 괴물 메두사가 바로 고르고네스 자매 중 한 명이다. 라돈은 세상의 서쪽 끝에 있는 헤스페리데스의 정원에서 헤라 여신의 사과나무를 지키는 용으로 나중에 헤라클레스에게 죽임을 당했다.

　그리고 전승에 따라 바다 괴물 스킬라, 포세이돈과 사이에서 외눈박이 거인 폴리페모스를 낳은 토오사, 그리고 세상 끝의 정원에서 라돈과 함께 헤라의 사과나무를 지키는 헤스페리데스 자매 등도 포르키스의 자식으로 언급된다. 스킬라는 오디세우스와 헤라클레스의 전설에 등장하는 상체는 처녀이지만 하체는 여섯 마리의 사나운 개가 삼중의 이빨을 드러내고 굶주림에 짖어대는 모습을 한 바다괴물이다.

하지만 다른 전승에 따르면 에키드나는 메두사의 아들인 크리사오르와 칼리로에의 자식이라고도 하고, 라돈은 에키드나와 티폰의 자식이라고도 하며, 스킬라의 부모에 관해서는 크라타이이스, 헤카테, 에키드나 등 의견이 분분하다.

로마의 포르키스

포르키스가 사는 곳으로는 아카이아 연안의 아림니온, 케팔레니아 섬, 이타케 섬 등이 언급되며, 이타케 섬에는 포르키스라는 이름의 항구도시가 있다.

로마의 전승에 따르면 포르키스는 사르디니아와 코르시카를 다스리던 왕으로 아틀라스와 해전을 벌이다 익사하였는데, 나중에 사람들이 그를 바다의 신으로 숭배하였다고 한다.

포르투누스 Portunus, Portunes

요약

로마 신화에 나오는 항구의 신이다.

로마의 토착신으로 문의 신이었지만 점차 항구를 돌보는 바다의 신으로서 그리스 신화의 팔라이몬과 동일시되었다.

기본정보

구분	바다의 신
상징	선원들의 수호자
어원	문, 항구
그리스 신화	멜리케르테스, 팔라이몬
관련 신화	디오니소스의 탄생
가족관계	마테르 마투타의 아들, 레우코테아의 아들

인물관계

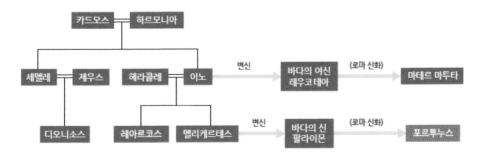

포르투누스는 그리스 신화의 팔라이몬과 동일시되며, 따라서 팔라이

몬의 어머니인 바다의 여신 레우코테아와 동일시되는 로마의 여신 마테르 마투타의 아들로 간주된다. 레우코테아와 팔라이몬은 이노와 그녀의 아들 멜리케르테스가 바다에 빠져 죽은 뒤 변신한 신들이다.

레아르코스를 죽이는 실성한 아타마스와 바다로 몸을 던지는 이노와 멜리케르테스
이탈리아에서 출간된 오비디우스의 『변신이야기』에 수록된 삽화, 1606년, 로스앤젤레스카운티 미술관

신화이야기

개요

포르투누스는 로마의 아주 오랜 토착신으로 기원전 6세기에 이미 그에 대한 숭배의 흔적을 찾아볼 수 있다. 그는 본래 문의 신이었지만 시간이 흐르면서 항구를 돌보는 바다의 신으로 숭배되었다. 로마에서는 매년 8월 17일에 포르투누스를 기리는 '포르투날리아' 축제가 열렸다.

포르투누스는 그리스 신화의 팔라이몬과 동화되었는데, 그렇기 때문에 팔라이몬의 어머니 레우코테아 여신과 동일시되는 로마 신화의 여신 마테르 마투타의 아들로 간주되었다. 그리스 신화에서 레우코테아는 아타마스의 아내 이노가 바다에 빠져 죽은 뒤 변신한 바다의 여신이다.('마테르 마투타' 참조)

레우코테아와 팔라이몬

이노는 카드모스와 하르모니아의 딸로 디오니소스를 낳은 세멜레와 자매이다. 그녀는 제우스의 명으로 세멜레가 낳은 어린 디오니소스를 돌보다 헤라 여신의 미움을 사는 바람에 헤라의 저주로 광기에 사로잡혀 자신의 어린 아들 멜리케르테스를 물이 펄펄 끓는 가마솥에 넣어 튀겨버리고 말았다. 제정신이 든 이노는 아들의 시체를 끌어안고 바닷물에 몸을 던졌고, 이를 불쌍히 여긴 신들은 모자를 바다의 신으로 만들어주었다.

이노와 멜리케르테스의 죽음에 관해서는 또 다른 이야기도 전해진다. 그에 따르면 이노가 전처의 소생인 프릭소스와 헬레 남매를 죽이려던 음모('프릭소스' 참조)를 알게 된 아타마스 왕이 분노하여 그녀와 그녀의 막내아들 멜리케르테스를 제물로 바치도록 명하였다. 하지만 디오니소스는 제단으로 끌려가는 이노와 멜리케르테스를 안개로 감추어 구해내고 아타마스 왕을 미치광이로 만들었다. 광기에 사로잡힌 아타마스는 아들 레아르코스를 끓는 물에 넣어 죽였고, 이 사실을 안 이노는 아타마스의 추격을 피해 멜리케르테스와 함께 바다에 몸을 던졌다고 한다. 그리하여 이노는 하얀 물보라의 여신 레우코테아가 되었고, 어린 아들 멜리케르테스는 돌고래를 타고 다니는 어린 바다의 신 팔라이몬이 되었다. 레우코테아와 팔라이몬은 뱃사람들의 수호신이 되어 폭풍 속을 항해하는 선원들을 보살펴주었다고 한다.

포르투누스 신전

포르투누스의 신전은 마테르 마투타의 신전과 함께 로마 항구 근처의 포룸 보아리움에 세워졌는데 지금도 거의 원형 그대로 보존된 채로 서 있다. 포르투누스 신전은 르네상스 시대에 이오니아식 신전의 전형을 보여주는 고대의 건축물로 각광받았다.

로마 포루투누스 신전
©xiquinhosilva@Wikimedia(CC BY-SA)

포르피리온 Porphyrion

요약

그리스 신화에 등장하는 기간테스 중의 한 명이다.

기간테스와 올림포스 신들 사이에서 벌어진 전쟁, 기간토마키아에서 최상의 전사 중 한 명이다. 헤라 여신을 겁탈하려고 덤비다가 제우스의 번개와 헤라클레스의 화살을 맞고 죽었다.

기본정보

구분	거인
외국어 표기	그리스어: Πορφυρίων
어원	돌진하는 자, 쇄도하는 자(고대 그리스어 porphyreôs에서 유래)
관련 신화	기간토마키아
가족관계	우라노스의 아들, 가이아의 아들, 에레보스의 아들, 닉스의 아들

인물관계

『신들의 계보』와 『비블리오테케』의 조합에 따른 포르피리온의 계보

우라노스의 거세된 남근에서 흘러내린 핏방울이 대지, 즉 가이아(대지)에 스며들어 태어난다.

『이야기』 서문에 따른 포르피리온의 계보

암흑의 신 에레보스와 밤의 여신 닉스 사이에서 태어난다.

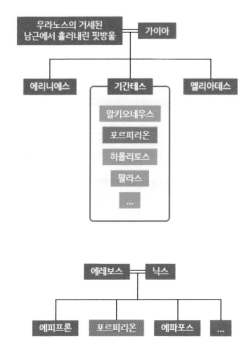

신화이야기

포르피리온의 탄생

기가스 포르피리온은 대지의 여신 가이아의 자식들인 기간테스 중한 명으로 그리스 신화에서 가장 오래된 등장인물에 속한다.

엄청난 크기의 몸집을 가진 기간테스의 탄생과 관련하여 가장 대표적인 두 가지 설명이 있다. 그 중 오늘날 더 널리 받아들여지고 있는설명은 『신들의 계보』에서 나온다. 이 전승문헌에 따르면, 기간테스는크로노스가 아버지인 하늘의 신 우라노스를 거세할 때 잘린 남근에서 흘러나온 핏방울이 대지에 스며들면서 태어난다. 이때 기간테스뿐만 아니라 복수의 여신들인 에리니에스와 물푸레나무의 님페들인 멜리아데스도 태어난다. 따라서 복수의 여신들인 에리니에스와 물푸레나무의 님페들인 멜리아데스가 기간테스의 여자 형제들이다.('기간테스 참조) 그런데 『신들의 계보』에서는 기간테스의 이름과 그들의 행적이 구체적으로 언급되지 않아 기가스 포르피리온에 대한 정보를 얻을 수 없다.

그러나 『이야기』의 서문은 포르피리온의 출생에 관련하여 혼란스러운 설명을 내놓는다. 그것은 그가 밤의 의인화된 여신 닉스와 암흑의 의인화된 신 에레보스 사이에서 태어난 아들이라는 설명이다. 히기누스의 설명에 따르면, 포르피리온을 기가스로 파악해야 할지의 여부가 문제로 부각된다.

포르피리온에 관련된 전승문헌을 종합해 볼 때, 포르피리온이 기간테스 중 한 명이라는 견해가 지배적이다. 따라서 히기누스의 설명이 그의 착각에서 비롯되었을지도 모른다는 추측이 가능하다.

포르피리온의 죽음

기간테스 중에서 가장 널리 알려진 존재 중의 한 명인 포르피리온의 죽음은 불사의 신 제우스 뿐만 아니라 그와 필멸의 인간 알크메네 사이에서 태어난 헤라클레스와도 깊은 연관성이 있다. 『비블리오테케』에 따르면, 그는 기간토마키아 전쟁에서 헤라클레스와 헤라 여신을 상대로 싸움을 벌였다. 그때 제우스는 그에게 헤라에 대한 욕정을 심어 넣었다. 그러자 애욕에 사로잡힌 포르피리온은 헤라 여신의 옷을 찢고 그녀를 겁탈하려고 한다. 그때 헤라의 도움 요청을 들은 제우스가 그를 벼락으로 내리치고, 영웅 헤라클레스는 그에게 활시위를 당겼다. 이로써 용맹스러운 포르피리온은 죽음을 맞이했다.

　"기간테스 중에서 가장 뛰어난 이들은 포르피리온과 알키오네우스
　이다. […] 전쟁 중에 포르피리온은 헤라클레스와 헤라를 공격한
　다. 그런데도 제우스는 그 거인에게 헤라에 대한 욕정을 불어넣는
　다. 그래서 그는 헤라의 옷을 찢고 그녀를 힘으로 겁탈하려고 한

다. 헤라는 도와달라고 소리를 친다. 그러자 제우스는 그를 벼락으로 내리치고, 헤라클레스는 그에게 활을 쏜다. 이렇게 포르피리온은 최후를 맞는다." (『비블리오테케』)

한편 기원전 5세기경에 활동한 고대 그리스 서정 시인 핀다로스는 〈피티아 찬가〉에서 포르피리온의 죽음과 관련하여 『비블리오테케』와 약간 다른 내용의 이야기를 했는데, 그는 포르피리온을 "기간테스의 위대한 왕"이라 부르며 그가 아폴론의 활을 맞고 목숨을 잃는다고 기술했다.

페르가몬 대제단
기원전 2세기 초, 베를린 페르가몬 박물관
: 기간토마키아를 묘사한 부분으로, 제우스(중앙에서 왼쪽)가 포르피리온(맨 오른쪽)에 맞서 싸운다

포모나 Pomona

요약

로마 신화에 등장하는 과실을
돌보는 님페이다.

뭇남성의 사랑을 받았으나 오로
지 과수나무 돌보는 일에만 마음
을 쏟다가 노파로 변신한 계절의
신 베르툼누스에게 설득되어 그의
사랑을 받아들였다.

로마에서 오스티아로 가는 길목
에는 포모나 여신의 성소인 포모
날 숲이 있다. 또 다른 전해지는
이야기에서 포모나는 마녀 키르케
의 구애를 거절했다가 딱따구리
로 변한 피쿠스 왕의 아내라고 한다.

포모나
니콜라 푸셰(Nicolas Fouche), 1700년
부다페스트 미술관

기본정보

구분	님페
상징	과수나무의 결실, 가을
어원	과일
관련 신화	베르툼누스
가족관계	베르툼누스의 아내, 피쿠스의 아내

인물관계

로마 신화에서 포모나는 나무의 님페 드리아데스의 하나로, 계절의 신 베르툼 누스의 아내다. 둘 사이에서 난 자식에 관해서는 알려진 바 없다.

포모나
(드리아데스) ─── 베르툼누스
(계절의 신)

신화이야기

베르툼누스와 포모나

아름다운 숲의 님페 포모나는 뭇 남성들의 열띤 사랑을 받았지만 그녀의 관심은 오로지 과일나무를 손질하고 과수원을 가꾸는 것뿐이었다. 목신 파우누스, 숲의 신 실바누스, 사티로스 등 그녀의 사랑을 얻지 못해 안달하는 남성들이 넘쳐났지만 그 중에서도 가장 그녀를 사랑하는 이는 계절의 신 베르툼누스였다.

변신 능력이 뛰어났던 베르툼누스는 농부로, 목동으로, 군인으로,

포모나와 베르툼누스
페테르 파울 루벤스(Peter Paul Rubens), 1617~1619년, 개인 소장

어부로 모습을 바꿔가며 포모나에게 접근해보았지만 그녀의 마음을 얻지는 못했다. 그러던 어느 날 그는 이번에는 노파로 변신하여 그녀에게 다가갔다. 노파로 변한 베르툼누스는 포모나의 미모를 칭찬한 뒤, 느릅나무를 감아 올라간 포도넝쿨을 가리키며 저 아름다운 포도넝쿨도 느릅나무가 없다면 그저 땅바닥을 기어야 했을 거라고 하

베르툼누스와 포모나
파울루스 모렐스(Paulus Moreelse), 1630년
보이만스 반 뵈닝겐 미술관

였다. 그러면서 그는 그녀를 진정으로 사랑하는 베르툼누스의 마음을 받아들이라고 충고하였다.

노파로 변한 베르툼누스는 포모나에게 한 가지 이야기를 더 들려주었다. 사랑하는 이의 구애를 차갑게 물리친 마음이 돌처럼 굳은 어떤 처녀가 실제로 돌로 변해버린 이야기였다.('아낙사레테' 참조) 이야기를 마친 노파는 변신을 풀고 베르툼누스로 돌아와 포모나에게 다시 구애하였고, 노파의 이야기에 이미 마음이 움직인 포모나는 더 이상 그의 구애를 거절하지 않았다.

피쿠스와 포모나

다른 전해지는 이야기에 따르면 포모나는 사투르누스(그리스 신화의 크로노스)의 아들로 알려진 전설적인 왕 피쿠스의 아내였다고 한다. 피쿠스는 마녀 키르케의 사랑을 받았지만 아내 포모나를 너무도 사랑했기 때문에 키르케의 구애를 거절했고, 이에 분노한 키르케가 그를 딱따구리로 만들어버렸다고 한다.(라틴어로 피쿠스(picus)는 딱따구리라

는 뜻이다) 하지만 또 다른 이야기에 따르면 피쿠스의 아내는 포모나가 아니라 야누스 신의 딸인 님페 카넨스였다고 한다. 카넨스는 피쿠스가 사라진 뒤 남편을 찾아 헤매다 지쳐 티베리스 강둑에 앉아 슬피 울다가 몸이 녹아내려 샘이 되었다고 한다.

포모나 분수
필립 키틀러(Philipp Kittler), 1914년, 뉘른베르크

포보스 Phobos

요약

그리스 신화에 나오는 전쟁의 공포가 의인화된 신이다.

전쟁의 신 아레스의 아들로 데이모스와 쌍둥이 형제다. 아레스가 전 생터를 누비며 피비린내 나는 살육을 자행할 때 데이모스와 함께 그를 수행하였다.

기본정보

구분	개념이 의인화된 신
상징	전쟁의 공포
외국어 표기	그리스어: Φόβος
어원	공포
별자리	화성의 위성 포보스
로마 신화	파보르(Pavor)
관련 신화	아레스, 데이모스
가족관계	아레스의 아들, 아프로디테의 아들, 데이모스의 형제

인물관계

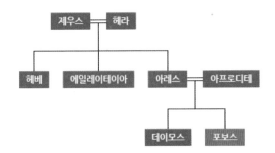

포보스는 제우스의 아들인 전쟁의 신 아레스와 미의 여신 아프로디테 사이에서 태어난 아들로 데이모스와 쌍둥이 형제다.

신화이야기

데이모스와 포보스

『신들의 계보』에 따르면 포보스는 전쟁의 신 아레스와 아프로디테 사이에서 태어난 아들로 쌍둥이 형제인 데이모스와 함께 전쟁이 불러 일으키는 두려움과 공포가 신격화된 존재이다.

> "아레스에게 키테레이아(아프로디테)는 데이모스와 포보스를 낳아 주었으니, 이 무서운 신들은 으스스한 전투에서 도시의 파괴자 아 레스와 함께 전사들의 밀집 대열을 패주시킨다."

전차를 타고 싸우는 아레스와 포보스(혹은 헤르메스?)
아티카 흑색상 도기, 기원전 530년, 뮌헨 국립고대미술관

호메로스는 『일리아스』에서 포보스와 데이모스를 전쟁터에서 아레스의 말을 모는 시종으로 묘사하였다.

> "그(아레스)는 포보스와 데이모스를 시켜 말에 마구를 매게 하고
> 그 자신은 번쩍이는 무장을 갖추었다."

고대 그리스의 역사가 티마이오스는 이 구절을 잘못 해석하여 포보스와 데이모스를 아레스의 전차를 끄는 두 마리의 말로 간주하기도 했다. 하지만 호메로스는 『일리아스』의 다른 대목에서 포보스를 전쟁의 신 아레스의 사랑하는 아들로 언급하면서 두 부자가 함께 전쟁터를 휩쓰는 광경을 묘사하였다. 이로 미루어 호메로스도 이들 둘을 아레스의 자식으로 여겼던 것으로 보인다.

> "그 모습은 마치 살인마 아레스가 싸움터로 들어가고 그와 함께
> 그의 사랑하는 아들인 강력하고 겁을 모르는 포보스가 따라갈 때
> 와도 같았으니 포보스는 강인한 전사조차 달아나게 한다."

데이모스와 포보스는 특히 스파르타에서 전쟁의 신 아레스의 두 아들로서 아레스와 함께 숭배되었다. 스파르타인들은 이들을 공포의 신으로서 숭배하였는데, 데이모스와 포보스가 상징하는 공포는 나쁜 악령과 같이 퇴치해야 하는 대상이 아니라 국가의 단결을 유지해주고 전쟁에서 적들을 두려움에 빠뜨려 도망치게 만드는 신성한 힘을 의미했다.

포보스의 형상

헤시오도스는 『헤라클레스의 방패』에서 영웅 헤라클레스가 전쟁의 신 아레스와 그의 아들 키크노스를 상대로 결투를 벌일 때 손에 들고

있던 방패에 새겨진 포보스의 모습을 다음과 같이 묘사하였다.

"한복판에는 아다마스로 만든 말로 형언할 수 없는 포보스가 두 눈에 불을 켜고 뒤돌아보고 있었다. 무시무시한 포보스의 입은 접근할 수 없는 흰 치열들로 빼곡했고, 그의 섬뜩한 이마 위에는 무서운 에리스(불화의 여신)가 인간들의 무리를 무장시키며 날아다니고 있었으니 무정하게도 에리스는 누구든 제우스의 아들(헤라클레스)에 맞서 싸우는 인간들의 정신과 마음을 빼앗아버린다."

포보스의 무장을 돕는 아프로디테
아티카 흑색상 도기 기원전 530년
뮌헨 국립고대미술관

또 파우사니아스는 『그리스 안내』에서 아가멤논의 방패에 새겨진 포보스의 형상이 사자와 같다고 했다.

위성

포보스와 데이모스는 수성 주위를 도는 두 위성의 이름이기도 하다. 수성의 영문 이름 마르스(Mars)는 그리스 신화의 아레스와 동일시되는 로마 신화의 전쟁의 신 이름에서 따온 것이다.

•참고문헌•

게롤트 돔머무트 구드리히; 〈신화〉

게르하르트 핑크; 〈그리스 로마 신화 속 인물들〉

괴테; 〈파우스트 II〉, 〈가니메데〉

논노스; 〈디오니소스 이야기〉, 〈디오니시아카〉

단테; 〈신곡 지옥편〉

디오니시오스; 〈로마사〉

디오도로스 시켈로스; 〈역사 총서〉

레싱; 〈라오코온〉

로버트 그레이브스; 〈그리스 신화〉

루키아노스; 〈대화〉

리비우스 안드로니쿠스; 〈오디세이아〉

리코프론; 〈알렉산드라〉

마르쿠스 바로; 〈농업론〉, 〈라틴어에 관하여〉

마리 셸리; 〈프랑켄슈타인〉

마이어스 백과사전, '바실리스크'

마이클 그랜트; 〈그리스 로마 신화사전〉

마크로비우스; 〈사투르날리아〉

몸젠; 〈라틴 명문 전집〉

밀턴; 〈실락원〉, 〈코머스〉

베르길리우스; 〈농경시〉, 〈목가〉, 〈아이네이스〉

보카치오; 〈데카메론〉

비오 2세; 〈비망록〉

세네카; 〈파에드라〉

세르비우스; 〈베르길리우스 주석〉

셰익스피어; 〈한여름 밤의 꿈〉

소포클레스; 〈오이디푸스 왕〉, 〈콜로노스의 오이디푸스〉, 〈안티고네〉, 〈수다(Suda)
백과사전〉, 〈에피고노이〉, 〈트라키아의 여인〉, 〈텔레포스 3부작〉, 〈필
록테테스〉, 〈테레우스〉, 〈엘렉트라〉, 〈아이아스〉

솔리누스; 〈세계의 불가사의〉

수에토니우스; 〈베스파시아누스〉

스테파누스 비잔티누스; 〈에트니카〉

스트라본; 〈지리지〉

실리우스 이탈리쿠스; 〈포에니 전쟁〉

아라토스; 〈천문〉

아르노비우스; 〈이교도들에 대해서〉

아리스타르코스; 〈호메로스의 일리아스 주석〉

아리스토파네스; 〈개구리〉, 〈여자의 축제〉, 〈정치학〉, 〈벌〉, 〈아카르나이 사람들〉,
　　　　　〈여자들의 평화〉

아리안; 〈알렉산더 원정〉

아엘리안; 〈동물 이야기〉

아우구스투스; 〈아우구스투스 업적록〉

아우구스티누스; 〈신국〉

아이소푸스; 〈우화〉

아이스킬로스; 〈아가멤논〉, 〈자비로운 여신들〉, 〈결박된 프로메테우스〉, 〈오레스테
　　　　　스 3부작〉, 〈자비로운 여신들〉, 〈제주를 바치는 여인들〉, 〈탄원하
　　　　　는 여인들〉, 〈테바이 공략 7장군〉, 〈오이디푸스 3부작〉, 〈페르시아
　　　　　여인들〉

아테나이오스; 〈현자들의 식탁〉 〈현자들의 연회〉

아폴로니오스 로디오스; 〈아르고나우티카〉, 〈아르고호의 모험〉, 〈황금양피를 찾아
　　　　　떠난 그리스 신화의 영웅 55인〉

아폴로도로스; 〈비블리오테케〉, 〈원전으로 읽는 그리스 신화〉, 〈아폴로도로스 신
　　　　　화집〉

아풀레이우스; 〈황금의 당나귀〉

안토니누스 리베랄리스; 〈변신이야기 모음집〉

안티클레이데스; 〈노스토이(귀향 서사시)〉

알베르트 카뮈; 〈시시포스의 신화〉

에리토스테네스; 〈별자리〉

에우리피데스; 〈레수스〉, 〈안드로마케〉, 〈크레스폰테스〉, 〈안티오페〉, 〈크레스폰테스〉, 〈알케스티스〉, 〈메데이아〉, 〈감금된 멜라니페〉, 〈현명한 멜라니페〉, 〈이피게네이아〉, 〈헤리클레스의 후손들〉, 〈오레스테스〉, 〈힙시필레〉, 〈박코스 여신도들〉, 〈트로이 여인들〉, 〈멜레아그로스〉, 〈키클롭스〉, 〈페니키아 여인들〉, 〈헬레네〉, 〈화관을 바치는 히폴리토스〉

에우세비우스; 〈복음의 준비〉

에우스타티우스 〈호메로스 주석집〉

오비디우스; 〈변신이야기〉, 〈헤로이데스〉, 〈달력〉, 〈로마의 축제일〉, 〈사랑의 기술〉

요한 요하임 빙켈만; 〈박물지〉

월터 카우프만; 〈비극과 철학〉

이시도루스; 〈어원지〉

이진성; 〈그리스 신화의 이해〉

임철규; 〈그리스 비극, 인간과 역사에 바치는 애도의 노래〉

작자 미상; 〈아르고나우티카 오르피카〉

작자 미상; 〈호메로스의 찬가〉

제프리 초서; 〈캔터베리 이야기〉

존 드라이든; 〈돌아온 아스트라이아〉

존 키츠; 〈라미아〉

최복현; 〈신화, 사랑을 이야기하다〉

카를 케레니; 〈그리스 신화〉

카시우스 디오; 〈로마사〉

칼리마코스; 〈데메테르 찬가〉, 〈제우스 찬가〉

퀸투스 스미르네우스; 〈호메로스 후속편〉

크리스토퍼 말로; 〈포스터스 박사의 비극〉

크세노폰; 〈헬레니카〉, 〈테로크리토스에 대한 주석집〉

클라우디우스 아에리아누스; 〈다채로운 역사(varia historia)〉

키케로; 〈신에 관하여〉, 〈의무론〉

토마스 불핀치; 〈그리스 로마 신화〉

투키디데스; 〈펠로폰네소스 전쟁사〉, 〈역사〉

트제트제스; 〈리코프론 주석집〉

티투스 리비우스; 〈로마건국사〉

파르테니오스; 〈사랑의 비애〉

파우사니아스; 〈그리스 안내〉

파테르쿨루스; 〈로마사〉

포티우스(콘스탄티노플); 〈비블리오테카〉

폴리아이누스; 〈전략〉

프로페르티우스; 〈애가〉

플라톤; 〈국가론〉, 〈향연〉, 〈고르기아스〉, 〈프로타고라스〉, 〈파이드로스〉, 〈티마이
　　　오스〉, 〈파이돈〉

플루타르코스; 〈모랄리아〉, 〈사랑에 관한 대화〉, 〈로물루스〉, 〈사랑에 관한 대화〉,
　　　〈영웅전-로물루스편〉, 〈영웅전-테세우스편〉, 〈강에 대하여〉

플리니우스; 〈박물지〉

피에르 그리말; 〈그리스 로마 신화사전〉

핀다로스; 〈네메이아 찬가〉, 〈올림피아 찬가〉, 〈피티아 찬가〉

필로스트라토스; 〈아폴로니오스의 생애〉

헤라클레이토스; 〈단편〉

헤로도토스; 〈역사〉

헤시오도스; 〈신들의 계보〉, 〈여인들의 목록〉, 〈헤라클레스의 방패〉, 〈일과 날〉

헤시키오스; 〈사전〉

호라티우스; 〈서간문〉

호메로스; 〈일리아스〉

히기누스; 〈이야기〉, 〈천문학〉

히에로니무스; 〈요비니아누스 반박〉

그리스 로마 신화 인물사전 9

1판 1쇄 인쇄 2021년 8월 27일
1판 1쇄 발행 2021년 9월 6일

지은이 박규호, 성현숙, 이민수, 김형민

디자인 씨오디
지류 상산페이퍼
인쇄 다다프린팅

발행처 한국인문고전연구소   발행인 조옥임
출판등록 2012년 2월 1일(제406-251002012000027호)
주소 경기 파주시 가람로 70 (402-402)
전화 02-323-3635 팩스 02-6442-3634 이메일 books@huclassic.com

ISBN 978－89－97970－64－3 04160
      978－89－97970－55－1 (set)